新型城市化和城乡一体化丛书

北京市
城乡基本公共服务
问题研究

A STUDY ON
THE BASIC PUBLIC SERVICES
IN URBAN AND RURAL AREAS
OF BEIJING

张英洪 等 著

社会科学文献出版社
SOCIAL SCIENCES ACADEMIC PRESS (CHINA)

前　言

中国正处在改革的伟大时代。已经进行了 30 多年的改革，实质上就是不断发展人的权利的过程。

我国是社会主义国家，社会主义的突出特点就是要赋予和保障人的社会权利，以规避市场经济发展对人的自身价值和尊严可能产生的损害。1948 年通过的《世界人权宣言》以及 1966 年通过的《经济、社会和文化权利国际公约》对各国政府保障每个人的社会权利做了明确规定。

20 世纪 50 年代，我国建立了城乡二元体制，使城乡居民的社会权利严重不平等。推进城乡基本公共服务均等化，不断提高城乡居民基本公共服务水平，就是为了实现和保障城乡居民的各项社会权利。2002 年党的十六大以来，中央已经明确提出实现基本公共服务均等化的目标和任务。2012 年党的十八大进一步提出到 2020 年总体实现全国基本公共服务均等化。北京市作为经济发达地区和首都，有条件、有能力、有责任不断提高城乡基本公共服务水平，率先实现城乡基本公共服务均等化目标。

我们的研究既不是为了取悦领导，也不是为了迎合某些部门，而是为了实现包括农民在内的每个人的基本权利和自由尊严，为了促进社会的公平正义，为了推进国家治理的现代化。本书是笔者在 2010 年 2 月至 2013 年 11 月主持完成的有关北京市城乡基本公共服务课题研究的主要成果。三年来，笔者和研究团队密切合作，对北京市城乡基本公共服务相关问题做了持续的调查研究与思考。我们在调研中得到了许多部门和领导的大力支持，在此向他们表示衷心感谢。

张英洪

2013 年 11 月 13 日

目　录

第一篇

北京市城乡社会保障制度比较

Part 1 ←

现代社会保障是工业化和市场经济发展的产物，社会保障制度已经成为现代国家不可或缺的一项重要的基本制度。健全的社会保障体系被公认为现代社会的"安全网"。社会保障权是公民的基本权利，保障公民在年老、患病、工伤、失业、生育等情况下依法获得物质帮助的权利，是现代国家最基本的职能之一。目前，世界上绝大多数国家和地区都建立了比较完善的社会保障制度。一般认为，社会保障体系主要包括社会保险、社会救助、社会福利、社会优抚和社会互助等内容，其中，社会保险是社会保障的核心部分。

与全国一样，北京的社会保障制度也曾深深地打上了城乡二元结构的烙印。在相当长的时期里，农民基本被排除在社会保障制度之外。党的十六大以来，北京市坚持以科学发展观为统领，加快统筹城乡发展力度，着力推进城乡一体化进程，社会保障制度迅速向包括农民在内的全体居民覆盖，城乡社会保障制度的差距不断缩小，并逐步实现城乡并轨。但由于历史和现实的多重影响，北京城乡社保制度仍存在某些差距，需要在城乡一体化进程中尽快加以解决。

一　城乡社会保险

社会保险是指国家对劳动者在因年老、失业、患病、工伤、生育而减少劳动收入时给予经济补偿，使他们能够享有基本生活保障的一项社会保障制度。社会保险具有强制性、共济性和普遍性等特征，主要包括养老保险、医疗保险、工伤保险、失业保险和生育保险等项目。作为社会保障体系核心的社会保险，其保障对象主要是全体劳动者，目的是保障基本生活，具有补偿收入减少的性质。社会保险的资金来源主要是政府、单位或集体和劳动者本人，政府承担最终责任。在世界各国，社会保险的一些项目已覆盖全体国民。

我国社会保险制度建设比较滞后，城乡社会保险差距大，且各类人群的社会保险办法各不相同，至今没有出台全国统一的社会保险制度。2008年12月28日，全国人大常委会办公厅向社会全文公布《中华人民共和国社会保险法（草案）》征求意见。2009年12月22日，第十一届全国人大常委会第十二次会议对《社会保险法（草案）》进行了三审。我国统一的社会保险制度虽未建立，但有关部门和地方却制定了各类社会保险的法规和政策。北京的社会保险制度与全国一样，长期存在城乡分割、职业差异等问题。近些年来，北京加快了统筹城乡社会保险制度建设步伐，成效显著。

（一）养老保险

我国已进入老龄化社会，养老问题日益成为严重的社会问题。截至2008年底，全国60岁及以上人口15989万人，占全国总人口的12%（其中65岁及以上人口10956万人，占全国总人口的8.3%）。同期，北京市常住人口1695万人，其中北京户籍总人口1229.9万人。在北京户籍人口中，60岁及以上老年人口为218万人，占户籍总人口的17.7%，其中非农业老年人口166.1万人，农业老年人口51.9万人。

北京早在20世纪90年代就进入了老龄化社会，养老问题已相当突出。目前，北京市养老保险已经形成了机关事业单位养老保险、城镇企业职工养老保险、新型农村养老保险、城乡居民养老保险的基本格局。2009年，北京市已建立了城乡劳动者、城乡居民的养老保险体系，在全国率先实现了养老保障制度的全覆盖和城乡统一。

1. 机关事业单位养老保险

机关事业单位养老保险包括公务员养老保险和事业单位职工养老保险两大部分。公务员养老保险实行的是公务员退休金制度。2006年1月施行的《公务员法》第77条第一款规定："国家建立公务员保险制度，保障公务员在退休、患病、工伤、生育、失业等情况下获得帮助和补偿。"《社会保险法（草案）》规定"公务员和参照公务员法管理的工作人员参加基本养老保险的办法由国务院规定"。这引起学界的不同争论，有的学者认为应将公务员养老保险纳入全国统一的社会保险框架，不应再单独规定。总之，我国公务员养老保险（退休金）的保障性相对较高。北京市按照国家有关规定实行公务员退休金制度，公务员退休前的职级和参加工作的年限不同，其退休金也有差异。

事业单位可分为财政全额拨款、差额拨款事业单位和自收自支事业单位，财政全额拨款和差额拨款事业单位的养老保险与机关单位养老保险大致相同，实行退休金制度。自收自支事业单位养老保险有所不同。2003年1月实行的《北京市自收自支事业单基本养老保险制度改革暂行办法》规定，自收自支事业单位缴纳的基本养老保险费与全市企业基本养老保险统筹基金，实行统一管理、统一核算，基本养老金实行社会化发放，并按单位所在区、县实行属地化管理。

2. 城镇企业职工养老保险

长期以来，城镇企业根据不同所有制性质实行不同的职工养老保险，非公有制企业职工则没有纳入养老保险范围。近些年来，国家加大了城镇企业职工基本养老保险建设力度。2009年12月28日，国务院办公厅转发人力资源和社会保障部、财政部《城镇企业职工基本养老保险关系转移接续暂行办法》，从2010年1月1日起，参加城镇企业职工基本养老保险的所有人员包括农民工的基本养老保险关系可以跨省转移接续。

北京在统一城镇企业养老保险上迈的步子较大。2007年1月，《北京市基本养老保险规定》开始实行，该规定将全市行政区域内的企业和与之形成劳动关系的城镇职工、城镇个体工商户和灵活就业人员均纳入城镇职工基本养老保险。城镇职工以本人上一年度月平均工资为缴费基数，按照8%的比例缴纳基本养老保险费，全额计入个人账户。城镇个体工商户和灵活就业人员以本市上一年度职工月平均工资作为缴费基数，按照20%的比例缴纳基本养老保险费，其中8%计入个人账户。

在农民工养老保险问题上，北京市劳动和社会保障局于2001年8月27日发布《北京市农民工养老保险暂行办法》，将农民工纳入社会保险范围。养老保险费由用人单位和农民工共同缴纳，用人单位以上一年本市职工月最低工资标准的19%，按招用的农民工人数按月缴纳养老保险费。农民工本人以上一年本市职工月最低工资标准为基数，2001年按7%的比例缴纳养老保险费，其个人缴费由用人单位在发放工资时代为扣缴。农民工参加本市养老保险社会统筹后，与用人单位终止、解除劳动关系时，经本人申请、单位同意，可以一次性领取养老保险费，终止其养老保险关系。今后再次参加本市养老保险社会统筹的，按新参加人员办理。

从2010年1月起，北京将落实《城镇企业职工基本养老保险关系转移接续暂行办法》，实行农民工与城镇职工平等的养老保险制度，外地农民工、本市农民工和本市城镇职工，履行同样的缴费义务，享受同等的养老待遇。

3. 新型农村养老保险

中国农民自古以来靠家庭养老和土地保障，国家从来没有将农民养老纳入议事日程。从20世纪80年代开始，一些地方试点探索农村养老保险。1989年，民政部选择北京市大兴县、山西省左云县进行县级农村社会养老保险试点。1992年1月，民政部颁布《县级农村社会养老保险基本方案（试行）》，这是第一次出台全国性的农民养老保险政策。这种以农民个人缴费为主的

"老农保"，由于缺乏公共财政的投入，农民参保积极性并不高。

2009 年 9 月，国务院发布《关于开展新型农村社会养老保险试点的指导意见》，明确提出建立新型农村社会养老保险制度（简称"新农保"），逐步解决农村居民老有所养问题，以保障农村居民老年基本生活。2009 年在全国选择 10% 的县（市、区、旗）进行试点，以后逐步扩大试点，在全国普遍实施，2020 年之前基本实现对农村适龄居民的全覆盖。缴费标准目前设为每年 100 元、200 元、300 元、400 元、500 元 5 个档次，地方可以根据实际情况增设缴费档次。中央确定的基础养老金标准为每人每月 55 元。地方政府可以根据实际情况提高基础养老金标准，中央财政对中西部地区按中央确定的基础养老金标准给予全额补助，对东部地区给予 50% 的补助。以国家的公共财政为支撑，建立农民养老保险制度，被认为是中国几千年历史开天辟地的大事。

作为经济发达地区，北京市于 2007 年 12 月出台《北京市新型农村社会养老保险试行办法》，自 2008 年 1 月起实行"新农保"制度，基础养老金标准全市统一为每人每月 280 元，基础养老金所需资金由市、区（县）财政共同筹集，分别列入市、区（县）财政预算。2009 年 1 月，北京"新农保"并入城乡居民养老保险框架，《北京市新型农村社会养老保险试行办法》同时废止。

4. 城乡居民养老保险

2009 年 1 月 1 日，北京施行《北京市城乡居民养老保险办法》，将具有本市户籍，男年满 16 周岁未满 60 周岁、女年满 16 周岁未满 55 周岁（不含在校生），未纳入行政事业单位编制管理或不符合参加本市基本养老保险条件的城乡居民，纳入城乡居民养老保险。同时，也将"新农保"并入城乡居民养老保险，实现城乡居民养老保险的一体化。

2009 年 2 月 18 日，北京市劳动和社会保障局出台《关于发布 2009 年北京市城乡居民养老保险缴费标准的通知》，规定 2009 年城乡居民养老保险的最低缴费标准为 960 元，最高缴费标准为 7420 元。参保人员可根据自身经济承受能力确定缴费标准。2009 年 12 月 8 日，北京市人力资源和社会保障局、北京市财政局发布《关于对参加城乡居民养老保险的人员给予缴费补贴的通知》，从 2009 年起，对符合享受缴费补贴的参保人员按年度给予每人每年 30 元的补贴。

（二）医疗保险

医疗保险关系民众的健康和幸福，关乎每个人的权益，是重大的民生问题。20世纪50年代，我国根据干部、工人和农民三种主要职业身份，分别建立了城乡有别和职业差距的三种医疗保险制度，即针对干部建立公费医疗制度，针对工人建立劳保医疗制度，针对农民建立农村合作医疗制度。20世纪90年代后，市场化取向的医疗改革，造成了普遍的"看病难、看病贵"问题。

2009年3月17日，中共中央、国务院发布《关于深化医药卫生体制改革的意见》，对改革以来奉行的泛市场化医疗改革进行了重大调整，明确提出以人人享有基本医疗卫生服务为目标，把基本医疗卫生制度作为公共产品向全民提供，实现全体人民病有所医，到2011年，建立全面覆盖城乡居民的基本医疗保障制度。城镇职工基本医疗保险、城镇居民基本医疗保险、新型农村合作医疗和城乡医疗救助共同组成基本医疗保障体系，分别覆盖城镇就业人口、城镇非就业人口、农村人口和城乡困难人群。3年内城镇职工基本医疗保险、城镇居民基本医疗保险和新型农村合作医疗参保（合）率均达到90%以上。2010年各级财政对城镇居民基本医疗保险和新型农村合作医疗的补助标准提高到每人每年120元。

近些年来，北京加快了医疗体制改革，已建立了以公费医疗、城镇职工基本医疗保险、城镇居民基本医疗保险、新型农村合作医疗为主要内容的医疗保险体系，并朝着城乡一体化方向迈进。2010年上半年，全市1800家定点医疗机构、1000万参保人员全部实现门诊"持卡就医、实时结算"。

1. 公费医疗制度

1952年6月27日，政务院发布《关于全国各级人民政府、党派、团体及所属事业单位的国家机关工作人员实行公费医疗预防的指示》和《国家工作人员公费医疗预防实施办法》，从此建立公费医疗制度。公费医疗的保障对象主要是国家机关和全民所有制事业单位工作人员、离退休人员以及二等乙级以上革命伤残军人和高等院校在校学生。从1998年起，全国已有90%左右的省份完成了公费医疗制度向城镇职工基本医疗保险制度的转轨。

当前北京市公费医疗主要依据1990年2月发布的《北京市公费医疗管理办法》。从2009年5月起，北京市在平谷区开展公费医疗并入基本医疗保险改革试点，平谷区两万多名行政机关、事业单位在职职工和退休人员全部纳入基本医疗保险，不再享受公费医疗。从2010年起，北京18个区县所属机关事业单位公务员公费医疗全部纳入基本医疗保险。

2. 城镇职工基本医疗保险

2001年2月，北京市政府颁布《北京市基本医疗保险规定》，同年4月实施。职工基本医疗保险覆盖了全市行政区域内所有城镇用人单位的职工和退休人员。从 2006 年 4 月起，北京实施全市退休人员统一补充医疗保险政策，规定退休人员个人按比例负担费用可以再报销 50%。截至 2009 年 8 月，全市参保职工达到 911 万人，其中退休人员达到 189 万人。

2008 年 5 月，北京市劳动和社会保障局发布《关于调整基本医疗保险参保人员待遇标准有关问题的通知》，自 7 月 1 日起调整基本医疗保险参保人员待遇标准，在职职工门（急）诊报销起付线由目前的 2000 元下调为 1800 元，在职职工在社区就医门诊报销比例进一步提高到 70%。同时，包括支架、导管等在内的贵重医用材料的报销比例、安装体内人工器官报销标准都提高了 20%。

3. 城镇居民基本医疗保险

城镇职工基本医疗保险覆盖的对象只是城镇就业人员，而城镇非就业居民的医疗保险长期被忽视。2007 年 7 月 10 日，国务院发布《关于开展城镇居民基本医疗保险试点的指导意见》，开始试点建立城镇非就业居民基本医疗保险制度。根据该意见，全国城镇居民医疗保险改革于 2007 年启动试点，2008 年扩大试点，2009 年试点城市达到 80% 以上，2010 年在全国全面推开，逐步覆盖全体城镇非就业居民。

北京市为了给没有条件纳入基本医疗保险范围的城镇居民提供基本医疗保险，先后建立了灵活就业与破产企业退休人员及农民工参加基本医疗保险办法、"一老一小"、"无业居民"医疗保险制度。

（1）灵活就业与破产企业退休人员及农民工参加基本医疗保险办法。所谓灵活就业人员，是指具有本市城镇户籍、在法定劳动年龄内从事个体劳动或者自由职业，并在市、区（县）劳动保障部门开办的职业介绍服务中心、人事部门开办的人才交流服务中心和市社会保险经办机构委托的社会保险代理机构以个人名义存档的人员。

2002 年 3 月北京开始实行《北京市个人委托存档人员参加基本医疗保险暂行办法》，在全国率先建立灵活就业人员基本医疗保险制度。2009 年 1 月正式实行《北京市灵活就业人员参加职工基本医疗保险办法》，4 月，又实施解决灵活就业人员门诊医疗费用办法，灵活就业人员可以报销门诊费用。2002 年 4 月，北京市劳动和社会保障局等部门联合发布《关于破产企业实行社会化管理的退休人员参加基本医疗保险有关问题的通知》，规定自当年 5 月 1 日起，对全市破产企业实行社会化管理的退休人员建立基本医疗保险和大额医疗互助，享受相应的医疗保险待遇。

2004 年 7 月 28 日，北京市劳动和社会保障局发布《北京市外地农民工参加基本医疗保险暂行办法》，自 9 月 1 日起施行。这是北京市首次完善的专门对外地农民工制定的医疗保险政策。农民工医疗保险有两大特点：一是保大病，农民工在患大病方面和城镇职工享受的待遇一样，但不将一般的门诊纳入其中；二是保当期，即是指农民工在北京打工期间的医疗保障，退休之后则不纳入管理范围。

（2）"一老一小"大病医疗保险制度。2006 年 6 月 7 日，北京市发布《关于建立北京市城镇无医疗保障老年人和学生儿童大病医疗保险制度的实施意见》，在全国率先实施城镇居民"一老一小"大病医疗保险制度。

"一老"指的是北京市城镇没有医疗保障的老年人，具体标准是具有本市非农业户籍、没有纳入城镇职工基本医疗保险范围，男年满 60 周岁、女年满 50 周岁的城镇居民。"一小"指的是北京市城镇没有医疗保障的学生、儿童，具体标准是具有本市非农业户籍，且在本市行政区域内的各类普通高等院校（全日制学历教育）、普通中小学校、中等职业学校（包括中等专业学校、技工学校、职业高中）、特殊教育学校、工读学校的在册学生，以及非在校少年儿童（包括托幼机构的儿童、散居婴幼儿和其他年龄在 16 周岁以下非在校少年儿童）。

城镇无医疗保障老年人大病医疗保险筹资标准为每人每年 1400 元，其中个人缴纳 300 元、财政补助 1100 元。学生儿童大病医疗保险筹资标准为每人每年（按学年）100 元，其中个人缴纳 50 元、财政补助 50 元。学生儿童大病医疗保险自 2007 年 9 月 1 日起实施，城镇无医疗保障老年人大病医疗保险自 2007 年 10 月 1 日起实施。2009 年 1 月，北京开始"一老"的门诊费用报销，起付标准 200 元，起付标准以上部分报销 50%，在一个医疗保险年度内累计支付的最高数额为 500 元。2010 年，北京建立了"一小"的门诊报销制度。

（3）"无业居民"医疗保险制度。2008 年 6 月，北京市政府发布《关于建立北京市城镇劳动年龄内无业居民大病医疗保险制度的实施意见》，自 7 月 1 日实行，从而将无业居民纳入大病医疗保险范围。城镇无业居民的筹资标准为每人每年 700 元，其中个人缴纳 600 元、财政补助 100 元。城镇无业居民中残疾人员的筹资标准为每人每年 1400 元，其中个人缴纳 300 元、财政补助 1100 元，补助资金由市和区县财政各负担 50%。这一制度的实施，标志着北京市率先实现了医疗保险制度的全覆盖。

4. 新型农村合作医疗

20 世纪 50 年代建立的农村合作医疗制度在改革进程中迅速解体，农民陷入空前的"看病难、看病贵"困境。2003 年 1 月，国务院办公厅转发卫生部等部门《关于建立新型农村合作医疗制度的意见》，提出从 2003 年起在全国开展新型农村合作医疗试点。新型农村合作医疗制度（简称"新农合"）是由政府组织、引导、支持，农民自愿参加，个人、集体和政府多方筹资，以大病医疗统筹为主要内容的农民医疗互助共济制度。2008 年，全国参加新型农村合作医疗的人口 8.14 亿，参合率 91.5%。

2003 年 6 月 27 日，北京市政府办公厅转发《北京市建立新型农村合作医疗制度的实施意见》，全面实施新型农村合作医疗制度。新型农村合作医疗重点解决农民因患大病出现的因病致贫和因病返贫问题，首先保证对农民大额医疗费用的补助。北京市 13 个涉农区县从 2007 年开始统一人均筹资标准，即 2007 年 220 元，2008 年 320 元，2009 年 420 元，2010 年 520 元。在每年增加的 100 元中，政府投资为主的格局基本形成。2009 年北京市新型农村合作医疗共筹资 11.9 亿元，其中市、区（县）、镇（乡）三级政府筹资占筹资总额的 85.7%。到 2009 年底，全市 278 万农业人口中参加"新农合"的比率达 96%。"新农合"住院补偿率 2004 年为 29%，2008 年提高到 48.4%，2009 年达到 50%。到 2010 年，北京"新农合"住院补偿率将提高到 60%，门诊补偿将由 2009 年的 32% 提高到 40%。

（三）工伤保险、失业保险和生育保险

1. 工伤保险

工伤保险是劳动者在劳动和工作中遭受意外伤害或因职业病导致暂时或永久丧失劳动能力以及死亡时，劳动者或其遗属获得物质帮助的一种社会保险制度。我国工伤保险始于 1951 年 2 月 26 日政务院颁布的《中华人民共和国劳动保险条例》。长期以来，我国工伤保险存在明显的城乡差别。传统的工伤保险只覆盖城镇国有企业和集体企业。

2003 年 4 月 27 日，国务院颁布《工伤保险条例》，自 2004 年 1 月 1 日实行，该《条例》首次扩大了工伤保险的范围，将农民工纳入其中，明确规定各类企业和有雇工的个体工商户都应当参加工伤保险。但是，农民没有工伤保险，农民工没有资格参加工伤保险，是我国工伤保险面临的重大问题。目前国家尚未出台有关农民参加工伤保险的政策规定。

2004 年 6 月 1 日，劳动和社会保障部发布《关于农民工参加工伤保险有关问题的通知》，明确提出农民工参加工伤保险、依法享受工伤保险待遇是《工伤保险条例》赋予包括农民工在内的各类用人单位职工的基本权益，各类用人单位招用的农民工均有依法享受工伤保险待遇的权利。但在事实上，因种种原因，农民工参加工伤保险的比率相当低。根据人力资源和社会保障部的数据，2008 年底，农民工参加工伤保险人数为 4942 万人，只占全国农民工就业人数 2.25 亿人的 22%。

北京市政府于 2003 年 11 月 25 日审议通过《北京市实施〈工伤保险条例〉办法》。2004 年 7 月 28 日，北京市劳动和社会保障局印发《北京市外地农民工参加工伤保险暂行办法》，进一步明确了农民工参加工伤保险的具体政策。但据调查，北京有超过 90% 的农民工没有参加工伤保险。农民工参加工伤保险的比率很低，其原因既有工伤保险政策本身设计方面的缺陷，也有其他相关体制因素的制约。

2. 失业保险

改革之后的 1986 年，国务院颁布《国营企业职工待业保险暂行规定》，开始建立失业保险制度，保险对象只限国营企业职工。20 世纪 90 年代开始的国企改革，造成数千万工人下岗。1993 年 4 月 12 日国务院发布《国有企业职工待业保险规定》，当时使用的是"待业"而不是"失业"概念。1998 年 6 月 9 日，国务院发布《关于切实做好国有企业下岗职工基本生活保障和再就业工作的通知》，确立下岗职工基本生活保障制度。1999 年 1 月 22 日，国务院颁布《失业保险条例》，将失业保险的覆盖范围扩大到所有类型的企业及事业单位职工。从 2006 年起，下岗职工生活保障制度实现与失业保险制度并轨。

1986 年 9 月 15 日，北京市政府发布《北京市执行〈国营企业职工待业保险暂行规定〉的实施细则》。1994 年 6 月 6 日，北京市政府发布《北京市企业职工失业保险规定》，将国有企业职工、城镇集体所有制企业（包括股份合作制企业）职工、股份制企业及各类联营企业职工、外商及港澳台商投资企业的中方职工、私营企业和个体工商户雇佣的城镇职工等纳入失业保障。1999 年 9 月 14 日，北京市政府发布《北京市失业保险条例》，城镇企业、事业单位的失业人员依照规定享受失业保险待遇。2007 年 6 月 14 日，北京市政府第 190 号令对《北京市失业保险条例》进行了修改。

失业保险只覆盖城镇职工，农业劳动者则始终未纳入失业保险框架。城镇职工实际享有失业保险的人数也偏低。同时农民工的失业保险建设明显滞后，面临许多问题。据《2008 年度人力资源和社会保障事业发展统计公报》，2008 年末全国参加失业保险人数为 12400 万人，参加失业保险的农民工为 1549 万人，全国领取失业保险金人数为 261 万人，年末失业保险基金累计结存 1310 亿元。《失业保险条例》规定凡与用工单位建立稳定劳动关系的农民工，都应参加失业保险。目前，对农民合同制工人实行的是单位缴费、个人不缴费，失业后发放一次性生活补助，标准较低。在实际中，农民工参加失业保险的比率一直很低。受国际金融危机影响，我国农民工有 2000 万人失去工作，但他们大部分没有享受失业保险。

《北京市失业保险条例》规定，用人单位招用的农民合同制工人，劳动合同期满未续订或者提前解除劳动合同的，由社会保险经办机构根据用人单位为其连续缴费的时间，对其支付一次性生活补助，每满 1 年发给 1 个月生活补助，最长不得超过 12 个月。2008 年 12 月 26 日，北京市劳动和社会保障局发布《关于调整失业保险金发放标准的通知》，自 2009 年 1 月 1 日起执行。失业保险金调整后，城镇职工失业保险金月发放标准从 562 元到 671 元不等，农民合同制工人一次性领取的生活补助费从原来的 338 元调整到 398 元。

3. 生育保险

生育保险是国家通过立法，在妇女怀孕和分娩时由国家和社会提供医疗服务、生育津贴和产假的一种社会保险制度。1986 年 5 月，卫生部、劳动人事部、全国总工会、全国妇联联合印发《女职工保健工作暂行规定》。1988 年 7 月国务院发布《女职工劳动保护规定》，对女职工的就业、工作时间、产假、孕期保护待遇及其他福利等做了详细规定。此规定适用于中国境内一切国家机关、团体、企事业单位的女职工。军队系统的单位可参照执行。1994 年 12 月劳动部颁发《企业职工生育保险试行办法》，生育保险费用实行社会统筹，本办法适用城镇企业及其职工。《企业职工生育保险试行办法》规定，参加生育保险社会统筹的用人单位，应向当地社会保险经办机构缴纳生育保险费，女职工个人不缴费。参保单位女职工生育或流产后，其生育津贴和生育医疗费由生育保险基金支付。生育津贴按照本企业上年度职工月平均工资计发；生育医疗费包括女职工生育或流产的检查费、接生费、手术费、住院费和药费（超出规定的医疗服务费和药费由职工个人负担）以及女职工生育出院后，因生育引起疾病的医疗费。

2004 年 12 月 28 日，北京市政府发布《北京市企业职工生育保险规定》，自 2005 年 7 月 1 日起施行。本规定适用于本市城镇各类企业和与之形成劳动关系的具有本市常住户口的职工。生育保险待遇主要包括由生育保险基金支付生育津贴、生育医疗费用、计划生育手术医疗费用、国家和本市规定的其他费用以及相应的产假。2005 年 5 月，北京市劳动和社会保障局发布《关于贯彻实施〈北京市企业职工生育保险规定〉有关问题的通知》，明确了有关政策实施细则。2009 年 5 月，北京市人力资源和社会保障局发布《关于进一步完善企业职工生育保险有关问题的通知》，提高了生育保险自然分娩医疗费用定额支付标准。

生育保险面临的最大问题，一是农业劳动者没有纳入生育保险的制度框架；二是农民工没有充分享有生育保险待遇。

二 城乡社会救助

社会救助是国家和社会对因各种原因无法维持最低生活水平的公民给予无偿救助的一项社会保障制度。社会救助体现了人类社会保障弱势群体基本生存权的文明底线，是最基础最低层次的社会保障。社会救助的对象有三类：一是无依无靠、没有劳动能力又没有生活来源的人，主要包括孤儿、残疾人以及没有参加社会保险且无子女的老人；二是有收入来源，但生活水平低于法定最低标准的人；三是有劳动能力、有收入来源，但由于意外的自然灾害或社会灾害，而生活一时无法维持的人。我国社会救助体系主要包括五保供养、最低生活保障、医疗救助、灾害救助、教育救助、住房救助、流浪乞讨人员救助、法律援助、临时救助等内容。

目前，北京已建立起以城乡低保为基础，以医疗救助、教育救助、住房救助等专项救助相配套，以灾害救助、临时救助等应急救助为补充的社会救助体系。

（一）农村五保供养

农村五保供养是我国农村对丧失劳动能力和生活没有依靠的老、弱、孤、寡、残的农民实行保吃、保穿、保烧、保教、保葬的一种社会救助制度。农村五保形成于 20 世纪 50 年代合作化时期。《1956 年到 1967 年全国农业发展纲要》提出对缺乏劳动力、生活没有依靠的鳏寡孤独的社员，应当在生活上给予适当照顾，做到保吃、保穿、保烧（燃料）、保教（儿童和少年）、保葬，使他们生养死葬都有指靠。随着人民公社的解体，农村五保制度受到一定的冲击。

1994 年 1 月 23 日，国务院颁布《农村五保供养工作条例》，规定五保供养的主要内容是"保吃、保穿、保住、保医、保葬（孤儿保教）"，供养标准为当地村民一般生活水平，所需经费和实物，从村提留或者乡统筹费中列支。2006 年 1 月 11 日，国务院颁布新的《农村五保供养工作条例》，自 3 月 1 日施行。该条例实现了农村五保供养从以往的农民供养向政府供养转变。截至 2008 年底，全国农村五保老人得到五保救济的人数为 548.6 万人，其中集中供养 155.6 万人，农村五保集中供养平均标准为每人每年 2176.1 元，平均支出水平为每人每年 2055.7 元；分散供养 393 万人，农村五保分散供养平均标准为每人每年 1624.4 元，平均支出水平为每人每年 1121.0 元。

2008 年 3 月 24 日，北京市政府审议通过《北京市实施〈农村五保供养工作条例〉办法》，自 5 月 1 日起施行。2008 年 6 月 30 日，北京市民政局等部门联合发布《北京市农村五保供养制度实施细则》，明确农村五保供养标准主要根据统计部门公布的上年度本行政区域内农村居民家庭人均生活消费支出确定。2008 年，全市共有农村五保供养对象 4288 名，其中 60 岁及以上老人 3044 名，平均供养标准为每人每年 6961.54 元，标准最高的为朝阳区，年人均 9872 元，最低的为延庆县，年人均 5003 元。

2009 年 6 月，北京市民政局公布北京市 2009 年各区县农村五保供养最低标准，自 7 月 1 日施行。各区县农村五保新标准分别是：朝阳 11260 元，大兴 6541 元，丰台 9385 元，房山 6889 元，海淀 11400 元，平谷 6329 元，门头沟 7444 元，怀柔 6960 元，昌平 8667 元，密云 7008 元，顺义 6906 元，延庆 5536 元，通州 6766 元。

（二）城乡低保

城乡低保制度是改革以来我国最重要的社会救助制度。在城乡低保制度建立以前，在农村主要实行五保供养和特困户生活救济，在城镇实行困难户救济制度。长期以来，我国困难救助人群比例及救助标准都相当低。据统计，1992 年，全国得到定期定量救济的城镇困难户人数只有 19 万人，占城镇人口的比重的 0.06%。救济经费是 8740 万元，救济对象人均月救济额仅 38 元，为当年城镇居民人均生活费收入的 25%。1992 年，全国城镇社会救济费用（包括临时救济）总共只有 1.2 亿元，仅占当年国内生产总值的 0.05‰，不到国家财政收入的 0.03%。

城乡低保制度的建立，打开了我国社会救助的新局面。1993 年 6 月 1 日，上海市在全国率先建立了城市居民最低生活保障制度，确立了城镇居民最低生活保障线，以此取代传统的城镇困难户救济。1994 年第十次全国民政工作会议肯定了上海的经验，提出对城市社会救济对象逐步实行按当地最低生活保障线标准进行救济。1997 年 9 月 2 日，国务院发布《关于在全国建立城市居民最低生活保障制度的通知》，开始在全国城镇建立最低生活保障制度。1999 年 9 月 28 日，国务院正式颁布《城市居民最低生活保障条例》。到 1999 年底，全国普遍建立了城市低保制度。

随着城市低保制度的建立，农村低保也逐渐进入地方、民政部门和国家公共政策视野。2007 年 7 月 11 日，国务院发布《关于在全国建立农村最低生活保障制度的通知》，农村低保制度从此在全国建立起来。到 2007 年底，全国普遍建立了农村最低生活保障制度。

据民政部统计，2008 年底，全国共有 1110.5 万户、2334.8 万城市居民得到了最低生活保障，城市居民最低生活保障平均标准每人每月 205.3 元；全国农村享受最低生活保障的共 1982.2 万户、4305.5 万人，平均低保标准每人每月 82.3 元。到 2009 年 11 月，全国城镇居民最低生活保障人数为 23381422 人，最低生活保障家庭 11368777 户，最低生活保障累计支出 4067858.7 万元，人均支出 159 元；全国农村居民最低生活保障人数为 46311365 人，最低生活保障家庭 22295545 户，最低生活保障累计支出 2867007.8 万元，人均支出 59 元。

北京市自 1996 年开始建立城市居民最低生活保障制度。2000 年 6 月 27 日，北京市政府颁布《北京市实施〈城市居民最低生活保障条例〉办法》。2000 年 12 月 25 日，北京市民政局等部门印发《北京市城市居民最低生活保障制度实施细则》。2002 年 6 月 26 日，北京市政府印发市民政局《关于完善城市居民最低生活保障制度若干意见的通知》。2005 年 7 月 13 日，北京市政府批转市民政局《关于建立本市城市居民最低生活保障标准调整机制的意见》。北京自建立城市低保制度以来，逐步形成了低保标准动态调整机制。

北京城市低保标准（家庭月人均收入），1996 年为 170 元，1997 年 190 元，1998 年 200 元，1999 年 210 元，1999 年 273 元，2000 年 280 元，2001 年 285 元，2002 年 290 元，2003 年 290 元，2004 年 290 元，2005 年 300 元，2006 年 310 元，2007 年 330 元，2008 年 390 元。2011 年 1 月 1 日起，北京城市"低保"标准由家庭月人均 430 元上调为 480 元，上调幅度为 11.62%；农村"低保"标准由家庭月人均 210 元上调为 300 元，上调幅度为 42.85%。根据

北京市民政局会同市财政局2008年12月30日发布的《关于调整我市城乡社会救助相关标准的通知》，全市城市低保标准由家庭月人均收入从2008年390元调整到2009年410元。从2006年起，北京开始对特殊困难的城市低保对象实施分类救助，按照5%、10%、15%等不同增加系数，着重照顾城市"三无"人员、重残人、老年人、未成年人、重症病患者等群体。

2002年4月27日，北京市政府批转市民政局《关于建立和实施农村居民最低生活保障制度意见的通知》，决定从2002年度起建立并实施农村居民最低生活保障制度。凡具有本市农业户口、上年家庭年人均收入低于户籍所在区县当年农村居民最低生活保障标准的农村居民，均纳入当地农村居民最低生活保障范围。农村居民最低生活保障标准由各区县政府自行确定。农村居民最低生活保障待遇分为全额享受和差额享受两种。农村五保对象，孤老烈军属等特殊优抚对象困难户，原民政部门管理的20世纪60年代初精减退职老职工，国民党起义投诚、宽释及特赦人员等特殊救济对象，无劳动能力的重残人员以及其他特殊生活困难人员等，按照当地农村居民最低生活保障标准全额享受低保待遇。其他符合农村居民最低生活保障范围的对象，均按照其上年家庭年人均收入低于户籍所在区县当年农村居民最低生活保障标准的差额享受低保待遇。农村五保对象除享受当地农村居民最低生活保障待遇外，再附加保障金的10%作为生活补助费，并按国务院颁布的《农村五保供养工作条例》的要求，确保其供养标准不低于当地上年家庭年人均收入的65%，不足部分由区县和乡镇财政予以补足。2002年4月29日，北京市民政局等部门发布《北京市农村居民最低生活保障制度实施细则》，就相关问题做了具体政策规定。

2006年4月25日，北京市政府批转市民政局《关于建立本市农村居民最低生活保障标准调整机制的意见》，建立农村低保动态调整机制。2008年12月30日，北京市民政局会同市财政局出台《关于调整我市城乡社会救助相关标准的通知》，2009年全市农村低保最低保障标准从2008年家庭年人均收入的1780元调整为2040元。各区县政府根据实际在全市规定农村低保最低标准的基础上适度提高。2009年，朝阳区、海淀区、丰台区已实施城乡低保标准并轨，农村低保标准与城市低保标准统一上调为年人均4920元，其他区县分别调整为年人均2040元~2530元。

2009年，北京城市低保标准为家庭月人均收入410元，农村低保标准为家庭月人均收入170元至410元不等，其中，朝阳区、海淀区、丰台区3个区已实现城乡低保标准并轨，即低保标准统一为家庭月人均收入410元。其他

10 个郊区县城乡低保还存在一定的差距，如顺义农村低保标准为家庭月人均收入 211 元，昌平农村低保标准为家庭月人均收入 210 元，大兴、门头沟 2 个区县农村低保标准为家庭月人均收入 200 元，房山、通州、平谷、怀柔、密云、延庆 6 个区县农村低保标准为家庭月人均收入 170 元。

（三）医疗救助

医疗救助是对缴费型医疗保险制度的重要补充，是保障困难人群病有所医的重要社会救助制度安排。长期以来，我国医疗救助制度建设明显滞后。同时，还存在城乡二元医疗救助格局。2000 年 12 月，国务院颁布《关于完善城镇社会保障体系的试点方案》，提出要积极探索建立医疗救助制度，帮助城镇困难人群解决医疗问题。2003 年 7 月 9 日，民政部下发《关于建立城市医疗救助制度有关事项的通知》，要求各地探索城市医疗救助制度。

2005 年 2 月 26 日，民政部等部门发布《关于建立城市医疗救助制度试点工作的意见》，提出从 2005 年起，用 2 年时间在全国部分县（区、市）进行试点，之后再用 2 ~ 3 年时间在全国建立城市医疗求助制度。医疗救助的对象主要是城市居民最低生活保障对象中未参加城镇职工基本医疗保险人员、已参加城镇职工基本医疗保险但个人负担仍然比较重的人员和其他特殊困难群众。2007 年 7 月 10 日，国务院发布《关于开展城镇居民基本医疗保险试点的指导意见》，推进城镇居民基本医疗保险试点工作。2007 年 10 月 24 日，民政部等部门发布《关于做好城镇困难居民参加城镇居民基本医疗保险有关工作的通知》，推动城镇困难居民参加城镇居民基本医疗保险，并要求试点地区抓住建立城镇居民基本医疗保险制度的契机，加快建立和完善城市医疗救助制度。已开展城镇居民基本医疗保险但尚未建立城市医疗救助制度的地方，要同步建立城市医疗救助制度，做好城市医疗救助和城镇居民基本医疗保险的衔接工作。开展城镇居民基本医疗保险试点的地区，要结合城镇居民基本医疗保险制度的建立，完善医疗救助实施方案，对困难居民在城镇居民基本医疗保险支付之外个人难以负担的医疗费用，按照有关规定给予适当补助。未参加城镇居民基本医疗保险的困难居民，符合条件的要按照规定及时给予救助。

我国农村长期没有建立正式的医疗救助制度。2002 年 10 月 29 日，中共中央、国务院联合发布《关于进一步加强农村卫生工作的决定》，首次提出国家将对农村贫困家庭实行医疗救助。2003 年 11 月 18 日，卫生部等部门发布《关于实施农村医疗救助的意见》，提出农村医疗救助制度是政府拨款和社会各界自愿捐助等多渠道筹资，对患大病农村五保户和贫困农民家庭实行医疗救助的制度。各省、自治区、直辖市在全面推行农村医疗救助制度的同时，可选择 2~3 个县（市）作为示范点，通过示范指导推进农村医疗救助工作的开展，力争到 2005 年，在全国基本建立起规范、完善的农村医疗救助制度。这是我国第一次建立专门面向农民的医疗救助制度。救助对象主要是农村五保户和贫困农民家庭，医疗救助的主要方式是资助医疗救助对象参加农村合作医疗，对患大病的救助对象给予适当的医疗费用补助。

2005 年 8 月 15 日，民政部等部门联合发布《关于加快推进农村医疗救助工作的通知》，提出 2005 年底以前，各省、自治区、直辖市所辖有农业人口的县（市、区）的农村医疗救助工作方案务必全部出台。

2009 年 3 月 17 日，中共中央、国务院发布《关于深化医药卫生体制改革的意见》，提出到 2011 年建立覆盖城乡居民的基本医疗保障体系。城镇职工基本医疗保险、城镇居民基本医疗保险、新型农村合作医疗和城乡医疗救助共同组成基本医疗保障体系，分别覆盖城镇就业人口、城镇非就业人口、农村人口和城乡困难人群。2009 年 6 月 15 日，民政部等部门联合发布《关于进一步完善城乡医疗救助制度的意见》，提出用 3 年左右的时间，在全国基本建立起资金来源稳定，管理运行规范，救助效果明显，能够为困难群众提供方便、快捷服务的医疗救助制度。该意见扩大了医疗救助的范围，提出在将城乡低保家庭成员和五保户纳入医疗救助范围的基础上，逐步将低收入家庭重病患者以及当地政府规定的其他特殊困难人员纳入医疗救助范围。坚持以住院救助为主，兼顾门诊救助，并逐步降低或取消医疗救助的起付线，合理设置封顶线，进一步提高救助对象经相关基本医疗保障制度补偿后需自付的基本医疗费用的救助比例。2010 年 1 月，全国民政工作会议提出城乡医疗救助将尽快取消病种限制和起付线，扩大救助范围，简化救助手续。

近些年来，北京市不断加大医疗救助工作力度。2001 年 12 月 19 日，北京市政府办公厅印发市卫生局等部门制定的《北京市城市特困人员医疗救助暂行办法》，自 2002 年 1 月 1 日施行。医疗救助对象主要是城市低保人员、家庭月人均收入高于本市城市低保标准但低于本市最低工资标准的本市城镇职工基本医疗保险对象和其他特殊生活困难人员。医疗救助待遇主要包括 4 个方面。（1）城市低保对象就诊时，减收基本手术费和 CT、核磁共振大型设备检查费 20%，减收普通住院床位费 50%。（2）城市低保对象患危重病时发生的医疗费用，全年个人负担累计超过 1000 元以上，可申请享受医疗救助。其中，享受医疗保险人员在扣除各项医疗保险可支付部分、所在单位承担部分及失业人员在失业保险期内享受的有关医疗待遇后，全年个人负担医疗费用累计仍超过1000元且影响其基本生活时，也可申请享受医疗救助。医疗救助的额度按照个人负担医疗费用的50%支付，全年个人累计医疗救助支付额度原则上不超过1万元。确属特殊困难人员，经向户口所在地街道办事处（乡镇人民政府）申请、区县民政部门审批后，可适当增加医疗救助比例。（3）城市低保对象中无生活来源、无劳动能力又无法定赡养人或者抚养人的人员（简称"三无"人员）和因公致残返城知青及20世纪60年代初精减退职老职工的医疗费，按原有政策规定执行。北京市社会福利医院对"三无"人员和因公致残返城知青免收门诊挂号费和诊疗费，减收基本手术费和普通检查费30%，减收普通住院床位费60%。（4）参加本市城镇职工基本医疗保险的企业和事业单位应当建立补充医疗保险。参保职工和退休人员中家庭月人均收入高于本市城市低保标准但低于本市最低工资标准者，患危重病时发生的医疗费用按照有关规定报销符合医疗保险支付范围内的医疗费用后，个人负担部分仍超过家庭年收入50%的，所在单位应当通过补充医疗保险或者其他途径给予医疗救助，救助额度应不低于个人负担医疗费用的50%。停产、半停产等特殊困难企业确实无力支付医疗救助资金时，职工或退休人员可通过所在单位向所在区县劳动保障部门申请医疗救助，报经市劳动保障部门批准后，按照个人负担医疗费用50%的额度给予救助，全年个人享受的医疗救助金额原则上不超过1万元。确属特殊困难人员，经所在单位向所在区县劳动保障部门申请、市劳动保障部门审批后，可适当增加医疗救助比例。

2002年4月6日，北京市民政局等部门发布《关于实施〈北京市城市特困人员医疗救助暂行办法〉的意见》，进一步明确了医疗救助的有关标准和程序。2004年11月1日，北京市民政局等部门发布《关于调整本市城市特困人员医疗救助政策有关问题的通知》，适当提高医疗救助比例。个人负担医疗费仍然过高且影响家庭基本生活的，可申请享受临时救助。

2004年11月12日，北京市政府办公厅转发市民政局等部门制定的《北京市农村特困人员医疗救助暂行办法》，明确了农村特困人员医疗救助政策。农村医疗救助对象是：（1）享受本市农村居民最低生活保障（简称农村低保）待遇的人员；（2）家庭收入高于当地农村低保标准，经农村合作医疗以及各种互助帮困措施救助后，个人自负医疗费仍有困难且影响家庭基本生活的困难人员；（3）民政部门规定的其他困难人员。医疗救助待遇包括4个方面。（1）农村低保对象就医时，减收基本手术费和 CT、核磁共振大型设备检查费 20%，减收普通住院床位费 50%。（2）农村低保对象参加当地合作医疗的个人缴费部分，由区县政府资助。到指定医院就医后，按规定报销住院费用、门诊医疗中的大病治疗费用，以及合作医疗办事机构组织的体检费用。报销起付标准、报销比例和最高报销限额按照当地合作医疗规定执行。对农村低保对象中的五保对象、重残人及特困人员可适当放宽条件，提高救助标准。具体办法由各区县政府自行制定。农村低保对象家庭收入增加，不再享受低保待遇后，其个人缴费及费用报销等按一般合作医疗对象对待。（3）农村五保对象和由民政部门管理、享受定期定量救济的 20 世纪 60 年代初精减退职老职工等民政对象发生的医疗费用经合作医疗报销后，剩余部分的报销办法，按原有政策规定执行。（4）农村低保人员以及其他困难人员因患急重病，经农村合作医疗报销后，个人医疗费用负担仍然过重且影响家庭基本生活的，可申请享受临时救助。

2007 年 3 月 28 日，北京市政府办公厅转发市民政局等部门《关于进一步完善农村特困人员医疗救助制度的意见》，完善了医疗救助待遇。2007 年 4 月 3 日，北京市民政局等部门印发《进一步完善农村特困人员医疗救助制度实施办法》。

2008 年 12 月 26 日，北京市民政局等部门联合发布《关于规范和统筹本市城乡医疗救助制度的通知》，自 2009 年 1 月 1 日起，进一步规范医疗救助政策与城镇大病医疗保险、新型农村合作医疗制度的有效衔接，主要内容包括 4 个方面。（1）规范城乡医疗救助名称。将社会救助对象患常见病、慢性病的医疗救助定义为"门诊救助"；将社会救助对象患危重病且经过各项城镇大病医疗保险和新型农村合作医疗报销有关费用后的医疗救助定义为"住院救助"。（2）提高门诊救助报销比例。将原慢性病、常见病门诊医疗救助的报销比例由 50% 提高到 60%，每年累计报销额度仍为 2000 元。民政部门管理的城市"三无"对象、农村五保供养对象和因公致残返城知青的医疗救助仍按"实报实销"办法实施；20 世纪 60 年代初精减退职老职工的医疗救助仍按"三分之二"享受待遇。（3）取消住院救助报销起付线。即在 2007 年取消慢性病、常见病医疗救助每年 500 元报销起付线的基础上，进一步取消危重病（大病）医疗救助每年 500 元的报销起付线。（4）提高住院救助报销比例及额度。将原危重病（大病）住院医疗救助的报销比例由 50% 提高到 60%，报销额度最高标准由 1 万元提高到 3 万元，以进一步缓解特困群众因患大病给家庭生活带来的沉重负担。

（四）教育救助

教育救助是国家和社会为贫困地区和贫困家庭学生提供帮助和支持以保障其受教育权的实现。教育救助既是社会救助体系的重要组成部分，又是实现教育公平的重要内容。我国历来重视教育事业的发展，但因种种原因，一些贫困地区和贫困家庭的适龄儿童仍面临上学困难，或因经济困难而辍学的问题。20世纪80年代以来，我国在普及义务教育的同时，也开始积极探索建立教育救助体系。现在，我国已初步建立了以"两免一补"、经常性助学、农民工子女就学、高等学校困难毕业生救助、特殊困难未成年人教育救助为主要内容的教育救助制度。

"两免一补"是国家为解决义务教育阶段贫困家庭学生上学难而实施的一项资助政策，主要内容是对义务教育阶段贫困家庭学生免杂费、免书本费、补助寄宿生生活费。"两免一补"最初是对农村贫困地区实施的一项教育救助。2001年秋，中央开始对中西部地区农村义务教育阶段学生试行免费提供教科书制度。从2005年起，国家免除扶贫开发工作重点县农村义务教育阶段贫困家庭学生的书本费、杂费，并补助寄宿学生生活费。2006年6月29日，十届全国人大常委会第二十二次会议审议通过新修订的《义务教育法》，明确规定"实施义务教育，不收学费、杂费"。2007年，我国农村全部免除义务教育阶段学杂费。2008年，我国全面实现城乡免费义务教育。

1997年8月22日，北京市教委、北京市财政局联合发布《北京市中小学学杂费减免办法（试行）》及《北京市义务教育阶段人民助学金制度〈试行〉》，对全市经济困难家庭的中小学学生，可视其实际情况减免学杂费。同时，北京市建立了人民助学金制度，全市普通初级中学、普通小学（含特殊教育学校）因家庭经济贫困就学困难的学生都可享受人民助学金。人民助学金分为甲等人民助学金和乙等人民助学金两种。城镇地区家庭人均收入低于最低生活保障线（当时标准为人均月收入190元）的学生和农村地区家庭人均年收入低于本区、县制定的特困户标准的学生享受甲等人民助学金，甲等人民助学金的发放标准是：城镇地区普通中学学生平均每人每月40元，普通小学学生平均每人每月30元；农村地区普通中学学生平均每人每月30元，普通小学学生平均每人每月20元。城镇地区家庭人均月收入低于210元的学生和农村地区家庭人均年收入低于本区、县制定的贫困户标准的学生享受乙等人民助学金，乙等人民助学金的发放标准是：城镇地区普通中学学生平均每人每月

30 元，普通小学学生平均每人每月 20 元；农村地区普通中学学生平均每人每月 20 元，普通小学学生平均每人每月 10 元。山区寄宿制学生平均每人每月发放伙食补助 30 元。革命烈士子女、享受社会优抚待遇家庭的学生和残疾学生，享受人民助学金的条件可适当放宽。

2002 年 6 月 27 日，北京市教育委员会、北京市财政局、北京市物价局印发《关于九年义务教育阶段学生免交杂费的通知》，自 2002 年 9 月 1 日起，对全市九年义务教育阶段学生实行免交杂费政策。从 2006 年秋季开学开始，北京在远郊农村地区全面实行"两免一补"政策，对 10 个远郊区县公办义务教育学校就读的有北京市农村户籍的学生免交教科书费；对有北京市农村户籍的山区学生、城乡低保家庭学生、残疾学生（含随班就读）每人每年提供 300 元助学补助；对 10 个远郊区县公办义务教育学校中农村户籍的住宿生、特教学校住宿生、城乡低保家庭的住宿生免交寄宿费，每人每月发放 100 元伙食补助。

2007 年 9 月 4 日，北京市教委等部门发布《关于进一步完善义务教育阶段"两免一补"政策的通知》，决定从当年秋季开学始，在城八区公办义务教育学校就读的有本市户籍的学生免收杂费，其中本市农村户籍学生免交教科书费。

在对义务教育阶段实行相关教育救助的同时，北京市也先后制定有关政策，对高等学校特困学生给予困难补助。1998 年 11 月 14 日，北京市教委、北京市财政局印发《北京市属普通高等学校特困生补助办法》，对学生家庭人均收入低于最低生活保障线者，给予每生每月 100 元（全年按 10 个月计算共 1000 元）的困难补助。2001 年 4 月 9 日，北京市教育委员会、北京市财政局印发《北京市属（市管）普通高等学校特困生补助办法的通知》，将特困生补助标准提高到每生每月平均 190 元（全年按 10 个月计共计 1900 元）。

2007 年 6 月 25 日，北京市民政局等部门联合发布《关于实施高等教育新生入学救助办法的通知》，决定从当年起在全市范围实行高等教育新生入学救助办法。根据此办法，凡享受本市城乡居民最低生活保障待遇家庭和享受生活困难补助的重残人家庭中，当年参加全国普通高等教育入学考试，在本市高等教育招生计划内，经北京教育考试院高等学校招生办公室正式录取，考入普通高等学校接受全日制本科、专科或高等职业教育的学生，可申请入学救助，当年救助标准为 4000 元，学费低于上述救助标准的，按实际发生金额救助。

从 2009 年起，北京市将高校新生入学教育救助范围扩大到城乡低保边缘

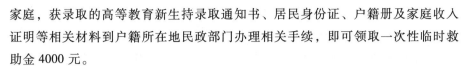

家庭，获录取的高等教育新生持录取通知书、居民身份证、户籍册及家庭收入证明等相关材料到户籍所在地民政部门办理相关手续，即可领取一次性临时救助金 4000 元。

另外，北京市也建立了住房救助、灾害救助、临时救助、流浪乞讨人员救助、残疾人救助等相关救助政策。

三　城乡社会福利

社会福利有广义和狭义之分。广义的社会福利是指政府和社会为全体社会成员提供有助于提高生活质量的各种社会性津贴、公共基础设施和社会服务，主要包括各种文化教育、公共卫生、公共娱乐、市政建设、家庭补充津贴、教育津贴、住宅津贴等。狭义的社会福利是指政府和社会向老人、儿童、残疾人等社会中特别需要关怀的人群，提供必要的社会援助，以提高他们的生活水准和自立能力，主要包括老人福利、残疾人福利、妇女福利、儿童福利、职工福利等。国际上，社会福利主要有补救型模式和普惠型模式。

改革以前，我国社会福利主要是民政部门负责提供的民政福利、单位提供的职工福利以及面向城镇居民提供的价格补贴等福利。当前，我国的社会福利制度除了各单位为职工提供各种福利外，主要是国家和社会为老年人、残疾人、妇女儿童以及经济贫困家庭等特殊社会弱势群体提供生活供养、疾病康复和文化教育等补救式社会福利。

（一）老人福利

我国传统的老人福利主要分三大块，一是城镇单位职工在各单位享受职工福利，二是城镇孤寡老人由政府举办的福利院收养，三是农村孤寡老人享有集体经济提供的"五保"供养。除此之外，我国绝大多数老人没有享受社会福利。1996 年 8 月 29 日，第八届全国人大常委会第二十一次会议通过《中华人民共和国老年人权益保障法》，为保障老年人权益、弘扬中华民族敬老养老美德提供了法律依据。

改革开放以来，我国老年人福利事业取得了重大成就，在实践中形成了以老年院、福利院等收养"三无"老人（无家可归、无依无靠、无生活来源的老人）的收养性福利，以老年活动中心等为老年人提供各种文化娱乐性服务的文化福利，以老年康复中心、老人交友中心等为老年人提供健康生活服务等福利，以及向老年人提供福利津贴及其他政策优惠性福利。从总体上看，目前我国的老年人福利事业还远滞后于人口老龄化和社会快速发展的需要。

北京是我国继上海之后第二个步入人口老龄化的大城市。在老人福利事业上，北京市除了与全国一样提供传统的老人福利外，在为老人提供福利性养老津贴制度建设上取得重大突破。2007年12月29日，北京市政府印发《北京市城乡无社会保障老年居民养老保障办法》，规定年满60周岁以上的城乡无保障老年人，每月可领取200元福利性养老金。该办法自2008年1月1日起实行。这是全国第一个统筹城乡、标准一致的福利性养老保障制度，是老人福利事业的重大举措。截至2008年底，全市共有56.27万名城乡无社会保障老人享受了福利养老金，其中农村老人约占75%。

2008年7月29日，北京市民政局、北京市财政局印发《北京市特殊老年人养老服务补贴办法（试行）》，对年满90周岁的老人和生活不能自理的老人，提供养老服务补贴，补贴资金以服务券形式发给符合条件的老年人。

2009年1月1日，北京市实行《关于加强老年人优待工作的办法》，全市城乡老人可享受11项政策优待福利，比如，65周岁及以上老年人免费乘坐市内地面公交车，免费游览、参观公园、博物馆等公益性场馆，建立了高龄津贴制度，对90至99周岁的老年人每月发给100元的高龄津贴，对百岁及以上老年人每月发给200元的高龄津贴。

2009年11月12日，北京市政府办公厅印发《北京市市民居家养老（助残）服务（"九养"）办法》，建立"九养"制度，自2010年1月1日起施行。在已有养老保障的基础上，北京市将更多的高龄老人和部分残疾人，享受政府发放的居家养老（助残）券，补贴标准为每人每月100元，全市大约有38万人享受每月100元的补贴。具体标准是：60至79周岁的重度残疾人每人每月发放100元养老（助残）券，16至59周岁无工作的重度残疾人参照本办法每人每月发放100元养老（助残）券，80周岁及以上的老年人每人每月发放100元养老（助残）券，对100周岁及以上老年人，在本市定点医疗机构门诊及住院发生的，且符合本市有关医疗报销规定的医疗费用中的个人按比例负担部分给以补助。

2009年3月，北京市民政局发布《北京市城乡无丧葬补助居民丧葬补贴办法》，自2009年1月1日起，在全市实行城乡统一的丧葬补贴，凡具有本市户籍的居民均可享受5000元的一次性丧葬补助。占全市人口43%的农业户口居民及无工作、无保险居民680余万人被纳入丧葬补贴群体中，在全国第一个实现丧葬补助待遇城乡同标准、全覆盖。

（二）残疾人福利

残疾人是指在心理、生理、人体结构上，某种组织、功能丧失或者不正常，全部或者部分丧失以正常方式从事某种活动能力的人。残疾人包括视力残疾、听力残疾、言语残疾、肢体残疾、智力残疾、精神残疾、多重残疾和其他残疾的人。残疾人福利是国家和社会专门为身体功能障碍的人群提供的福利。我国残疾人是一个规模庞大的特殊群体，据 2006 年第二次全国残疾人抽样调查，全国各类残疾人总数达 8296 万人，占全国总人口的 6.34%。

改革以来，我国残疾人事业获得了巨大的进展，得到了全社会的广泛关注。1984 年 3 月 10 日，我国成立了中国残疾人福利基金会。1988 年 3 月 11 日，中国残疾人联合会成立。1990 年 10 月 28 日，第七届全国人大常委会第十七次会议通过《中华人民共和国残疾人保障法》。每年 5 月的第三个星期日为全国助残日。1994 年 8 月 23 日，国务院颁布《残疾人教育条例》。2007 年 2 月 14 日，国务院颁布《残疾人就业条例》。2008 年 3 月 28 日，中共中央、国务院发布《关于促进残疾人事业发展的意见》；4 月 24 日第十一届全国人大常委会第二次会议通过了第二次修订的《中华人民共和国残疾人保障法》，充实了有关残疾人福利保障的内容；6 月 24 日第十一届全国人大常委会第三次会议批准了《残疾人权利国际公约》，自 2008 年 8 月 31 日起在中国正式生效。2006 年 12 月 13 日第 61 届联合国大会以协商一致的方式通过《残疾人权利国际公约》，全球约 6.5 亿残疾人的权利受到该公约的保障。2008 年 9 月，第 13 届残疾人奥运会在北京举行，进一步促进了残疾人事业与残疾人福利的发展。我国残疾人福利主要包括就业、救助、教育和康复四个方面的内容。

北京市共有 99.9 万名残疾人，涉及 260 万家庭人口。2008 年北京残奥会的成功举办，为首都残疾人事业发展注入了新的活力。2009 年 6 月 18 日，中共北京市委、北京市人民政府发布《关于促进残疾人事业发展的实施意见》（以下简称《意见》），提出到 2010 年，初步构建起残疾人社会保障和服务体系的政策制度框架，做到残疾儿童、少年义务教育"零拒绝"，残疾人基本养老、基本医疗、基本康复"全覆盖"，残疾人社会救助"无盲点"，残疾人就业有岗位，贫困残疾人基本住房有保障；到 2015 年，残疾人社会保障和服务体系更加完备，残健之间、城乡残疾人之间"两大差距"明显缩小，实现残疾人"康复有条件、在家有照料、出行无障碍"，努力建设残疾人工作的首善之区。《意见》规定，对参加城乡居民养老保险的重度残疾人给予个人缴费全额补贴，对参保的轻度残疾人给予50%补贴；对无业的轻度残疾人按月给予100元补助；2009年完成农村低保残疾人家庭危房翻建维修任务；2009~2011年，对招用残疾人一年以上的各类用人单位，签订固定期限劳动合同的，每人每年给予3000元的岗位补助；签订无固定期限劳动合同的，每人每年给予5000元岗位补助；对超比例安排残疾人就业的用人单位，在现有奖励政策基础上，按照规定比例每超过1人再给予3000元岗位补助；2010年为全市有需求的残疾人家庭免费进行无障碍改造，全市每个街道、乡镇建设一个示范温馨家园；到2015年，通过拓展机构托养服务、社区综合服务和居家助残服务，实现全市生活不能自理的重度残疾人照料、养护服务全覆盖。2009年9月6日，在庆祝残奥会成功举办一周年庆典仪式上，北京市残疾人福利基金会正式成立。这为北京市残疾人福利的发展提供了新的契机。

（三）其他福利

妇女福利是基于妇女不同于男性的性别差别而提供的福利，其目标是照顾妇女的身体和减轻其生育负担，维护妇女的合法权益。妇女福利一般包括特殊津贴、劳保福利和社会服务等内容。1992年4月3日，第七届全国人大常委会第五次会议通过了《中华人民共和国妇女权益保障法》，妇女福利有了一定的发展，但相对来说妇女福利发展滞后，除了单位女职工享有一定的福利外，其他妇女特别是农村妇女基本上没有什么福利待遇，只有一些妇女享受相关的计划生育补贴。

儿童福利有一定的发展，但与社会发展的要求相比还较为滞后。1991年9月9日，第七届全国人大常委会第二十一次会议通过《中华人民共和国未成年人保护法》，对未成年人的保护做了具体规定。在儿童福利上，传统的政策支持主要体现在建立福利机构收养孤残儿童。近些年来推行的免费义务教育，是提高儿童教育福利的重要举措。

从总体上说，近年来老人福利和残疾人福利事业发展较快，其他人群的福利事业发展相对滞后。对社会各类群体来说，生活福利、健康福利、教育福利、住房福利等社会福利都有待于进一步发展。

在社会保障体系中，城乡社会优抚和社会互助也非常重要。社会优抚是一种与军人有关的特殊社会保障，它是国家和社会对军人等从事特殊工作者及其家属予以优待、抚恤和妥善安置的福利制度，主要包括向烈属、军属、复员退伍军人、残废军人提供抚恤金、优待金、补助金；举办荣誉军人疗养院、光荣院；安置复员退伍军人；为军队离退休干部提供服务等。2004 年 10 月 1 日，我国实行新的《军人抚恤优待条例》。2005 年 12 月 30 日，北京市政府第 46 次常务会议审议通过《北京市实施〈军人抚恤优待条例〉办法》，对社会优抚做了具体规定。

社会互助是指社会组织和社会成员自愿举办和参与的社会扶弱济困活动，其主要形式包括工会、妇联等群众团体组织的群众性互助互济，民间公益事业团体组织的慈善救助以及城乡居民自发组织的各种形式的互助组织等。特别是慈善组织对社会互助事业的发展意义重大。

四 世界城市背景中的城乡社保前景

当前，北京已进入全面建设现代化国际大都市的新阶段。在此情势下，北京的社会保障建设，必须着眼于世界城市这一新的目标定位，立足于城乡一体化这一根本要求，加快建立和完善城乡统一的高水平的社会保障体系，力争在"十二五"规划期间建立有首都特色的健全的普惠型的福利社会，使首都市民人人享有健全的社会保障权益，人人都能老有所养、病有所医、住有所居、困有所助、难有所帮，让全体市民生活得更加幸福、更有尊严。围绕上述基本目标，应重点加强以下几个方面的工作。

（一）进一步加快社会保障制度的城乡并轨，全面实现城乡社会保障一体化

在城乡居民基本养老保险并轨的基础上，加快实现基本医疗和社会救助的城乡并轨，整合城乡居民医保制度，实现城乡低保标准的统一，率先完全实现城乡社会保障制度的城乡统一。

（二）进一步加快社会福利建设，率先建立健全普惠型的社会福利制度

要加快建立覆盖全体居民的社会福利制度，重点建立家庭福利、儿童福利、青少年福利、妇女福利、教育福利等普惠社会福利，使社会福利建设与经济发展相适应。

（三）进一步加大公共财政投入力度，不断提高社会保障支出占全部财政支出的比重

继续深化公共财政体制改革，真正建立起民生财政体制，要参照发达国家社会保障支出的比例，大幅度增加社会保障支出。特别是要通过降低行政成本，将更多的财政资金用于改善和保障民生，使北京的社会保障水平达到国际同等经济发展国家的社会保障水平。

（四）进一步加快以改善民生为重点的社会建设，充分发挥社会组织在开展社会互助活动中的积极功能

特别是要鼓励和规范民间慈善事业的发展，充分调动企业和个人从事社会慈善事业的积极性，引导更多的社会民间资金投入社会保障事业。要像推进政企分开一样推行政社分开，给社会组织的发展创造宽广的社会环境。

（五）进一步加强城乡社保统筹建设力度，将加快建立健全城乡统一的社会保障制度建设作为新农村建设和城乡一体化的重要内容

要朝着城乡社会保障一体化的目标，加快制度建设，使城乡居民在社会保障上享受平等的权利，特别是要将农民工全面纳入社会保障体系，使农民工完全享有平等的社会保障权利。

执笔：张英洪

2010 年 2 月 17 日

第二篇

北京市城镇居民基本医疗保险与"新农合"制度整合

Part 2

2010 年 3 月，北京市农村经济研究中心进行内设机构调整，设立社会处，旨在加强对北京农村社会建设和社会发展等问题的调查研究。5 月，北京市农村经济研究中心印发《2010 年度重点工作折子工程项目表》，将城镇居民基本医疗保险与"新农合"制度整合研究列为北京市农村经济研究中心重点工作折子工程。我们承担城镇居民基本医疗保险与"新农合"制度整合课题研究任务后，组成有相关部门参加的课题组，与北京市"新农合"服务管理中心、北京市人力资源和社会保障局医疗保险处、北京市 13 个涉农区县"新农合"管理服务部门等负责同志进行了多次座谈，我们还赴天津市对城乡居民医疗保险制度整合的经验进行了考察学习。课题组在深入调查研究的基础上，就北京市实行城镇居民基本医疗保险与"新农合"制度整合的必要性、面临的主要困难和问题、实行整合的总体思路和主要原则以及整合的具体方案提出了政策建议。

一　北京市城镇居民基本医疗保险制度的建立与发展

2001 年 4 月，北京市实施《北京市基本医疗保险规定》，建立了覆盖全市行政区域内所有城镇用人单位的职工和退休人员的城镇职工基本医疗保险制度，但城镇非就业居民的医疗保障则游离在基本医疗保险制度之外。

为了将城镇非就业居民纳入基本医疗保险体系，2007 年 7 月 10 日，国务院发布《关于开展城镇居民基本医疗保险试点的指导意见》，开始建立城镇非就业居民基本医疗保险制度。根据该意见，全国城镇居民医疗保险改革于 2007 年启动试点，2008 年扩大试点，2009 年试点城市达到 80% 以上，2010 年在全国全面推开，逐步覆盖全体城镇非就业居民。建立城镇居民基本医疗保险制度是我国在建立城镇职工基本医疗保险制度和新型农村合作医疗制度之后的又一重大举措，主要解决城镇非从业人员，特别是中小学生、少年儿童、老年人、残疾人等群体看病就医问题。建立城镇居民基本医疗保险制度，是改善民生的重要任务，是建设医疗保障制度和完善社会保障体系的重要组成部分，是深化医药卫生体制改革和推进卫生事业发展的重要环节，也是落实科学发展观和构建社会主义和谐社会的要求。

北京市在建立城镇职工医疗保险和新型农村医疗保险的基础上，在全国率先建立了城镇居民大病医疗保险制度，构建了覆盖全体城乡居民的医疗保障体系。

（一）北京市城镇居民大病医疗保险制度的建立与基本政策

目前，北京市基本医疗保障体系主要包括公费医疗、城镇职工大病医疗保险、城镇居民基本医疗保险、新型农村合作医疗保险以及城乡医疗救助，构成了"4+1"的基本保障体系。北京市城镇居民大病医疗保险制度具体又包括城镇无医疗保障老年人大病医疗保险（"一老"）、城镇学生儿童大病医疗保险（"一小"）、城镇无业居民大病医疗保险三项制度（见图1）。

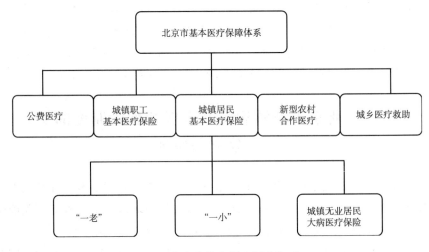

图1 北京市基本医疗保障体系

2007年6月7日，北京市政府印发《关于建立北京市城镇无医疗保障老年人和学生儿童大病医疗保险制度实施意见的通知》（京政发〔2007〕11号），在全国率先建立了城镇居民"一老一小"大病医疗保险制度。

"一老"指的是北京市城镇无医疗保障的老年人。"一老"的参保范围是具有北京市非农业户籍、未纳入城镇职工基本医疗保险范围，男年满60周岁、女年满50周岁的城镇居民。"一老"大病医疗保险的缴费标准为每人每年1400元，其中个人缴纳300元、财政补助1100元。"一老"的保障待遇主要是解决住院医疗费用，住院起付标准为1300元，起付线以上的可报销60%，一个医疗保险年度内累计最高报销限额为7万元。"一老"参保人员持《北京市城镇无医疗保障老年人大病医疗保险手册》到全市定点医疗机构范围内就近选择的3所医院就医，也可到全市定点医疗机构中的中医医院、专科医院直接就医。"一老"大病医疗保险年度为每年1月1日至12月31日，缴费期为

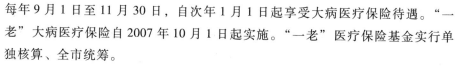

每年9月1日至11月30日，自次年1月1日起享受大病医疗保险待遇。"一老"大病医疗保险自2007年10月1日起实施。"一老"医疗保险基金实行单独核算、全市统筹。

"一小"指的是北京市城镇没有医疗保障的学生、儿童。"一小"的参保范围是具有北京市非农业户籍，且在北京市行政区域内的各类普通高等院校（全日制学历教育）、普通中小学校、中等职业学校（包括中等专业学校、技工学校、职业高中）、特殊教育学校、工读学校就学的在册学生，以及非在校少年儿童（包括托幼机构的儿童、散居婴幼儿和其他年龄在16周岁以下非在校少年儿童）。"一小"大病医疗保险的缴费标准为每人每年（按学年）100元，其中个人缴纳50元，财政补助50元。"一小"的保障待遇主要是解决住院医疗费用，住院起付标准为650元，起付线以上的可报销70%，一个医疗保险年度内累计最高报销限额为17万元。"一小"参保人员持《北京市学生儿童大病医疗保险手册》到全市定点医疗机构范围内就近选择的3所医院就医，也可到全市定点医疗机构中的中医医院、专科医院直接就医。"一小"大病医疗保险年度为每年9月1日至次年8月31日，缴费期为每年7月1日至9月30日，自当年9月1日起享受大病医疗保险待遇。"一小"大病医疗保险自2007年9月1日起实施。"一小"医疗保险基金实行单独核算、全市统筹。

2008年6月6日，北京市政府发布《关于建立北京市城镇劳动年龄内无业居民大病医疗保险制度的实施意见》（京政发〔2008〕24号），正式建立"无业居民"大病医疗保险制度。"无业居民"大病医疗保险的参保范围是具有北京市非农业户籍、在劳动年龄内未纳入城镇职工基本医疗保险范围，男年满16周岁不满60周岁、女年满16周岁不满50周岁的城镇居民。"城镇无业居民"大病医疗保险的缴费标准为每人每年700元，其中个人缴纳600元、财政补助100元。城镇无业居民中残疾人员的筹资标准为每人每年1400元，其中个人缴纳300元、财政补助1100元。城镇无业居民中的残疾人缴费标准与"一老"相同。"无业居民"的保障待遇主要是解决住院医疗费用，住院起付标准为1300元，起付线以上的可报销60%，一个医疗保险年度内累计最高报销限额为7万元。"无业居民"参保人员持《北京市城镇居民大病医疗保险手册》到全市定点医疗机构范围内就近选择的3所医院就医，也可到全市定点医疗机构中的中医医院、专科医院直接就医。"城镇无业居民"大病医疗保险年度为每年1月1日至12月31日，缴费期为每年9月1日至11月30日，自次年1月1日起享受大病医疗保险待遇。"城镇无业居民"大病医疗保险自2008

年 7 月 1 日起实施。

享受城市居民最低生活保障和生活困难补助待遇的城镇无医疗保险老年人、学生儿童、城镇无业居民，个人缴费由户籍所在区县财政给予全额补助。城镇居民大病医疗保险财政补助金列入财政预算，由财政按实际参保缴费人数拨付，补助金由市和区县财政各负担 50%（见表 1）。

表 1 2007～2008 年北京市城镇居民基本医疗保险主要政策

| 人群类别 | 参保范围 | 缴费情况（元/每人每年） | | | 住院保障待遇 | | | 统筹层次 |
		缴费标准	个人缴纳	财政补助	起付线（元）	报销比例（%）	封顶线（万元）	
"一老"	北京市非农户籍，男年满 60 周岁、女年满 50 周岁	1400	300	1100	1300	60	7	全市统筹
"一小"	北京市非农户籍的学生、儿童	100	50	50	650	70	17	全市统筹
无业居民	北京市非农户籍，男 16～60 周岁、女 16～50 周岁的城镇无业居民	700	600	100	第 1 次住院 1300，第 2 次及以后 650	60	7	全市统筹

（二）北京市城镇居民基本医疗保险制度的运行与成效

自 2007 年北京市实施城镇居民"一老一小"大病医疗保险制度、2008 年实施"城镇无业居民"大病医疗保险制度以来，在三四年时间里，北京市城镇居民基本医疗保险制度发展较快，体制机制逐步完善，基金收支保持平衡。以 2009 年为例，全市城镇居民参保总人数为 148 万人，其中"一老"参保总人数 18.05 万人，"一小"参保总人数 124.72 万人，无业居民参保总人数 5.23 万人；城镇居民医疗保险基金总收入 4.9771 亿元，其中"一老"基金收入 3.2490 亿元，"一小"基金收入 1.2472 亿元，无业居民基金收入 0.4809 亿元；居民医疗保险基金总支出 4.072562 亿元，其中"一老"基金支出 2.669965 亿元，"一小"基金支出 1.018406 亿元，无业居民基金支出 0.384191 亿元；基金总结余 9045.38 万元，其中"一老"基金结余 5790.35 万元，"一小"基金结余 2287.94 万元，无业居民基金结余 967.09 万元。

一是建立"一老"门诊报销制度。2008 年 12 月 18 日，北京市政府办公厅转发市劳动和社会保障局关于城镇居民老年人和灵活就业人员医疗保障有关办法的通知，根据市劳动和社会保障局《关于已参加大病医疗保险的城镇居民老年人门诊医疗费用报销暂行办法》，自 2009 年 1 月 1 日起，实行"一老"的门诊医疗费用报销制度。

"一老"筹资标准调整为每人每年 1800 元，其中个人缴纳标准不变，仍为 300元，财政补助 1500 元。门诊报销起付标准为 200 元，起付标准以上部分由城镇无医疗保障老年人大病医疗保险基金支付 50%，在一个医疗保险年度内累计支付的最高数额为 500 元。享受城市居民最低生活保障和享受城市居民生活困难补助待遇的城镇居民老年人，在享受城镇居民老年人门诊待遇后，符合城市特困人员医疗救助条件的，还可向民政部门继续申请城市特困人员医疗救助（见表2）。

表 2 北京市城镇居民老年人基本医疗保险主要政策

人群类别	2007～2008 年缴费标准（元/每人每年）			2009 年实行的缴费标准（元/每人每年）			保障待遇（住院）			2009 年实行的门诊保障待遇		
	缴费标准	个人缴纳	财政补助	缴费标准	个人缴纳	财政补助	起付线（元）	报销比例（%）	封顶线（万元）	起付线（元）	报销比例（%）	封顶线（元）
"一老"	1400	300	1100	1800	300	1500	1300	60	7	200	50	500

二是进一步扩大"一小"参保覆盖面。根据《国务院办公厅关于将大学生纳入城镇居民基本医疗保险试点范围的指导意见》（国办发〔2008〕119号），2009 年 6 月 29 日，北京市人力资源和社会保障局、北京市财政局、北京市教育委员会联合发布《关于非北京生源大学生参加本市学生儿童大病医疗保险的通知》，自 2009 年 9 月 1 日起，将在本市各类全日制普通高等学校中接受普通高等学历教育的全日制非在职非本市户籍的大学生纳入北京市医疗保险制度，按照"一小"相关政策参保缴费，享受"一小"医保待遇。

非北京生源大学生参加北京市学生儿童大病医疗保险的具体筹资标准，为每人每年（按学年）100 元，其中个人缴纳 50 元，高校注册所在区县财政补助 50 元；享有待遇标准按照《关于实施本市学生儿童大病医疗保险制度的具体办法》（京劳社医发〔2007〕95 号）第八条、第十条、第十一条执行。第八条规定："参保人员发生以下符合本市基本医疗保险和学生儿童大病医疗保险药品目录、诊疗项目目录、医疗服务设施范围的医疗费用，由学生儿童大病医疗保险基金按规定支付：（一）住院的医疗费用；（二）恶性肿瘤放射治疗和化学治疗、肾透析、肾移植（包括肝肾联合移植）后服抗排异药、血友病、再生障碍性贫血（以下简称"特殊病种"）的门诊医疗费用；（三）急诊抢救留观并收入住院治疗的，其住院前留观 7 日内的医疗费用；（四）急诊抢救留观死亡的，其死亡前留观 7 日内的医疗费用。"第十条规定："学生儿童大病医疗保险基金在一个医疗保险年度内，第一次及以后住院的起付标准均为 650 元。"第十一条规定："参保人员发生的医疗费用，起付标准以上部分由个人和学生儿童大病医疗保险基金按比例分担。其中：学生儿童大病医疗保险基金支付 70%，个人负担 30%。在一个医疗保险年度内，学生儿童大病医疗保险基金累计支付的最高限额为 17 万元。"非北京生源大学生参加北京市学生儿童大病医疗保险的缴费标准与享受待遇标准与"一小"相同（见表 3）。

表3 非北京生源大学生参加"一小"医疗保险政策

缴费标准（元/每人每学年）			保障待遇（住院）		
缴费标准	其中：个人缴纳	其中：财政补助	起付线（元）	报销比例（%）	封顶线（万元）
100	50	50	650	70	17

三是实现城镇居民大病医疗保险制度整合。2010 年 12 月 3 日，北京市政府发布《关于印发北京市城镇居民基本医疗保险办法的通知》（京政发〔2010〕38 号），对城镇居民大病医疗保险进行整合，自 2011 年 1 月 1 日起实行《北京市城镇居民基本医疗保险办法》。根据《北京市城镇居民基本医疗保险办法》，整合后的城镇居民医疗保险制度的主要特点有以下几方面。

第一，进一步扩大了保障范围。在保障"一老一小"、无业居民、非京籍大学生的基础上，把原北京知青纳入保障范围。

第二，统一了参保缴费时间。学生儿童参保缴费时间由原来的每年 6 月至 9 月统一调整到每年的 9 月至 11 月，与"一老"和"无业"保持一致，享受待遇年度为每年 1 月 1 日至 12 月 31 日。2010 年的缴费时间为 2010 年 12 月 6 日至 2011 年 2 月 28 日。

第三，统一了城镇居民基本医疗保险基金。将整合前的"一老"、"一小"和无业居民三个基金整合为城镇居民基本医疗保险基金，纳入社会保障基金财政专户，实行收支两条线管理，单独核算，专款专用。

第四，统一了政府补助标准。政府统一按照每人每年 460 元的标准给予补助。学生儿童缴费标准有所提高，每人每年从 50 元提高到 100 元，城镇老年人和无业居民的缴费标准不变，分别为每人每年 300 元及 600 元，无业居民中的残疾人员缴费标准不变，每人每年仍为 300 元。

第五，统一了门诊统筹标准。建立了"一小"和无业居民门诊报销制度，提高了"一老"门诊报销额度，报销起付标准为 650 元，起付标准以上部分由城镇居民基本医疗保险基金支付 50%，在一个医疗保险年度内累计支付的最高数额 2000 元。

第六，扩大了享受待遇标准的范围。在保持原待遇的基础上，根据职工基本医疗保险的政策调整，把肝移植、血友病、再生障碍性贫血的门诊医疗费用纳入住院报销范围，使特殊病种扩大到六个。"一老"和无业居民住院最高支付限额提高到 15 万元，比原来提高了 8 万元，学生儿童保持 17 万不变。

第七，统一了残疾人员缴费补助渠道。按现行制度规定，无业居民中的重度残疾人员个人缴费补助由残保金支付，城镇老年人和学生儿童中的重度残疾人员个人缴费由个人缴纳。新的城镇居民医保制度规定城镇居民中的重度残疾人员个人缴费由户籍所在区县残疾就业保障金给予全额补助。重残人士个人不用缴费即可享受医疗保险待遇（见表 4）。

表 4　2011 年实行的北京市城镇居民基本医疗保险政策

参　保			缴　费 (元/每人每年)		门(急)诊待遇			住院待遇		
人群	时间	地点	个人缴纳	财政补助	起付线(元)	报销比例(%)	封顶线(元)	起付线(元)	报销比例(%)	封顶线(万元)
城镇老年人		社保所	300					1300	60	15
学生儿童	9 月 1 日～11 月 30 日	托幼机构、学校的儿童及散居婴儿在社保所	100	460	650	50	2000	650	70	17
无业居民		社保所	600 残疾人 300					1300	60	15

北京市城镇居民大病医疗保险制度自 2007 年运行以来，城镇老年人、学生儿童、无业居民三个群体参保总人数为 148 万人，截至 2010 年 11 月，医保

基金总收入 12.27 亿元，共为 15.43 万人次支付医疗费用 11.24 亿元，基金运行平稳。城镇居民大病医疗保险制度的建立，为缓解城镇居民的就医难等问题起到了积极的作用。

（三）北京市城镇居民大病医疗保险制度存在的主要问题

自 2007 年北京市建立城镇居民医疗保险制度到 2010 年，城镇居民医疗保险制度存在的主要问题如下。

一是城镇居民医疗保险制度内部分割突出。北京市城镇居民医疗保险在制度建立之时，按照城镇老年人（"一老"）、学生儿童（"一小"）和无业居民三类不同群体建立三种不同的医疗保险制度，不同的人群缴纳标准、享受待遇等均不相同。"一老"的筹资标准是按照政府和个人共同分担、以政府补贴为主的原则，每人每年筹资 1400 元，其中个人缴纳 300 元，财政补贴 1100 元。"一小"的筹资标准是按照家庭和政府共同分担的原则，每人每年筹资 100 元，其中个人缴纳 50 元，财政补贴 50 元。无业居民的筹资标准是按照家庭和政府共同分担，以个人缴费为主的原则，每人每年筹资 700 元，其中个人缴纳 600 元，财政补贴 100 元，"无业居民"中的残疾人员按"一老"的标准筹资。"一老"大病医疗保险报销标准为 1300 元以上部分按 60% 的比例报销，每年最高支付限额为 7 万元。"一小"大病医疗保险报销标准为 650 元以上部分按 70% 比例报销，每年最高支付限额为 17 万元。无业居民大病医疗保险报销标准为 1300 元以上部分按 60% 的比例报销，每年最高支付限额为 7 万元。2011 年 1 月 1 日起实行的《北京市城镇居民基本医疗保险办法》，对城镇居民基本医疗保险进行了整合，但城镇老年人、学生儿童、无业居民的个人缴费标准尚未统一，城镇老年人与无业居民的住院待遇相同，但与学生儿童的住院待遇尚未一致。在经办上，街道社保所负责城镇老年人、无业居民、散居儿童的参保缴费，学校和托幼机构负责在校学生和在托儿童的参保缴费。

二是城镇居民医疗保障待遇较低。城镇居民医疗保险制度以大病医疗保险为主，主要解决住院和门诊特殊病；城镇老年人门诊待遇水平较低，学生儿童和无业居民没有门诊报销。部分"一老"存在选择性参保，有的刚达到"一老"参保条件的人由于身体状况相对较好，医疗费用消费较低，对参保采取选择性态度。居民对"一老""一小"的门诊常见病医疗费用不能报销反应强烈，要求解决门诊常见病医疗费用的呼声较高。"新农合"政策调整后，参合农民的个人缴费低于城镇居民，但享受的医疗待遇却比城镇居民高。2010 年，北京市 11 个区县"新农合"的筹资标准是 520 元，朝阳区是 720 元，海淀区是 620 元。财政补助总体上为 460～600 元，个人缴费为 40～60 元。保障待遇分为住院和门诊。住院起付标准为 0～130 元，报销比例为 50%～60%，最高可报销到 18 万元；门诊起付标准为 0～800 元，报销比例为 40%～50%，最高可报销 500～5000 元（见表 5）。

表 5　2010 年北京市城乡居民医疗保险制度比较

单位：元

类　别		筹资标准		门　诊			住院及门诊特病		
		个人	财政	起付 标准	报销 比例	最高 限额	起付 标准	报销 比例	最高 限额
城镇 居民	"一老"	300	1800	200	50%	500	1300	60%	150000
	"一小"	50	50	无门诊			650	70%	170000
	"无业"	600	100	无门诊			1300	60%	150000
新农合		40～60	460～480	0～800	40%～50%	500～5000	0～130	50%～60%	180000

二　北京市新型农村合作医疗制度的建立与发展

我国 20 世纪 50 年代建立的农村合作医疗制度，对保障农民健康发挥了重要的历史作用，得到了世界卫生组织的高度评价。20 世纪 80 年代后，随着人民公社的解体和家庭承包责任制的推行，作为公共产品的医疗卫生事业受到过度市场化的严重冲击，曾经辉煌一时的农村合作医疗制度迅速走向衰落，广大农民陷入了空前的"看病难、看病贵"困境。进入 21 世纪后，为了建立起适应社会主义市场经济体制要求和农村经济社会发展水平的农村卫生服务体系，使农民人人享有初级卫生保险，切实保障农民的健康权益，国家决定建立新型农村合作医疗制度。

新型农村合作医疗制度（简称"新农合"）是由政府组织、引导、支持，农民自愿参加，个人、集体和政府多方筹资，以大病统筹为主的农民医疗互助共济制度。2002 年 10 月 19 日，中共中央、国务院发布《关于进一步加强农村卫生工作的决定》，提出逐步建立以大病统筹为主的新型农村合作医疗制度，实行农民个人缴费、集体扶持和政府资助相结合的筹资机制。2003 年 1 月 6 日，国务院办公厅转发卫生部等部门《关于建立新型农村合作医疗制度的意见》，提出从 2003

年起，各省、自治区、直辖市至少要选择2～3个县（市）先行试点，取得经验后逐步推开。到2010年，新型农村合作医疗制度要基本覆盖农村居民。随着新型农村合作医疗制度的建立，广大农民被纳入基本医疗保障网络之中。

（一）北京市新型农村合作医疗制度的建立与基本政策

2002年7月，北京市大兴区在全国率先开展新型农村合作医疗试点，对新型农村合作医疗制度进行了先行探索。

大兴区"新农合"试点时，农民每年人均筹资标准为90元，其中个人出资30元，乡镇财政补助25元，区财政补助35元。当年大兴区参合人数达5.7万人，参合率为16.2%（见表6）。

表6　2002年大兴区"新农合"试点的筹资情况

人均筹资（元）	个人出资（元）	乡镇财政补助（元）	区财政补助（元）	参合人数（万人）	参合率（%）
90	30	25	35	5.7	16.2

大兴"新农合"试点时的就医待遇分门诊和住院二类，门诊没有起付线，封顶线为30元，在村卫生机构门诊就医的报销15%，一级及以上医疗机构门诊就医的报销10%。在辖区内住院的，未设起付线，实行分档报销，报销比例在10%至70%之间，封顶线为4万元；在辖区外住院的，起付线1000元，1000元以上的实行分档报销，报销比例在40%至65%之间，封顶线为5万元（见表7）。

表7　2002年大兴区"新农合"试点的报销情况

医疗机构	门诊			辖区内住院			辖区外住院		
	起付线（元）	报销比例（%）	封顶线（元）	起付线（元）	报销比例（%）	封顶线（元）	起付线（元）	报销比例（%）	封顶线（元）
村卫生站、卫生室	0	15	30	300元以下	10	4万	1000		5万
一级及以上医疗机构	0	10	30	301～500	20		1001～5000	40	
说明：特殊病、慢性病（起付线2000元）、住院分娩、学生儿童外埠非定点、急诊非定点按相应级别医院住院标准支付。				501～800	30		5001～20000	50	
				801～5000	50		20001～60000	60	
				5001～20000	60		60000元以上	65	
				20000元以上	70				

2003 年 4 月，北京市委、市政府印发《关于贯彻〈中共中央国务院关于进一步加强农村卫生工作的决定〉的意见》，要求各级政府积极引导农民建立以大病统筹为主的多种形式的新型农村合作医疗制度。2003 年 6 月 27 日，北京市政府办公厅转发市政府体改办等部门制定的《北京市建立新型农村合作医疗制度的实施意见》，对建立新型农村合作医疗制度做了详细的政策规定。从 2003 年起，市、区县、乡镇财政给予新型农村合作医疗定额补助。2003 年北京市建立新型农村合作医疗制度的基本政策情况，见表 8。

表 8　2003 年北京市建立新型农村合作医疗制度的基本政策

项　目	主要内容
参合范围	北京市内具有农业户口的农村居民、中学毕业由农业户口转为城镇户口尚未参加工作的居民，以及父母为农业户口而本人为城镇户口的新生儿童
基本目标	到 2005 年，60% 的农村居民实行大病统筹医疗；到 2008 年，80% 以上的农村居民实行大病统筹医疗，建立基本覆盖全市农村居民的"新农合"制度
主要原则	大病统筹为主，多种形式并存；多方筹资，合理负担；以收定支，保障适度；先行试点，分批实施，逐步推广
管理机构	市级建立"新农合"协调小组，协调小组办公室设在市卫生局；各区县卫生局设立"新农合"管理中心(事业编制)，人员从本区县卫生事业编制内调剂
统筹层次	一般实行区县统筹，少数实行乡镇和村统筹
农民出资标准	农民个人按上年农民人均可支配 1% 左右标准出资。起步阶段，平原地区每人每年出资额不低于 15 元，山区半山区不低于 10 元，有条件的地方可适当提高标准。具体出资标准由各区县政府确定
村集体扶持标准	按村组织利润 2% 左右标准出资，起步阶段为参合农民每人每年出资额不低于 5 元
乡镇财政补助标准	乡镇补助标准由区县政府按当地财政收入和农业人口确定，乡镇财政年人均补助标准不低于 5 元
区县财政补助标准	各区县补助标准由区县政府按当地财政收入和农业人口确定，区县财政年人均补助标准不低于 10 元
市财政补助标准	对近郊地区年人均补助 10 元，对远郊区县平原地区年人均补助 15 元，对山区半山区年人均补助 20 元
资金支付	各区县确定当地参合农民的报销起付标准、报销比例和最高报销限额，实行分段计算、累加报销的办法

（二）北京市新型农村合作医疗制度的运行与发展

自 2002 年大兴、怀柔开展新农合医疗试点工作以来，北京的"新农合"

工作发展迅速,连续实现了几次大的发展跨越。

一是全面实行"新农合"制度。2003 年 8 月,北京市农村卫生工作会议后,各区县积极开展"新农合"工作。根据北京市"新农合"工作评估报告,到 2004 年 8 月,北京市 13 个涉农区县全部实行了"新农合"制度,实行了区县统筹或乡镇村统筹方式参加"新农合"人数达 237.5 万人,其中农业人口231 万人,占全市农业人口数的 71.88%;参加"新农合"的非农业人口30064 人,占参加"新农合"总数的 1.28%。2004 年北京市涉农区县"新农合"统筹方式,见表 9。

表 9 2004 年北京市涉农区县"新农合"统筹方式

区　县	大病统筹方式	超支承担情况
怀　柔	区县统筹	协商
昌　平	区县统筹	区镇协商
顺　义	区县统筹	区
通　州	区县统筹	区乡
门头沟	区县统筹	无明确规定
延　庆	区县统筹	无明确规定
朝　阳	区县、乡、村统筹	区乡
密　云	区县统筹	县里协调
大　兴	乡镇统筹	区、镇
房　山	乡镇统筹	镇
平　谷	区县统筹	区、镇
海　淀	乡镇统筹和村统筹并存	乡、村自行解决
丰　台	乡镇统筹和村统筹并存	永定河西由区协调解决,永定河东由乡村自行解决

由于经济发展水平不同,各区县建立"新农合"之初的筹资标准就不相同。各区县财政和乡镇财政对"新农合"给予定额补助,少数区县明确乡村集体经济组织的出资标准,大部分区县没有做硬性规定。海淀、丰台两区筹资情况相当复杂,不同乡镇和村的标准都不一样(见表 10)。

根据《医院分级管理办法》,我国医院按功能、任务不同划分为一、二、三级。一级医院是直接向一定人口的社区提供预防、医疗、保健、康复服务的基层医院、卫生院;二级医院是向多个社区提供综合医疗卫生服务和承担一定教学、科研任务的地区性医院;三级医院是向几个地区提供高水平专科性医疗卫生服务和执行高等教学、科研任务的区域性以上的医院。一般乡镇卫生院为

一级医院，区县医院为二级医院，市级医院为三级医院。"新农合"统筹资金支付原则实行分级、分段、分项按比例报销。各区县均明确了定点医疗机构，一级医院的报销比例最高，三级医院的报销比例最低。

表10　2004年北京市涉农区县"新农合"筹资标准

单位：元

区　县	人均		个人		乡村集体	乡镇财政		区县财政		市财政	备　注
怀　柔	60	50	20	10		10		10		20	个人按两档出资
昌　平	80	70	30	20		10		20		20	个人按两档出资
顺　义	75	95	20	40	5	10	15	25	20	15	个人、区镇均按两档出资
通　州	70			15		20		20		15	
门头沟	60	50	25	15		5		10		20	个人按两档出资
延　庆	70			20		10		20			
朝　阳	208			80	70	20		28		10	本行为全区总筹资额
	100			30	15	15		25		10	本行为区大病统筹额
密　云	75	60	30	15		10		15		20	个人按两档出资
大　兴	90			30		25		20		15	
房　山	60	50	10	10	10	10		10		20	部分乡村集体出资
平　谷	80			30		10		20		20	
海　淀						情况复杂					
丰　台											

各区县自行确定"新农合"报销政策，确定了起付线、报销比例和封顶线。2004年住院报销的起付线为0~1000元；封顶线为8000元~17万元；报销比例为5%~70%。门诊报销的起付线为0~5000元；封顶线为30元~3.5万元；报销比例为5%~70%之间。2004年各区县"新农合"具体住院和门诊报销政策详细情况，见表11~表14。

表11　2004年北京市各区县"新农合"住院报销政策（1）

区　县	乡镇卫生院、社区医疗卫生服务中心		二级医院			三级医院		
	起付线（元）	报销比例（%）	起付线（元）	报销比例（%）	封顶线（元）	起付线（元）	报销比例（%）	封顶线（元）
朝阳区	0~5万	60	3000~5万	60		3000~5万	60	17万
	5万以上	70	5万以上	70		5万以上	70	

区　县	乡镇卫生院、社区医疗卫生服务中心		二级医院			三级医院		
	起付线（元）	报销比例（%）	起付线（元）	报销比例（%）	封顶线（元）	起付线（元）	报销比例（%）	封顶线（元）
丰台区	1000～3000	20	1000～3000	15		2000～5000	10	封顶线5万元,独生子女6万元
	3000～1万	30	3000～1万	25		5000～1万	20	
	1万～3万	40	1万～3万	35		1万～3万	30	
	3万～5万	45	3万～5万	40		3万～5万	35	
	5万～6万	50	5万～6万	45		5万～6万	40	
	6万以上	55	6万以上	50		6万以上	45	
通州区	500～1000	35	500～1000	25		1001～3000	20	3万
	1001～3000	40	1001～3000	30		3001～5000	25	
	3001～5000	45	3001～5000	35		5001～1万	30	
	5001～1万	50	5001～1万	40		1万～3万	35	
	1万～3万	55	1万～3万	45		3万以上	40	
	3万以上	60	3万以上	50				
顺义区	500～1000	10	500～1000	10		500～1000	5	6万
	1000～3000	20	1000～3000	20		1000～3000	15	
	3000～5000	30	3000～5000	30		3000～5000	25	
	5000～1万	40	5000～1万	40		5000～1万	35	
	1万～2万	50	1万～2万	50		1万～2万	45	
	2万～4万	60	2万～4万	60		2万～4万	55	
	4万以上	70	4万以上	70		4万以上	65	
平谷区	0～300	20	0～300	15	3.5万	1501～5000	35	4万
	301～1000	25	301～1000	20		5001～2万	45	
	1001～2000	30	1001～2000	25		2万～6万	55	
	2001～5000	35	2001～5000	30		6万以上	65	
	5001～1万	40	5001～1万	35				
	1万～2万	50	1万～2万	45				
	2万以上	60	2万以上	55				
延庆县	0～2000	25	0～2000	20		0～2000	20	3万
	2000～5000	30	2000～5000	25		2000～5000	25	
	5000～1万	35	5000～1万	35		5000～1万	30	
	1万～3万	50	1万～3万	50		1万～3万	40	
	3万以上	60	3万以上	60		3万以上	50	
昌　平			1500	35～65		1500	30～60	4万

表12　2004年北京市各区县"新农合"住院报销政策（2）

区县	乡镇卫生院、社区医疗卫生服务中心					二级医院					三级医院				
	起付线（元）	报销比例（%）	封顶线	报销比例（%）	封顶线	起付线（元）	报销比例（%）	封顶线	报销比例（%）	封顶线	起付线（元）	报销比例（%）	封顶线	报销比例（%）	封顶线
房山区		60元筹资		50元筹资			60元筹资		50元筹资			60元筹资		50元筹资	
	0～1000	10		10		0～1000	10		10		2001～1万	25		20	
	1001～3000	30		25		1001～3000	25		20		1万～2万	35	2万	30	1.7万
	3001～1万	35	2万	30	1.7万	3001～1万	30	2万	25	1.7万	2万以上	40		35	
	1万～2万	45		40		1万～2万	40		35						
	2万以上	50		45		2万以上	45		40						
怀柔区		交20元		交10元			交20元		交10元			交20元		交10元	
	1001～3000	35		20		1001～3000	35		20		1001～3000	35		20	
	3001～1万	40		25		3001～1万	40		25		3001～1万	40		25	
	1万～2万	45	3万	30	2万	1万～2万	45	3万	30	2万	1万～2万	45	2万	30	1万
	2万～4万	50		35		2万～4万	50		35		2万～4万	50		35	
	4万～6万	55		40		4万～6万	55		40		4万～6万	55		40	
	6万以上	60		45		6万以上	60		45		6万以上	60		45	
密云县		30元档		15元档			30元档		15元档			30元档		15元档	
	1001～3000	35		20		1001～3000	30		15		1001～3000	30		15	
	3001～1万	40		25		3001～1万	35		20		3001～1万	35		20	
	1万～2万	45	3万	30	2万	1万～2万	40	3万	25	2万	1万～2万	40	3万	25	2万
	2万～4万	50		35		2万～4万	45		30		2万～4万	45		30	
	4万～6万	55		40		4万～6万	50		35		4万～6万	50		35	
	6万以上	60		45		6万以上	55		40		6万以上	55		40	

表 13　2004 年北京市各区县"新农合"住院报销政策（3）

	起付线（元）	报销比例（%）	封顶线	报销比例（%）	封顶线		起付线（元）	报销比例（%）	起付线（元）	报销比例（%）	封顶线（元）
门头沟	个人与村集体出资	25 元		15 元		大兴区	辖区内		辖区外		
	1001～1 万	30		20			0～300	10	1501～5000	40	
	1 万～2 万	35	1.5 万	25	8000		301～500	20	5001～2 万	50	
	2 万～3 万	40		30			501～800	30	2 万～6 万	60	5 万
	3 万以上	45		35			801～5000	50	6 万以上	65	
							5001～2 万	60			
							2 万以上	70			

表 14　2004 年北京市各区县"新农合"门诊报销政策

	卫生站、村卫生室			一、二、三级医院		
	起付线（元）	报销比例（%）	封顶线（元）	起付线（元）	报销比例（%）	封顶线（元）
丰台区	0	15	40	0	10	40
通州区	特殊病			4000	10	1 万
顺义区	0	5	无	0	5	无
大兴区	0	15	30	0	10	30
昌平	特殊病			3000	35	20000
房山区	特殊病			5000	10	10000
怀柔区	特殊病随住院					
密云县	0	8、12	无			
门头沟	0					
平谷区	0	15	30	0	10	30
	慢性病			2000	同一级住院	35000
延庆县	慢性病			2000	30	无
朝阳区乡定	0～300	35～70	2000～6000	0～300	35～60	2000～6000
海淀区乡定						

　　二是实行区县统筹，建立"新农合"筹资增长机制。2005 年 6 月 13 日，北京市政府办公厅转发市卫生局等部门《关于进一步做好本市新型农村合作医疗工作的意见》。同年 6 月 27 日，北京市召开新型农村合作医疗工作会议，

会议总结了北京市新型农村合作医疗的经验，并对下一阶段工作进行了部署，将北京市的"新农合"工作向前推进了一大步。

首先，明确提出"新农合"实行区县统筹。《关于进一步做好本市新型农村合作医疗工作的意见》提出区县是"新农合"举办的主体，农民大病医疗统筹应以区县为单位进行。到 2006 年，全市实行了以区县为单位的统筹形式。

其次，加强了"新农合"机构建设。将"新农合"管理机构、经办机构的人员和工作经费列入同级财政预算。按照"政事分工、管办分开"的要求，将"新农合"的管理机构与经办机构分开设置。各区县"新农合"管理机构设在区县卫生局。

再次，建立"新农合"筹资长效增长机制。各区县逐步提高农民个人出资水平，划出若干档次，让农民自愿选择。到 2008 年，农民个人出资标准达到不低于当地农民人均纯收入的 1%，村集体按占村经济组织利润额2% 左右的标准出资。市、区县和乡镇政府要逐步提高补助标准。市财政重点加大对经济困难地区的转移支付力度，并逐年增加人均补助标准。到2006 年，对远郊山区半山区年人均补助达到 35 元，对远郊区县平原地区年人均补助达到 25 元，对近郊地区年人均补助达到 15 元；2007 年，在上年基础上年人均增加补助 5 元；到 2008 年，对远郊区县山区半山区年人均补助达到 45 元，对远郊区平原地区年人均补助达到 35 元，对近郊地区年人均补助达到 20 元。各区县、乡镇财政支持比例由区县政府确定，原则上不低于每人每年 35 元。

最后，统一筹资标准，统筹住院与门诊双重保障。2007 年 7 月，北京市政协对"新农合"的调查报告显示，大部分参加新型农村合作医疗的农民未能享受到门诊报销，住院报销的比例也偏低。

2007 年 8 月 23 日，北京市政府办公厅转发市卫生局等部门《关于调整和完善本市新型农村合作医疗筹资标准和补偿政策意见》（京政办发〔2007〕55），该文件提出"四个统一"的工作要求，使北京市"新农合"制度迈上了一个新台阶。

第一，统一筹资标准。13 个涉农区县从 2007 年开始统一人均筹资标准，即 2007 年 220 元，2008 年 320 元，2009 年 420 元，2010 年 520 元。每年增加 100 元，形成了以政府投资为主的基本格局。新型农村合作医疗制度建设的性质由互助共济逐步转变为政府主导的农村居民基本医疗保障，统筹模式由侧重大病统筹为主逐步过渡到住院与门诊医疗费用统筹兼顾，制度设计定位由侧重减缓"因病致贫、因病返贫"过渡到扩大参合人员医疗补偿受益面。

第二，统一制度框架。全市统一建立"基本统筹""二次补偿""村级基本用药"的制度。基本统筹是指住院加门诊的补偿模式，以前，区县以保大病为主，部分门诊不报销，自2008年起，各区县都开始门诊报销，扩大了参合农民的受益面。二次补偿是指在当年基金结余超过15%，累计基金结余超过25%的情况下，区县酌情制订二次补偿方案，利用结余资金给农民再次报销，提高了参合农民的受益水平。村级基本用药目前处在摸索试点阶段，试点区房山选取了高血压、糖尿病、脑卒中和冠心病四种慢性病开展村级基本用药试点工作。

第三，统一补偿项目。参照城镇职工基本医疗保障范围确定新型农村合作医疗的补偿项目，将新型农村合作医疗资金纳入区县社会保障基金财政专户，实行收支两条线管理，坚持专款专用，坚持监督审计。

第四，统一工作目标。到2010年，初步建立起覆盖农村居民的基本医疗保障制度，使参加新型农村合作医疗的人员住院补偿率达到60%，门诊补偿率达到40%。

到2008年，北京"新农合"制度在全市实现了"四统一"和学生儿童补偿政策与城镇医保衔接的制度设计。2009年又进一步规范管理，统一规范特殊病种的门诊补偿范围，统一试行乡镇卫生院"零起付"补偿政策，统一住院补偿"封顶线"18万元，统一推行"出院即报和随诊随报"。

至此，北京市"新农合"制度从以大病统筹为主转变为住院与门诊兼顾的基本医疗保障制度。

（三）2010年"新农合"的政策现状

到2010年，北京的"新农合"已经覆盖了农村居民，各项制度不断完善，各区县筹资标准和待遇水平不断提高。

全市13个涉农区县基本建立了区县和乡镇两级"新农合"管理经办机构。在区县层面有11个区县设有独立法人的"新农合"中心。丰台区未设"新农合"中心，由管委会办公室（卫生局）人员兼管。朝阳区为与区医管中心联合法人单位。在乡镇一级除大兴、密云二区县有乡镇级独立经办机构外，其他11个区县由社保所或区政府社会事务科兼管新农合经办业务，部分人员为临时外聘（见表15）。

表 15　2010 年北京市各区县"新农合"经办机构和人员情况

区县	经办机构及人数				
	区县		乡镇		
	机构名称	人数	机构名称	机构数	人数
朝阳区	指导中心	4	计卫科、社保所	19	30
海淀区	经办管中心	5 人 6 编	新农合管委会	7	10
丰台区	管委办	0	乡镇结算中心	6	18 人
通州区	管委办	6	乡镇社保所	11	23 人 15 编
顺义区	管理中心	17 人 20 事编	社保所挂管理所	22	58 人 22 编
大兴区	管理中心	12	结算中心	14	52
昌平区	管理中心	10 人 15 编	社会事务科监管	0	18
房山区	管理中心	24 人 22 编	管委会办公室	23	70 人 23 编
怀柔区	新农合办	12 人 11 事编	社保所	14	14 兼
密云县	管理中心	9 人 8 编	管理所	17	73
门头沟	管理中心	7 人事编	挂靠在社保所	9	11
平谷区	管理中心	9 人干编	挂靠社保所教办	17	51
延庆县	管理中心	10 人事编	社保所	15	32
合　计	5 种名称	125 人	13 种		460 人

全市"新农合"基金管理模式及相关经办程序见图 2。

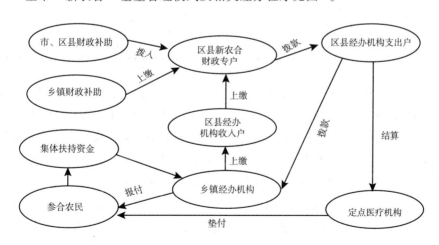

图 2　北京市"新农合"基金管理流程图

2010 年全市 13 个涉农区县中有 11 个区县的人均筹资标准均为 520 元，海淀区为 670 元；朝阳区最高，达到 720 元（见表 16）。

表16　2010 年北京市各区县"新农合"人均筹资标准

单位：元

	参合 （万人）	人均	其　中				
			市级财政	区县财政	乡镇财政	村	个人
朝　阳	12.52	720	100	280	115	105	120
海　淀	8.50	670	100	450	120		
丰　台	12.84	520	105	165/185	70/60	70/60	110
通　州	33.57	520	175	140	140		65
顺　义	31.34	520	175	165	115	5	60
大　兴	29.49	520	175	285			60
昌　平	19.59	520	225	205	30		60
房　山	41.25	520	225	190	55		50
怀　柔	15.93	520	135	201	134		50
密　云	27.11	520	225	160	85		50
门头沟	5.51	520	225	225	20	50	
平　谷	22.95	520	225	185	70		40
延　庆	17.94	520	225	260			35

2010 年全市 13 个涉农区县"新农合"的门诊与住院报销政策进行了调整。为鼓励农民就近就医，各区县门诊报销一般对村和乡镇级医疗机构不设起付线，对村卫生站设起付线的只有延庆县，对乡镇卫生院设起付线的只有延庆县和房山区。丰台、通州、大兴、怀柔、密云、平谷 6 个区县对二、三级医院都未设起付线。二级医疗机构封顶线最高的是昌平区，为 1 万元；三级医疗机构封顶线最高的是昌平区与房山区，均为 1 万元；各级医疗机构的报销比例在30% 至 55% 之间。朝阳与海淀两个区的各乡镇分别制定不同的报销政策（见表 17）。

各区县的住院报销政策一般按一、二、三级医院分别设立起付线，分段执行报销比例，封顶线一般为 18 万元，只有朝阳区为 17 万元，房山区最高，为25 万元（见表 18）。

表 17　2010 年北京市各区县"新农合"门诊报销政策

区县	村卫生站、卫生室			乡镇卫生院、社区中心			二级医院			三级医院		
	起付线（元）	报销比例（%）	封顶线（元）	起付线（元）	报销比例（%）	封顶线（元）	起付线（元）	报销比例（%）	封顶线（元）	起付线（元）	报销比例（%）	封顶线（元）
丰台	0	40	220	0	40	220	0	40	220	0	40	220
通州	0	40	3000	0	40	3000	0	35	3000	0	35	3000
顺义	0	50	3000	0	50	3000	300	35	3000	300	35	3000
大兴	0	50	$150 \times N$	0	50	$150 \times N$	0	50	$150 \times N$	0	50	$150 \times N$
昌平	0	50	3000	0	50	3000	1000	40	10000	1000	35	10000
房山				100	55	3000	400	45	6000	1000	35	10000
怀柔				0	40	600	0	40	600	0	40	600
密云	0	35		0	4项100 6项50 药费35		0	2项50 4项40		0	40	
门头沟				0	50	200	300	50	200	300	50	200
平谷	0	45	3500	0	45	3500	0	30	3500	0	30	3500
延庆	300	45	45	300	45	45	300	300	45	300	300	45
朝阳	各乡镇制定政策,19 个乡镇 15 种政策											
海淀	各乡镇制定政策,7 个乡镇 9 种政策											

注：大兴区封顶线为家庭参合人数（N）乘以 150 元。

表 18　2010 年北京市各区县"新农合"住院报销政策

区　县	乡镇卫生院、社区中心		二级医院		三级医院		封顶线（元）
	起付线（元）	报销比例（%）	起付线（元）	报销比例（%）	起付线（元）	报销比例（%）	
朝阳区	0~5 万	60	3000~5 万	60	3000~5 万	60	17 万
	5 万以上	70	5 万以上	70	5 万以上	70	
海淀区	1300	60	1300	60	1300	55	18 万
丰台区	0	70	500	60	1300	45	18 万
通州区	0~5000	65	300~5000	50	1000~5000	40	18 万
	5001~3 万	75	5001~3 万	60	5001~3 万	45	
	3 万以上	80	3 万以上	65	3 万以上	50	
顺义区	300	72	800~2 万	65	1300~2 万	55	18 万
			2 万~5 万	70	2 万~5 万	60	
			5 万以上	77	5 万以上	67	
大兴区	0	80	500~1 万	70	2000~1 万	40	18 万
			1 万~4 万	75	1 万~4 万	50	
			4 万以上	80	4 万以上	55	
昌平区	200	75	600	65	1000	50	18 万
房山区	200~5000	75	500~1 万	55	1000~2 万	45	18 万/25 万
	5000 以上	80	1 万~2 万	60	2 万~3 万	50	
			2 万以上	65	3 万以上	55	
怀柔区	0	70	0	60	0	50	18 万
密云县	0	75	500~1 万	65	1000~1 万	55	18 万
			1 万~3 万	70	1 万~3 万	65	
			3 万以上	85	3 万以上	75	
门头沟区			500	60	1300	40	18 万
平谷区	0~2000	65	651~5000	60	1301~1 万	50	18 万
	2001~1 万	75	5001~2 万	70	1 万~3 万	60	
	1 万以上	90	2 万以上	80	3 万以上	70	
延庆县	0~5000	75	0~5000	60	0~5000	45	18 万
	5000~3 万	85	5000~3 万	75	5000~3 万	65	
	3 万以上	95	3 万以上	85	3 万以上	85	

注：房山区封顶线 16 岁以下为 25 万元，16 岁以上为 18 万元。

各区县均实行"新农合"定点医院制度，规定参合人员的就医范围，对医疗费用的报销结算等也做了具体的规定（见表 19）。

表19 2010 年北京市各区县"新农合"就医范围、报销周期情况

区县	允许就医机构数量(个)				本人自选	即时结报			报销周期	是否有转诊要求
	总数	一级及以下	二级	三级		一级及以下	二级	三级		
朝阳区	49	24	7	18			2		月报	是
海淀区	53	22	12	19	1、1、2				随时	是
丰台区	119	70	5	44		6	3		月报	是
通州区			*		*	19	7		随报、月报	是
顺义区	252	210	5	37		30	5		半月、月	是
大兴区	462	420	6	36		17			月、半年	出区是
昌平区	58	15	8	35		6	2		随报、月报	无
房山区	227	221	6	非营利	1、2级	128	6		2~4月	三级是
怀柔区	94	22	9	63					1~2月	是
密云县	266	263	3	公立		25	3		随时	是
门头沟区	51	46	5	公立		5	4	1	半月、月	无
平谷区	84	20	4	60		20	4		三级月报	无
延庆县	85	15	3	67		28	3		随时	是

*：门诊一级 57 家、二级 7 家，三级为本市医保定点医院；住院为国内医保定点医院。

（四）北京市新型农村合作医疗制度的主要成效

北京市开展新型农村合作医疗制度以来，取得了显著成效，主要体现在以下几个方面。

一是"新农合"制度实现了全覆盖，参合率稳步提高。2003 年推行"新农合"制度以后，到 2004 年，新型农村合作医疗制度已实现了区县全覆盖，至 2005 年，13 个远郊区县实现 100% 的村覆盖。

农民参加新型农村合作医疗的人数和参合率稳步上升。参合人数由 2004 年 237.5 万人，增加到 2010 年的 278.54 万人；农业人口参合率由 2004 年的 74.69% 增长到 2010 年的 96.74% （见图 3）。

二是"新农合"的筹资水平逐年增长。2004～2010 年，全市参合农民人均筹资水平由 107 元增加到 520 元（见图 4）。

全市"新农合"筹资总额由 2004 年的 2.54 亿元增加到 2009 年的 11.91

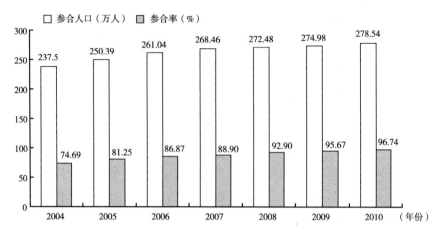

图 3　2004～2009 年北京市"新农合"参合情况

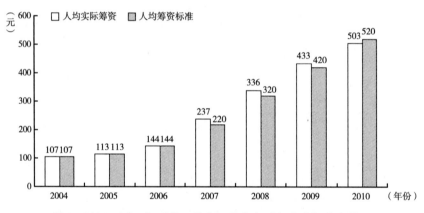

图 4　2004～2010 年（前三季度）北京市"新农合"筹资情况

亿元。各级政府逐步加大对新农合的投入，2004～2009 年，北京市新农合累计筹资 36.56 亿元，其中政府投入 27.28 亿元（见表 20）。

表 20　2004～2009 年北京市"新农合"筹资总额

单位：亿元

年份	2004 年	2005 年	2006 年	2007 年	2008 年	2009 年
财政	1.21	1.51	2.19	4.62	7.58	10.17
个人	0.79	0.77	0.9	1.04	1.2	1.44
其他	0.54	0.55	0.66	0.71	0.38	0.3
合计	2.54	2.83	3.75	6.37	9.16	11.91

从筹资结构比例来看，2004～2009年，市级财政补助从13.72%上升到35.39%；区县财政补助从15.58%上升到36.99%；乡镇财政补助从18.54%下降到12.91%；乡村集体补助从21.22%下降到2.41%（见表21）。

表21　2004～2010年（前三季度）北京市"新农合"筹资结构

单位：万元

区　县		2004年	2005年	2006年	2007年	2008年	2009年	2010年
筹资额		25437.57	28311.62	37511.71	63701.19	91576.54	119167.67	140055.02
参合人数（人）		237.50	250.39	261.04	268.46	272.48	274.98	278.53
人均实际筹资		107.10	113.07	143.70	237.29	336.09	433.37	502.84
其中	市级财政	3490.05	3416.103	7794.69	19987.116	31864.64	42172.02	34542.85
	区县财政	3962.78	5807.553	7583.81	17124.582	31652.43	44075.43	64339.99
	乡镇财政	4717.26	5845.634	6561.97	9077.96	12299.7	15382.84	21035.37
	个人	7870.22	7728.991	9002.87	10373.43	12002.08	14416.86	15899.22
	利息收入					325.47	244.30	117.38
	其他：乡村集体	5397.26	5513.34	6568.37	7138.09	3432.22	2876.22	4120.21
筹资比例（%）	市级	13.72	12.07	20.78	31.38	34.80	35.39	24.66
	区县	15.58	20.51	20.22	26.88	34.56	36.99	45.94
	乡镇	18.54	20.65	17.49	14.25	13.43	12.91	15.02
	个人	30.94	27.30	24.00	16.28	13.11	12.10	11.35
	其他：乡村集体	21.22	19.47	17.51	11.21	3.75	2.41	2.94

市、区县两级财政补助资金在筹资中所占比例从2004年的29.30%上升到2009年的72.37%；农民个人出资在筹资中所占比例从2004年的30.94%下降到2009年的12.10%。说明市、区县两级财政对"新农合"的补助明显提高，农民个人的筹资比例逐年下降（见图5）。

三是参合农民受益面逐步扩大，保障水平总体上升。2004～2009年，新型农村合作医疗补偿人次由122.60万人次增加到456.23万人次，全市参合农民累计受益人次达到1439.72万人次。住院补偿率由33.66%增加到47.59%。扩大了参合农民的受益面，提高了保障水平（见表22）。

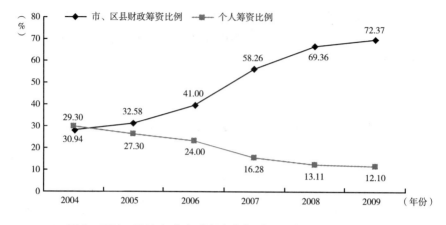

图 5　2004～2009 年北京"新农合"财政与农民个人筹资比例

表 22　2004～2009 年北京市"新农合"保障水平和受益面

年　份	2004	2005	2006	2007	2008	2009
参合数(万人)	237.5	250.38	261.04	263.45	272.48	274.97
总补偿人次(万人次)	122.6022	187.016	198.3999	200.5158	274.9582	456.2263
门诊人次(万人次)	67.7284	129.9926	118.8289	159.8825	252.6223	432.4782
住院人次(万人次)	6.7887	10.5578	13.0426	15.5751	16.7239	19.2551
住院补偿率(%)	33.66	29.53	31.67	44.5	48.39	47.59
特病人次(万人次)					1.626	0.9391
参合人均补偿次数(次)	0.52	0.75	0.76	0.76	1.01	1.66
参合人均门诊次数(次)	0.29	0.52	0.46	0.61	0.93	1.57
参合人均住院次数(次)	0.03	0.04	0.05	0.06	0.06	0.07

　　四是"新农合"基金运行比较稳定。根据财政部、卫生部有关加强"新农合"基金监管的规定，2008 年 12 月，北京市财政局、卫生局印发《北京市新型农村合作医疗基金财务管理办法》（京财社〔2008〕2535 号），按照"以收定支、收支平衡、略有结余"的原则，建立"新农合"基金专户存储，专款专用，实行"新农合"基金定期审计制度，市级部门一般两到三年审计一次，各区县每年审计一次。2007～2009 年北京市"新农合"基金累计支出250342.69 万元，累计补偿931.7 万人次。从近几年的基金审计结果来看，北京市"新农合"基金筹集、管理和使用符合管理要求，未出现挤占、挪用基金等违规、违法行为（见表23）。

表 23　2004～2009 年北京市"新农合"基金运行情况

年　份	2004	2005	2006	2007	2008	2009
参合数(万人)	237.5	250.38	261.04	263.45	272.48	274.97
筹资额(万元)	25437.57	28311.62	37511.7	63701.19	91576.54	119167.67
总支出金额(万元)	21188.19	26397.14	32699.55	54778.31	81169.6	114394.78
门诊支出额(万元)	6201.78	6357.96	8203.92	9310.01	15694.88	32789.24
住院发生额(万元)	42989.54	66389.17	80754.60	99057.53	125769.19	162983.85
住院支出额(万元)	14472.37	19605.15	25397.5	44967.79	60863.5	77566.32
人均筹资额(元)	107.11	113.07	143.70	241.80	336.09	433.38
总支出占筹资比例(%)	83.29	93.24	87.17	85.99	88.64	95.99
参合人均补偿额(元)	89.21	105.43	125.27	207.93	297.89	416.03
基金余额(万元)	4249.29	2994.71	2995.43	8803.61	10406.94	8296.78

此外，北京市加强了"新农合"的信息化建设。2005 年，全市投资 600万元建立了"新农合"信息化管理系统，2007 年推广使用。目前，大部分区县已经利用"新农合"信息化管理系统开展"即时结算"业务。

（五）北京市新型农村合作医疗制度存在的主要问题

北京市"新农合"的实行，对解决农民的"看病难、看病贵"问题发挥了重要作用，有效地保障了农民的健康权益。但是，"新农合"存在的问题也比较突出，主要有以下几个方面。

一是制度分割十分突出。与全国一样，北京市"新农合"制度过度分割的现象比较突出。从横向上看，13 个涉农区县的"新农合"制度各不相同；从纵向上看，各区县每年都要重新制订和发布"新农合"实施方案，不断调整具体政策。2010 年全市 13 个区县制定筹资标准 27 个，除朝阳区、海淀区以外的 11 个区县负责制定本辖区筹资标准，朝阳、海淀两个区的基本医疗筹资标准由所属各乡镇制定，两个区 26 个乡镇共制定了 16 个筹资标准，最高人均筹资 900 元，最低人均筹资 520 元。农民个人筹资最高的为朝阳区高碑店乡和平房乡，为 160 元，最低的是延庆县，为 35 元。2010 年全市统筹筹资单位有39 个，其中，13 个区县（朝阳、海淀区级负责大病住院统筹）、朝阳区 19 个乡镇和海淀区 7 个乡镇负责基本医疗门诊的基金统筹。统筹层次上存在区县和乡镇两级，未能实现全市统筹。

二是政策设计十分琐碎。2010 年全市"新农合"住院报销政策 13 种，门诊报销政策共有 35 种，除朝阳区、海淀区以外的 11 个区县分别制定了 11 种门诊报销政策，朝阳区 19 个乡镇制定了 15 种门诊报销政策，海淀区 7 个乡镇制定了 9 种门诊报销政策，海淀区针对退休、没退休、个人基金账户总额不同的情况，分别制定了 4 种政策。在同一区县，又针对不同级别的医疗机构设置不同的起付线、封顶线、报销比例，在同一级别的医疗机构，又分段设立报销标准。以朝阳区为例，19 个乡镇门诊报销政策各不相同（见表 24）。

表 24　2010 年北京市朝阳区 19 个乡镇门诊报销政策

乡　镇	卫生站、村卫生室			乡镇卫生院、社区医疗卫生服务中心			二、三级医院		
	起付线（元）	报销比例（%）	封顶线（元）	起付线（元）	报销比例（%）	封顶线（元）	起付线（元）	报销比例（%）	封顶线（元）
豆各庄	200	35	4000	200	35	4000	200	30	4000
崔各庄	0	40	3000	0	40	3000	0	30	3000
孙　河	0	40	3000	0	40	3000	0	20	3000
常　营	0	50	5000	0	50	5000	0	40	5000
金　盏	0	50	2000	0	40	2000	0	40	2000
平　房	0	50	6000	0	50	6000	0	30	6000
东　坝	0	55	3000	0	45	3000	0	30	3000
将　台	0	60	5000	0	50	5000	0	40	5000
管　庄	200	60	3000	200	60	3000	200	50	3000
高碑店	0	65	3000	0	65	3000	0	35	3000
太阳宫	300	70	4500	300	60	4500	300	50	4500
黑庄户	0 ~ 2000	35	4000	0 ~ 2000	35	4000	0 ~ 2000	35	4000
黑庄户	2001 ~ 3000	55	4000	2001 ~ 3000	55	4000	2001 ~ 3000	55	4000
黑庄户	3000 以上	65	4000	3000 以上	65	4000	3000 以上	65	4000
来广营	0	50	3000	0	50	3000	0	30	3000
三间房	0	50	3000	0	50	3000	0	30	3000
小红门	0	50	3000	0	50	3000	0	30	3000
东　风	0	50	3000	0	50	3000	0	40	3000
十八里店	0	60	3000	0	50	3000	0	40	3000
南磨房	0	70	3000	0	50	3000	0	40	3000
王四营	0	70	3000	0	50	3000	0	40	3000

　　三是基金运行风险开始增大。近年来，参合农民的就医需求不断增长，就诊人次迅速上升，基金使用率不断提高。2009 年全市"新农合"基金使用率达 95.99%，13 个区县中，朝阳、丰台、顺义、房山四个区县基金使用出现赤字，大兴和平谷基金使用率分别达到 99.55% 和 97.06%。

三 实行城镇居民医保与"新农合" 制度整合的必要性

在城市化和城乡一体化进程中，实行城镇居民医保与"新农合"制度整合，具有重要的现实意义。

（一）有利于构建城乡一体化新格局

现行的城镇居民医保和"新农合"制度是在传统城乡二元结构的基础上建立起来的，已经不适应城乡一体化发展的需要。实行城镇居民医保与"新农合"制度整合，是统筹城乡发展、构建城乡一体化新格局的重要内容和必然要求。2008 年 10 月，党的十七届三中全会通过《中共中央关于推进农村改革发展若干重大问题的决定》明确提出要着力破除城乡二元结构，加快形成城乡经济社会发展一体化新格局。2008 年 12 月，北京市委十届五次全会通过《中共北京市委关于率先形成城乡经济社会发展一体化新格局的意见》，提出深化城乡医疗卫生服务和保障制度改革，建立城乡一体化的公共卫生、基本医疗和药品供应服务保障体系。2010 年 1 月，郭金龙市长在北京市第十三届人民代表大会第三次会议上提出"加快建立城乡统一的社会保障体系，整合'新农合'、'一老一小'、无业居民大病医疗保险制度，推动居民医疗保障制度城乡一体化，完善医保惠民政策，扩大报销范围，提高报销水平，进一步减轻群众医疗负担"的目标任务。3 月，北京市农村工作会议提出推动城镇居民基本医疗保险与"新农合"的整合，逐步建立城乡统一的居民医疗保障制度。

（二）有利于实现城乡基本医疗服务均等化

基本医疗保险关系每个家庭的幸福安康，攸关每个人的健康权益，是重大的民生问题。基本医疗服务是公共服务的重要内容，加快实行城镇居民基本医疗保险与"新农合"制度整合，是实现城乡基本医疗服务均等化的现实需要。2005 年 10 月，党的十六届五中全会首次提出"公共服务均等化"这一原则。2006 年 10 月，党的十六届六中全会提出"逐步实现基本公共服务均等化"。2007 年 10 月，党的十七大进一步重申实现基本公共服务均等化的目标任务。2009 年 3 月，中共中央、国务院发布《关于深化医药卫生体制改革的意见》，提出"把基本医疗卫生制度作为公共产品向全民提供"。《国务院关于印发医药卫生体制改革近期重点实施方案（2009～2011年）的通知》（国发〔2009〕12号）提出"探索建立城乡一体化的基本医疗保障管理制度，并逐步整合基本医疗保障经办管理资源"的总体要求。2009年6月，《北京市2010～2011年深化医药卫生体制改革实施方案》正式发布，该《方案》明确提出要"整合基本医疗保障制度体系，逐步建立全市统筹的城乡居民医疗保障制度"，2010年启动城乡一体化的居民医疗保障制度建设工作，2011年初步完成新型农村合作医疗、无业居民医疗保险、"一老一小"医疗保险等制度的整合。2010年11月，北京市委十届八次全会通过《中共北京市委关于制定北京市国民经济和社会发展第十二个五年规划的建议》提出"实现城乡基本公共服务全覆盖和均等化"。

（三）有利于实现北京率先发展目标

北京作为国家首都，是全国的首善之区，具有独特的优势与特点。2008年成功举办奥运会后，北京进入新的发展时期。2009年，北京人均GDP超过1万美元，达到中等发达国家水平。北京的产业结构发生了根本性的变化，第三产业比重在全国稳居第一，实现了产业结构从工业主导型向服务业主导型的转变。1994年服务业比重超过第二产业，1995年服务业比重超过50%，1998年超过60%，2006年超过70%，2009年达到75.8%，第三产业比重继续在全国处于领先地位。北京的城市化率较高，2009年城镇人口比重为85%，乡村人口只占15%。从农业户籍人口来看，2009年北京农业户籍人口273.9万人，同期北京常住人口1755万人。2009年，北京市委书记刘淇在全市上半年经济形势分析会上提出要重新认识首都"三农"问题，他说首都的农民是北京的市民，是推动郊区发展的动力，是拥有集体资产的市民。为此，必须打破传统户籍制度的束缚，将北京的农民当作市民对待。北京正致力于率先构建城乡一体化新格局以及建设"人文北京、科技北京、绿色北京"和世界城市的战略目标，有条件、有责任使经济社会发展继续走在全国前列。整合城乡居民医保制度，是实现北京率先发展目标的客观需要。

（四）有利于降低医保制度运行成本

2010年，北京城乡居民医疗保险制度有16个之多，其中城镇居民医疗保险制度有3个、区县"新农合"政策有13个，加上有的区实行乡镇统筹，具体政策标准更多。各项制度独立运行，筹资标准、筹资方法、待遇标准、支付方法、基金运行、管理方式、经办方式、信息系统各不相同，导致重复参保、财政重复补助等现象，造成人力、物力、财力的浪费，制度运行成本大。实现城乡居民医保制度整合，可以大大节省制度运行的成本，提高医疗保险制度效率（见表25）。

表25　2010年北京市城镇居民医保与新农合制度差异

单位：种

	城镇居民	新农合			
		区县	乡镇		合计
			朝阳	海淀	
门诊报销政策	1	11	15	9	35
住院报销政策	3	13			13
人均筹资标准	3	11	11	5	27
基金统筹单位	1	13	19	7	39
经办机构名称		5	15		20

四　实行城镇居民医保与"新农合"制度整合面临的主要问题

整合城乡居民基本医疗保险，面临的困难和问题很多，也很复杂，主要是：

（一）管理体制不同

城镇居民医疗保险由人力资源和社会保障部门管理，"新农合"由卫生部门管理。城镇居民医疗保险是作为社会保险制度建立的，而"新农合"则是作为农民医疗互助共济制度建立，但"新农合"的发展使之具备了社会保险的性质。

（二）统筹层次不同

城镇居民基本医疗保险中的"一老"、"一小"、无业居民基金全部实行市级统筹；"新农合"基金实行区县统筹，朝阳和海淀两个区还存在区与乡镇两级统筹，"新农合"共有39个统筹单位及方式。

（三）经办机构不同

城镇居民医疗保险的经办机构主要是社保部门。街道社保所负责城镇老年人、无业居民、散居儿童的参保缴费，学校和托幼机构负责在校学生和在托儿童的参保缴费。"新农合"的经办机构主要由乡镇和村抽调人员组成。

（四）筹资标准不同

城市居民基本医疗保险的筹资标准按人群分为"一老""一小"和"无业"三类，每类的筹资标准不一样。2010 年"一老""一小"和"无业"的筹资标准分别是 1800 元、100 元、700 元，其中，个人分别是 300 元、50元、600 元。总体筹资人均 330 元，个人人均缴纳 97 元。2010 年，"新农合"筹资标准 11 个区县是 520 元，朝阳区、海淀区筹资标准分别是 720 元和670 元。个人缴费 35～160 元。全市总体人均筹资 538 元，个人人均缴纳 59元（见表 26）。

表 26　2010 年北京市城镇居民医保与"新农合"筹资标准比较

单位：元

		筹资标准	个人缴费	集体补助
城镇居民	"一老"	1800	300	—
	"一小"	100	50	—
	无业居民	700	600	—
新农合	朝　阳	720	120	105
	海　淀	670	120	—
	丰　台	520	110	70/60
	通　州	520	65	—
	顺　义	520	60	5
	大　兴	520	60	—
	昌　平	520	60	—
	房　山	520	50	—
	怀　柔	520	50	—
	密　云	520	50	—
	门头沟	520	50	—
	平　谷	520	40	—
	延　庆	520	35	—

（五）财政补助不同

在城镇居民医疗保险筹资中，财政补助老年人 1500 元、学生儿童 50 元、无业居民 100 元。财政补助人均 233 元。在"新农合"筹资中，市、区县、乡镇三级财政每人补助标准不一样。在财政补助标准上，城镇居民与"新农合"的差别明显（见表 27）。

表 27 2010 年北京市城镇居民医保与"新农合"财政补助比较

单位：元

		乡镇级	区县级	市级
城镇居民	"一老"	—	750	750
	"一小"	—	25	25
	无业居民	—	50	50
新农合	朝 阳	115 ~ 270	280	100
	海 淀	0 ~ 150	450	100
	丰 台	70/60	165/185	105
	通 州	140	140	175
	顺 义	115	165	175
	大 兴	—	285	175
	昌 平	30	205	225
	房 山	55	190	225
	怀 柔	134	201	135
	密 云	85	160	225
	门头沟	20	225	225
	平 谷	70	185	225
	延 庆	—	260	225

（六）保障待遇不同

城镇居民基本医疗保险以大病医疗保险为主，主要解决住院和门诊特殊病；城镇老年人门诊待遇水平较低，学生儿童和无业居民没有门诊报销。"新农合"在保障待遇上分为住院和门诊，住院起付标准为 0 ~ 1300 元，报销比例为 40% ~ 95%，一级医院报销 60% ~ 95%，二级医院报销 50% ~ 85%，三级医院报销 40% ~ 85%，最高可报销 25 万元（房山 16 周岁以下）。门诊起付标准为 0 元到 2000 元（海淀东升）之间，报销比例在 30%（平谷）到 95%

（海淀东升）之间，最高报销在 200 元（门头沟）到 2 万元（海淀东升）之间。目前参合农民享受的医疗待遇比城镇居民高（见表 28）。

表 28　2010 年北京城镇居民医保与新农合保障待遇比较

		门诊报销标准			住院报销标准		
		起付线（元）	报销比例（%）	封顶线（元）	起付线（元）	报销比例（%）	封顶线（元）
新农合		0	30~45	500 以下	0	60	18 万（朝阳区封顶线为 17 万,房山区 16 岁以下封顶线为 25 万）
		9 区县 16 乡镇	6 区县 5 乡镇	3 区县	8 区县	6 区县	
		200	50	600	200~500	60 以上	
		1 区	4 区县 11 乡镇	1 区县	4 区县	7 区县	
		200 以上	50% 以上	2000~2 万	1300		
		2 区县 3 乡镇	1 区县 10 乡镇	7 区县 26 乡镇	1 区县		
城镇居民	老年人	200	50	500	1300~650	60	7 万
	学生、儿童	无			650~650	70	17 万
	无业人员	特殊病随住院			1300~650	60	7 万
	（残疾人）				1300-650	60	7 万

住院报销比例:按在二级医院支出 1 万元时计算。

（七）信息系统不同

城镇居民医保信息系统比较先进，与各定点医院均实现了联网，参保人员可持卡就医，即时结算，就医结算比较便捷。"新农合"使用的是市卫生局统一开发的中软新农合信息管理系统，各区县"新农合"的政策不同，每个区县需要在系统中设置所需要的数据。各医疗机构使用的是 HIS 系统，采取设置新的模块的方式与本区县"新农合"报销政策对接，但报销数据需手工转录到"中软新农合管理系统"中，不能实现联网报销。与"新农合"实现手工转录的医疗机构，主要是本区县辖区内的部分定点二级医院和社区卫生服务站，与三级医院实现手工转录的只有门头沟区和京煤集团总医院。参合农民大多不能持卡就医。

五　实行城镇居民医保与"新农合"制度整合的对策建议

加快推进城乡居民基本医疗保障制度整合，是北京率先形成城乡一体化新格局的必然要求，是北京深化医药卫生体制改革、保障居民健康权益的重要内容。根据北京的实际情况，结合各地整合城乡居民的经验，我们提出如下实现北京城乡居民医保制度整合的基本思路、实施步骤和保障措施。

（一）基本思路

北京现行的医疗保障体系由公费医疗、城镇职工医保、城镇居民医保、新型农村合作医疗以及医疗救助构成，这种过度分割的医保制度造成社会的不公平和低效率，制度运行成本巨大。从发展态势看，将城镇居民医保与"新农合"制度整合为城乡居民医保，将公费医疗并入城镇职工医疗，建立"职工＋居民"的医疗保障体系，实行统一的国民健康保险制度，辅之以医疗救助，这是整个医疗体制改革的大趋势。

整合城镇居民医保与"新农合"制度是实现医疗保障制度一体化的重要环节，早整合比晚整合的制度成本要低。整合城镇居民医保与"新农合"制度的基本要求是围绕建立城乡居民基本医疗保险一体化的目标，按照"全市统筹、分步实施、统一制度、区县补充"的基本思路，最终实现城镇居民医保与"新农合"的管理体制统一、经办服务统一、政策制度统一。

（二）实施步骤

为确保城镇居民医保与"新农合"制度整合的进行，具体整合政策可分三步实施。

第一步：实行管理和经办统一。2011年将市和区县"新农合"工作的管理和经办职责由卫生部门移交给人力社保部门，由人力社保部门统一管理城镇居民医保和"新农合"工作，按照人随事走的原则，将"新农合"工作人员划归人力社保部门统一管理。

第二步：实行"新农合"政策统一。由于城镇居民医保与"新农合"制度彼此分割严重、政策差异较大，实行一步到位整合难度太大。在城乡居民基本医保制度并轨前，先分别整合城镇居民医保以及"新农合"。2010年12月，北京市政府发布《关于印发北京市城镇居民基本医疗保险办法的通知》（京政发〔2010〕38号），对原城镇居民中的"一老"、"一小"、无业居民大病医疗保险进行了整合。2011年1月1日起实行《北京市城镇居民基本医疗保险办法》。城镇居民基本医疗保险制度的有效整合，为城乡居民基本医疗保险制度整合打下了重要的基础。2011年，争取实行"新农合"政策的统一，具体内容包括以下几点。

一是参照城镇居民基本医疗保险政策，制定全市"新农合"统一政策。学生、儿童个人缴费标准参照 2011 年《北京市城镇居民基本医疗保险办法》规定，每人每年 100 元，非学生、儿童个人缴费标准可参照各区县统计局公布的上年本区县农村居民人均纯收入，按人均纯收入的 1% 缴费（见表 29），也可参照城市功能区域农村居民人均纯收入，按人均纯收入的 1% 缴费，2010 年北京市农村居民人均纯收入城市功能拓展区为 16973 元，城市发展新区为12574 元，生态涵养区为 12024 元。财政补贴每人每年 460 元（与 2011 年财政补贴城镇居民一致）。市和区县财政各承担 50%（或由市级财政根据各区县城市功能定位及区域经济发展的不平衡实行差异性补贴，市级财政最低补贴不应低于对城镇居民医保的人均补贴）。除个人缴费标准以外，就医办法、报销补偿标准、缴费时间等均与《北京市城镇居民基本医疗保险办法》的有关规定一致。

二是为保证"保障水平不降低"，建立区县补充医疗保险机制。原"新农合"保障水平高于全市统一标准的区县，负责补充本区县原"新农合"保障水平高于全市统一标准的就医费用支出的补偿（含各区县原"新农合"报销起付线低于全市统一起付线标准的部分）；个人原缴费低于全市统一缴费标准的区县，鼓励在农村居民可接受范围内，提高个人缴费标准，提高后仍未达到全市统一个人缴费标准的，由区县补足。"区县补充"可以作为统一的城乡居民基本医疗保险制度框架内的一部分，根据农村居民个人承受能力和财政补贴能力的变化，适时调整，逐步消化，经过短期过渡，与城镇居民基本医疗保险制度完全并轨。

表 29　2009～2010 年各区县农民人均纯收入

单位：元

区　县	2010 年		2009 年	
	人均纯收入	纯收入的 1%	人均纯收入	纯收入的 1%
朝 阳 区			16633	166
海 淀 区	17661	177	16011	160
丰 台 区	14544	145	13179	132
大 兴 区	12335	123	11132	111
怀 柔 区			11013	110

续表

区　　县	2010 年		2009 年	
	人均纯收入	纯收入的 1%	人均纯收入	纯收入的 1%
通 州 区	12613	126	11361	114
昌 平 区	12548	125	11318	113
顺 义 区	12898	129	11648	116
延 庆 县	11531	115	10470	105
平 谷 区	12036	120	10872	109
门头沟区	12672	127	11475	115
密 云 县	11857	119	10682	107
房 山 区	12492	125	11315	113
全　　市	13262		11986	

数据来源：北京市及各区县统计局网站。

　　三是实行基金市级统筹，分账管理。全市"新农合"统一标准的个人缴费（含区县补充的个人缴费不足部分）和财政补贴（人均 460 元/年）为市级统筹基金，市级统筹基金和区县补充资金中本区县原"新农合"保障水平高于全市统一补偿标准的就医费用支出的部分，分账核算，统一管理。

　　四是统一信息系统，实现持卡就医。"新农合"参保居民就医和城镇居民就医一样，持"社保卡"就医，即时结报。

　　第三步：实行城乡居民基本医保制度统一。在前两步的基础上，争取2012 年实行城乡居民基本医疗保险制度并轨，制定《北京市城乡居民基本医疗保险办法》，统一城乡居民基本医疗保险制度。将"城镇居民基本医疗保险"和"北京市新型农村合作医疗"统一为"北京市城乡居民基本医疗保险"，打破城乡二元结构，实行没有城乡户籍差别、城乡一体化的居民基本医疗保险制度。统一管理，统一经办服务机构，统一参保缴费时间，统一基金管理，统一信息系统。

　　在城乡一体化的居民基本医疗保险制度中，应体现鼓励居民到基层医疗机构就医的政策导向，到一级医疗机构就医的起付线要低于到二、三级医疗机构就医的起付线，到一级医疗机构就医的报销比例要高于到二、三级医疗机构就医的报销比例，到三级医疗机构就医起付线最高，报销比例最低。

（三）保障措施

整合城乡居民医疗保险制度，事关广大城乡居民的切身利益，需要加强领导，统一部署，综合协调，统筹安排。建议在市级层面成立城乡居民医疗保障工作协调领导小组，确保城乡居民医疗保险制度整合的顺利进行。人力社保部门主管城乡居民基本医疗保险工作。区县人民政府负责城乡居民参保组织工作，确保居民参保率不降低。财政部门负责城乡居民基本医疗保险补助资金的预算管理及基金运行的监管。卫生部门负责城乡居民就医管理服务工作。民政部门负责需要照顾人员的身份认定。教育、物价、食品药品监管等部门按照各自的工作职责，协助做好城乡居民基本医疗保险工作。

参考文献

《中共中央关于制定国民经济和社会发展第十二个五年规划的建议》，人民出版社，2010 年 10 月。

《中共中央关于推进农村改革发展若干重大问题的决定》，人民出版社，2008 年10 月。

《中共北京市委关于率先形成城乡经济社会发展一体化新格局的意见》，《北京日报》2008 年 12 月 30 日。

《中共北京市委关于制定北京市国民经济和社会发展第十二个五年规划的建议》，《北京日报》2010 年 12 月 6 日。

《中国人类发展报告 2007～2008：惠及 13 亿人的基本公共服务》，中国对外翻译出版社公司，2008 年 11 月。

《国家人权行动计划（2009～2010）》，《人民日报》2009 年 4 月 14 日。

《中共中央　国务院关于深化医药卫生体制改革的意见》，中国法制出版社，2009 年4 月。

《北京市 2010～2011 年深化医药卫生体制改革实施方案》，《北京日报》2010 年 6 月13 日。

《北京公共服务发展报告（2008～2009）》，社会科学文献出版社，2009 年 1 月。

《北京公共服务发展报告（2009～2010）》，社会科学文献出版社，2010 年 1 月。

《中国医疗卫生发展报告（2009）》，社会科学文献出版社，2009 年 12 月。

韩子荣：《中国城乡卫生服务公平性研究》，中国社会科学出版社，2009 年 4 月。

解垩：《城乡卫生医疗服务均等化研究》，经济科学出版社，2009 年 11 月。

李立清：《新型农村合作医疗制度》，人民出版社，2009 年 5 月。

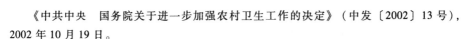

《中共中央　国务院关于进一步加强农村卫生工作的决定》（中发〔2002〕13号），2002年10月19日。

《国务院办公厅转发卫生部等部门关于建立新型农村合作医疗制度的意见》（国办发〔2003〕3号），2003年1月16日。

《北京市人民政府办公厅转发市政府体改办等部门关于建立新型农村合作医疗制度的实施意见的通知》（京政办发〔2003〕31号），2003年6月27日。

《北京市人民政府印发关于建立北京市城镇无医疗保障老年人和学生儿童大病医疗保险制度实施意见的通知》（京政发〔2007〕11号），2007年6月7日。

《北京市人民政府关于建立北京市城镇劳动年龄内无业居民大病医疗保险制度实施意见》（京政发〔2008〕24号），2008年6月6日。

《北京市人民政府关于印发北京市城镇居民基本医疗保险办法》（京政发〔2010〕38号），2010年12月3日。

《天津市人民政府关于印发天津市城乡居民基本医疗保险规定的通知》（津政发〔2009〕21号），2009年4月17日。

《重庆市人民政府关于开展城乡居民合作医疗保险试点的指导意见》（渝府发〔2007〕113号），2007年9月5日。

《重庆市人民政府关于调整我市城乡居民合作医疗保险管理体制的意见》（渝府发〔2009〕93号），2009年9月27日。

《中华人民共和国社会保险法》（2010年10月28日第十一届全国人民代表大会常务委员会第十七次会议通过）。

国务院办公厅《关于印发医药卫生体制五项重点改革2011年度主要工作安排的通知》（国办发〔2011〕8号），2011年2月13日。

　　课题负责人：张秋锦

　　课题责任人：樊汝明

　　课题组成员：樊汝明　张英洪　蒋继元　齐广志　张毅　纪京平

　　执笔：张英洪　樊汝明　齐广志　纪京平

2011年2月

第三篇

北京市城乡基本公共服务均等化

Part 3 ←

"十一五"时期,北京市在推进城乡基本公共服务全覆盖和均等化上走在全国前例。

2008 年 12 月,中共北京市委十届五次全会通过《中共北京市委关于率先形成城乡经济社会发展一体化新格局的意见》,明确提出要把率先形成城乡经济社会发展一体化新格局作为推动首都经济社会发展的根本要求,不断加快体制机制创新,统筹推进城乡基础设施和公共服务均等化。

2009 年,北京市人均 GDP 首次突破 1 万美元,达到中等发达国家水平,这为北京市率先实现城乡基本公共服务全覆盖和均等化提供了坚实的经济基础和可靠的物质保障。

2010 年 8 月,国家副主席习近平在北京调研时提出,要努力把北京打造成国际活动聚集之都、世界高端企业总部聚集之都、世界高端人才聚集之都、中国特色社会主义先进文化之都、和谐宜居之都。

2010 年 11 月,中共北京市委十届八次全会通过《中共北京市委关于制定北京市国民经济和社会发展第十二个五年规划的建议》,提出加大公共财政对郊区农村投入力度,基本建成城乡一体的基础设施、公共服务体系,实现城乡基本公共服务全覆盖和均等化。

2011 年 6 月,中共北京市委十届九次全会通过《中共北京市委关于加强和创新社会管理全面推进社会建设的意见》,提出今后五年,北京要确保基本公共服务水平居全国前列并达到中等发达国家水平,人人享有社会保障、享受基本公共服务,百姓幸福指数不断提升。

"十二五"时期,加快实现城乡基本公共服务均等化,是北京市推动科学发展、转变发展方式、促进社会和谐、提升市民生活质量和幸福指数的时代要求。

本课题按照党的十七大提出的"努力使全体人民学有所教、劳有所得、病有所医、老有所养、住有所居"的基本精神,重点就基础教育、就业服务、医疗卫生、社会保障和住房保障等五项基本公共服务,对北京市城乡基本公共服务均等化的新进展、新成就进行了比较详细的回顾和总结,并在深入分析的基础上,揭示北京市城乡基本公共服务存在的差距与问题,最后提出了加快推进北京市城乡基本公共服务均等化的政策建议。

一　基本公共服务概述

推进基本公共服务均等化,体现了再分配更加注重公平的国民收入分配原则，是缩小城乡差距、实现社会公平、促进社会和谐的重要举措，是确保走共同富裕道路、促进人的全面发展、做到发展成果由人民共享的战略任务。

改革开放以来，我国经济总量和综合国力大幅提升，人民生活水平总体上进入小康社会。但由于城乡二元结构和收入分配失衡等因素的影响，致使城乡差距、区域差距扩大，城乡居民公共服务差距悬殊，一些困难群体不能充分享受基本的社会公共服务，影响了社会的公平正义与和谐稳定。2010年，我国城乡居民人均收入比为3.2∶1，若把基本公共服务，包括义务教育、基本医疗等因素考虑在内，城乡居民人均实际收入差距高达5~6倍。城乡基本公共服务差距对城乡居民人均实际收入差距的影响度为30%~40%。有关研究表明，农村家庭主要劳动力平均受教育年限每增加一年，贫困发生的风险就可以降低12.9%；家庭非农收入比重每增加1个百分点，贫困发生率就可以降低3.2%。我国的城乡差距，主要体现在公共服务差距上。2011年3月，全国人大代表、国务院参事、全国人大教科文卫专委会委员马力介绍说，根据测算，中国农村和城市福利待遇人均相差33万元。一般来讲，大城市是50万元以上，中小城市是十几万元。

实现城乡基本公共服务均等化，确保发展成果由人民共享，是"十二五"时期推动科学发展、建设服务型政府的根本要求，是破除城乡二元结构、形成城乡一体化新格局的重中之重。

（一）基本公共服务的内容与范围

公共服务是指筹集和调动社会资源，通过提供公共产品（包括水、电、气等具有实物形态的产品和教育、医疗、社会保障等非实物形态的产品）这一基本方式来满足社会公共需要的过程。[①] 公共服务可分为基本公共服务和非基本公共服务。基本公共服务是公共服务范围中事关人们生存权和发展权最基本的公共需求。享有基本公共服务，是公民的基本权利。实现基本公共服务均等化不是上级政府对下级政府的一种要求，而是各级政府都应恪守的价值观，并应成为各级政府的执政理念。[②] 近些年来，学界对基本公共服务及其均等化

---

① 孙晓莉：《中外公共服务体制比较》，国家行政学院出版社，2007，第9页。
② 刘尚希：《基本公共服务均等化：目标及政策路径》（上、下），《中国经济时报》2007年6月12日、2007年6月14日。

的研究颇多，但对其内涵的界定没有达成共识。

胡祖才认为，所谓基本公共服务，是指建立在一定社会共识基础上，由政府根据经济社会发展阶段和总体水平来提供，旨在保障个人生存权和发展权所需要的最基本社会条件的公共服务。基本公共服务包含三层含义：第一，基本公共服务是公共服务中最基础、最核心的部分，与人民群众最关心、最直接、最现实的切身利益密切相关；第二，基本公共服务是政府公共服务职能的"底线"，由政府负最终责任；第三，基本公共服务的范围和标准是动态的，随着经济发展水平和政府保障能力的提高，其范围应逐步扩大，标准应不断调整。基本公共服务均等化，指的是基本公共服务的价值取向和结果状态，其含义就是全体公民不论地域、民族、性别、收入及身份差异，都能获得与经济社会发展水平相适应、结果大致均等的基本公共服务。它所强调的核心是机会和效果均等，而不是简单的平均化和无差异化。①

常修泽认为基本公共服务均等化的内涵有三个方面：一是全体公民享有基本公共服务的机会应该均等，二是全体公民享有基本公共服务的结果应该大体相等，三是在提供大体均等的基本公共服务的过程中，尊重社会成员的自由选择权。②

对基本公共服务均等化做过持续研究的中国（海南）改革发展研究院认为，基本公共服务均等化与计划经济时代的平均主义并不等同，它是在承认客观差异前提下的均等化；基本公共服务均等化是"雪中送炭"而不是"锦上添花"，需要更加关注弱势阶层；基本公共服务均等化也是一个动态和变化的过程。③基本公共服务的均等化，其实质在于政府要为全体社会成员提供基本而有保障的公共产品和公共服务。④基本公共服务均等化的目标是确保所有社会成员平等享有义务教育、公共卫生与基本医疗、基本社会保障、公共就业服务等基本公共服务的权利。⑤

丁元竹将现阶段全国性的基本公共服务均等化界定为：中央政府通过相关

①　胡祖才：《推进基本公共服务均等化的内涵和路径》，《人民日报》2010年10月8日。
②　常修泽：《逐步实现基本公共服务均等化》，《人民日报》2007年1月31日。
③　中国（海南）改革发展研究院编《基本公共服务与中国人类发展》，中国经济出版社，2008，第13页。
④　迟福林：《代序：以基本公共服务均等化为重点的中央地方关系》，载中国（海南）改革发展研究院编《中国公共服务体制：中央与地方》，中国经济出版社，2006，第2页。
⑤　联合国开发计划署编《中国人类发展报告2007~2008：惠及13亿人基本公共服务》，中国对外翻译出版公司，2008，第60页。

基本公共服务国家标准（设施标准、设备标准、人员配备标准、日常运行费用标准），在财政上确保负责提供服务的地方政府具有均等支付这些基本公共服务的能力，确保社会、政府、服务机构在不存在偏见、歧视、特殊门槛的前提下，使每个公民不分城乡、不分地区地能够有机会接近法定基本公共服务项目的过程。①

基本公共服务均等化的内容和范围，目前尚无统一的界定。2004年2月21日，温家宝总理在省部级主要领导干部"树立和落实科学发展观"专题研究班结业式上的讲话中，对公共服务有一个大概的阐述，他指出："公共服务就是提供公共产品和服务，包括加强城乡公共设施建设，发展社会就业、社会保障服务和教育、科技、文化、卫生、体育等公共事业，发布公共信息等，为社会公众生活和参与社会经济、政治、文化活动提供保障和创造条件。"②

常修泽认为我国实行基本公共服务均等化应包括四方面的内容，一是在就业服务和基本社会保障等"基本民生性服务"方面实现均等化；二是在义务教育、公共卫生和基本医疗、公共文化等"公共事业性服务"方面实现均等化；三是在公益性基础设施和生态环境保护等"公益基础性服务"方面实现均等化；四是在生产安全、消费安全、社会安全、国防安全等"公共安全性服务"方面实现均等化。③

丁元竹将现阶段全国性基本公共服务的范围划定为医疗卫生、基础教育（义务教育）、社会救济、就业服务和养老保险。④

项继权认为基本公共服务包括义务教育、基本医疗、公共卫生、社会保障、基础设施、公共文化、优抚救助、公共安全，等等，其目标是保证生存和发展的起点公平、基础性的服务均等以及人们基本权利的平等。⑤

林家彬将我国目前主要的农村公共服务项目分为基本生存保障类、生产生活支持类、基础设施与服务类、生活条件改善类、人力资本投资类、基本国策

① 丁元竹：《中国社会建设：战略思路与基本对策》，北京大学出版社，2008，第101页。
② 温家宝：《提高认识 统一思想 牢固树立和认真落实科学发展观——在省部级主要领导干部"树立和落实科学发展观"专题研究班结业式上的讲话》，《人民日报》2004年3月1日。
③ 常修泽：《逐步实现基本公共服务均等化》，《人民日报》2007年1月31日。
④ 丁元竹：《中国社会建设：战略思路与基本对策》，北京大学出版社，2008，第83页。
⑤ 项继权：《基本公共服务均等化：政策目标与制度保障》，《华中师范大学学报》（人文社会科学版）2008年第1期。

支持类、社会保障类七大类。①

　　由联合国开发计划署编、中国（海南）改革发展研究院组织撰写的《中国人类发展报告2007～2008：惠及13亿人基本公共服务》一书认为，义务教育、公共卫生与基本医疗、基本社会保障、公共就业服务是建立社会安全网、保障全体社会成员基本生存权和发展权必须提供的基本公共服务。②

　　基本公共服务是直接关系个人生存权和发展权的公共服务，主要包括三个部分：一是保障生存的基本需要的服务，如就业、养老和最低生活保障、居住等；二是满足尊严和能力需要的服务，如基本的教育和文化服务；三是满足基本健康需要的服务，如医疗卫生、环境保护等。义务教育、公共卫生和基本医疗、社会保障、就业服务、住房保障、基础设施、生态环境、公共安全等是基本公共服务的主要内容。

　　中共十六届六中全会通过的《中共中央关于构建社会主义和谐社会若干重大问题的决定》，把教育、卫生、文化、就业、社会保障、生态环境、公共基础设施、社会治安等列为基本公共服务。

　　《中华人民共和国国民经济和社会发展第十二个五年规划纲要》指出基本公共服务体系的范围包括公共教育、就业服务、社会保障、医疗卫生、人口计生、公共文化、基础设施、住房保障、环境保护等九个方面，其具体内容和发展目标是：

　　（1）公共教育

　　①九年义务教育免费，农村义务教育阶段寄宿制学校免住宿费，并为经济困难家庭寄宿生提供生活补助；②对农村学生、城镇经济困难家庭学生和涉农专业学生实行中等职业教育免费；③为经济困难家庭儿童、孤儿和残疾儿童接受学前教育提供补助。

　　（2）就业服务

　　①为城乡劳动者免费提供就业信息、就业咨询、职业介绍和劳动调解仲裁；②为失业人员、农民工、残疾人、新成长劳动力免费提供基本职业技能培训；③为就业困难人员和零就业家庭提供就业援助。

---

① 林家彬：《我国农村公共服务体系的构成与构建西部农村公共服务体系的主要任务》，载中国（海南）改革发展研究院编《中国公共服务体制：中央与地方》，中国经济出版社，2006，第42～44页。

② 联合国开发计划署编《中国人类发展报告2007～2008：惠及13亿人基本公共服务》，中国对外翻译出版公司，2008，第24页。

（3）社会保障

①城镇职工和居民享有基本养老保险，农村居民享有新型农村社会养老保险；②城镇职工和居民享有基本医疗保险，农村居民享有新型农村合作医疗；③城镇职工享有失业保险、工伤保险、生育保险；④为城乡困难群体提供最低生活保障、医疗救助、殡葬救助等服务；⑤为孤儿、残疾人、五保户、高龄老人等特殊群体提供福利服务。

（4）医疗卫生

①免费提供居民健康档案、预防接种、传染病防治、儿童保健、孕产妇保健、老年人保健、健康教育、高血压等慢性病管理、重性精神疾病管理等基本公共卫生服务；②实施艾滋病防治、肺结核防治、农村妇女孕前和孕早期补服叶酸、农村妇女住院分娩补助、农村妇女宫颈癌乳腺癌检查、贫困人群白内障复明等重大公共卫生服务专项；③实施国家基本药物制度，基本药物均纳入基本医疗保障药物报销目录。

（5）人口计生

①提供免费避孕药具、孕前优生健康检查、生殖健康技术和宣传教育等计划生育服务；②免费为符合条件的育龄群众提供再生育技术服务。

（6）住房保障

①为城镇低收入住房困难家庭提供廉租住房；②为城镇中等偏下收入住房困难家庭提供公共租赁住房。

（7）公共文化

①基层公共文化、体育设施免费开放；②农村广播电视全覆盖，为农村免费提供电影放映、送书送报送戏等公益性文化服务。

（8）基础设施

①行政村通公路和客运班车，城市建成区公共交通全覆盖；②行政村通电，无电地区人口全部用上电；③邮政服务做到乡乡设所、村村通邮。

（9）环境保护

①具备污水、垃圾无害化处理能力和环境监测评估能力；②保障城乡饮用水水源地安全。

（二）均等化的内容与标准

1. 基本公共服务均等化的内容

"均等化"就其字面理解包含均衡、相等的意思，而均衡包括调节、平衡的过程，最后达到相等。当然，这里的相等，只能是大体相等，不可能绝对相等。基本公共服务均等的内容包含两个方面：一是居民享受公共服务的机会均等，如公民都有平等享受教育的权利。二是居民享受公共服务的结果大致均等，如每一个公民无论住在什么地方，不管是城市或是乡村，享受的义务教育、医疗救助等基本公共服务，在数量和质量上都应大体相等。

2. 基本公共服务均等化的含义

均等化的标准有三种。一是最低标准，即要保底。一个国家的公民无论居住在哪个地区，都有平等享受国家最低标准的基本公共服务的权利。这个均等化就是要托一个底，是政府应该提供的诸如普及义务教育、实施社会救济与基本社会保障等基本公共服务，必须由政府保证最低限度的公共供给，确保底线公平。二是平均标准，即政府提供的基本公共服务应达到中等水平。三是相等的标准，即结果均等。

这三个标准并不矛盾，实际上是三个发展阶段的三个标准。在经济发展水平和财力水平还不够高的情况下，首先是低水平的保底，然后提高到中等水平，最后的目标是实现结果的大致均等。当然，要做到结果大体均等，政府的供给成本就不能是均等的。

基本公共服务均等化的目标，应当是使人与人之间所享受到的基本公共服务均等化。由于个人总是处于某个地区或城市和乡村之间，为了实现这一目标，可以阶段性地通过实现地区之间和城乡之间基本公共服务的均等化，进而实现人与人之间基本公共服务的均等化。

3. 基本公共服务均等化的意义

基本公共服务均等化是社会公平建设的重要内容之一，也是公共财政的主要目标之一。基本公共服务是覆盖全体公民、满足公民对公共资源最低需求的服务，涉及义务教育、医疗、住房、就业、社会保障等多个方面。其特点是基本权益性、公共负担性、政府负责性、公平性、公益性和普惠性。逐步实现基本公共服务均等化，就是要使全体公民在基本公共服务方面的权利得到基本实现和维护，特别是要使困难群众和经济落后地区尽快享受社会平均水平的基本公共服务。这既是转变政府职能、调整财政支出结构和衡量政府绩效的新理念、新导向，也是促进社会和谐的重要社会政策。

基本公共服务的均等化，是实现分配正义的具体体现。学界认为，在坚持分配正义原则中，一方面要吸收罗尔斯的"作为公平的正义"理论，坚持

"最大最小"原则,即在坚持第一正义原则即自由平等原则的基础上,使社会和经济的不平等安排适合最少受惠者的最大利益(差别原则),即公共服务的提供要对社会弱势群体最为有利。另一方面,要借鉴阿马蒂亚·森的"基本可行能力"理论,在阿马蒂亚·森看来,贫困必须被视为基本可行能力的剥夺,而不仅仅是收入低下。基本公共服务的供给,必须使不同地区的所有人都平等地享有最低限度的基本公共服务,确保"底线平等"。

为所有公民提供不受歧视的均等化的基本公共服务,是现代国家最基本的职能之一,也是建设服务型政府的本质要求。1997年世界银行在《世界发展报告》中,提供了一个具有重要参考价值的现代国家职能的清单,它将国家职能划分为最小职能、中等职能和积极职能三大类若干子项,这份清单为各国政府的公共服务职能提供了"一个有用的标尺"。

表1 国家职能

	应对市场失灵			增进公平
最小职能	提供纯公共产品			保护穷人
	国防			济贫计划
	法律与秩序			赈灾
	财产权			
	宏观控制			
	公共卫生			
中等职能	应对外部性	反垄断	克服信息不对称	提供社会保险
	教育	公共设施管理	保险	养老金重新分配
	环境保护	反托拉斯	金融监管	家庭补助
			消费者保护	失业保险
积极职能	协调私人领域的活动			再分配
	建设市场			资产再分配
	集群战略			

资料来源:世界银行1997年《世界发展报告》,转引自(美)弗朗西斯·福山《国家构建——21世纪的国家治理与世界秩序》,黄胜强、许铭原译,中国社会科学出版社,2007,第7~8页。

我国已进入了由私人产品短缺到公共产品短缺的新阶段。随着工业化、城市化、市场化进程的快速推进,民众对公共产品和服务的需求日益强烈。但公共产品和服务的供给却明显滞后,突出表现在基本公共服务不能满足社会各阶层特别是农村居民和其他弱势阶层的需要,"看病难、看病贵""上学难、上学贵""居住难、居住贵"等问题突显，社会保障体系不够完善，城乡居民收入差距继续拉大等现象，大都与基本公共服务的供给不足和配置失衡有关。在我国社会转型时期出现的各种社会问题，亟须通过加快实现基本公共服务均等化的公共政策加以解决。

（三）财政支持是实现基本公共服务均等化的物质保障

基本公共服务均等化的实质在于政府要为全体社会成员提供基本而有保障的公共产品和公共服务，就是要让城乡全体社会成员享受水平大致相当的基本公共服务。

在市场经济体制环境下，由于提供公共产品和公共服务的过程存在投入规模偏大以及"搭便车"等问题，如果完全由私人提供，特别是提供纯公共产品和公共服务，就会导致供给不足、效率低下和公共性缺乏等市场失灵问题。因此，要实现市场经济的有序发展，作为公共利益代表者的政府，必须承担起提供公共产品和公共服务的职责。政府提供公共产品和公共服务的经济活动就是公共财政。公共财政通过税收制度设计和财政支出安排，参与国民收入初次分配和再分配，合理配置财政资金资源，从而实现公共产品和公共服务的有效供给。

公共财政是政府提供公共产品和公共服务的物质基础、体制保障、政策工具和监管手段，从这个意义上说，公共财政是建立在市场经济基础上并纠正市场失灵的重要制度安排，公共财政的阳光必须照耀所有社会公众。中国自古以来就有"民不患寡而患不均"之说，这决定了公共财政必须以社会公平为生命，必须注重公共产品和公共服务的公正性、公益性和均衡性。公共财政必须为政府调节收入分配、缩小收入差距、缓解社会矛盾创造制度条件，必须在鼓励竞争、帮困扶贫、创造平等机会中有所作为。实行基本公共服务均等化，正是体现公共财政"以人为本"和弥补市场公共产品"供给失灵"的重要公共政策。

2006年3月，十届全国人大四次会议通过的《"十一五"规划纲要》从公共财政体系建设的角度，提出了"逐步推进基本公共服务均等化"的任务："加快公共财政体系建设，明确界定各级政府的财政支出责任，合理调整政府间财政收入划分。完善中央和省级政府的财政转移支付制度，理顺省级以下财政管理体制，有条件的地方可实行省级直接对县的管理体制，逐步推进基本公共服务均等化。"

2006 年 10 月，党的十六届六中全会通过的《中共中央关于构建社会主义和谐社会若干重大问题的决定》，将逐步实现基本公共服务均等化作为完善公共财政制度的重要目标："完善公共财政制度，逐步实现基本公共服务均等化。健全公共财政体制，调整财政收支结构，把更多财政资金投向公共服务领域，加大财政在教育、卫生、文化、就业再就业服务、社会保障、生态环境、公共基础设施、社会治安等方面的投入。"

2007 年 10 月，党的十七大从缩小发展差距和完善公共财政体系的角度进一步强调了基本公共服务均等化的重要作用："缩小区域发展差距，必须注重实现基本公共服务均等化，引导生产要素跨区域合理流动"；"围绕推进基本公共服务均等化和主体功能区建设，完善公共财政体系"。

2008 年 10 月，党的十七届三中全会通过的《中共中央关于推进农村改革发展若干重大问题的决定》指出，要"推进城乡基本公共服务均等化，实现城乡、区域协调发展，使广大农民平等参与现代化进程、共享改革发展成果"。

2010 年 3 月，温家宝总理在第十一届全国人大三次会议上所做的《政府工作报告》中提出，要"加快完善公共财政体系，促进基本公共服务均等化"。

由此可见，公共服务均等化要求政府通过公共财政筹集收入和进行支出，以实现公平满足社会公共需要的目的。建立公共财政投入长效保障机制，是实现基本公共服务均等化的根本保证。

二 基本公共服务均等化的政策演变与发展

逐步实现基本公共服务均等化，最大限度地满足人民群众日益增长的基本公共服务需求，为全体社会成员提供基本而有保障的公共产品和公共服务，是我国破除城乡二元结构、促进城乡一体化的重大任务，也是新时期我国实现发展成果由人民共享的重大公共政策。

（一）我国基本公共服务均等化政策的演变与发展

2005 年 10 月 11 日，党的十六届五中全会通过的《中共中央关于制定国民经济和社会发展第十一个五年规划的建议》首次提出"公共服务均等化"的重要命题。

2006 年 3 月 14 日，第十届全国人大四次会议通过的《中华人民共和国国民经济和社会发展第十一个五年规划纲要》，在关于促进区域协调发展时提出："按照发挥比较优势、加强薄弱环节、享受均等化基本公共服务的要求，逐步形成主体功能定位清晰，东中西良性互动，公共服务和人民生活水平差距趋向缩小的区域协调发展格局。"在推进财政税收体制改革时指出："完善中央和省级政府的财政转移支付制度，理顺省级以下财政管理体制，有条件的地方可实行省级直接对县的管理体制，逐步推进基本公共服务均等化。"

2006年10月11日，党的十六届六中全会通过的《中共中央关于构建社会主义和谐社会若干重大问题的决定》将"基本公共服务体系更加完备，政府管理和服务水平有较大提高"列为到2020年构建社会主义和谐社会的目标和主要任务之一。《决定》提出坚持协调发展，加强社会事业建设，逐步缩小地区间基本公共服务差距，完善公共财政制度，逐步实现基本公共服务均等化，增强基层政府提供公共服务能力，逐步增加国家财政投资规模，不断增强公共产品和公共服务供给能力。

2007年10月15日，党的十七大将基本公共服务均等化提高到一个新的高度，提出把着力保障和改善民生、注重实现基本公共服务均等化作为统筹城乡发展、促进区域协调发展的重要手段；强调缩小区域发展差距，必须注重实现基本公共服务均等化，引导生产要素跨区域合理流动；要围绕推进基本公共服务均等化和主体功能区建设，完善公共财政体系。"十一五"时期，逐步实现基本公共服务均等化已经成为我国一项非常重要的政策取向，是贯彻以人为本的科学发展观，推动经济社会全面、协调、可持续发展的重要指导原则。

2008年3月5日，温家宝总理在第十一届全国人大一次会议上的《政府工作报告》中提出："健全政府职责体系，全面正确履行政府职能，努力建设服务型政府。在加强和改善经济调节、市场监管的同时，更加注重社会管理和公共服务，维护社会公正和社会秩序，促进基本公共服务均等化。"

2008年10月12日，中共十七届三中全会通过的《中共中央关于推进农村改革发展若干重大问题的决定》，将"城乡基本公共服务均等化明显推进"作为到2020年农村改革发展目标任务的重要内容，在推进农村改革发展的重大原则上，要求"把国家基础设施建设和社会事业发展重点放在农村，推进城乡基本公共服务均等化，实现城乡、区域协调发展，使广大农民平等参与现代化进程、共享改革发展成果"。《决定》提出逐步建立城乡统一的公共服务制度。

2009 年 3 月 5 日，温家宝总理在第十一届全国人大二次会议上的《政府工作报告》中着重提出"促进基本公共卫生服务逐步均等化"。

2010 年 3 月 5 日，温家宝总理在第十一届全国人大三次会议上的《政府工作报告》中，就实施区域发展总体战略时指出，要"加快完善公共财政体系，促进基本公共服务均等化"。

2010 年 10 月 18 日，中共十七届五中全会通过的《中共中央关于制定国民经济和社会发展第十二个五年规划的建议》，将"覆盖城乡居民的基本公共服务体系逐步完善"作为"十二五"时期经济社会发展的主要目标之一，提出"着力保障和改善民生，必须逐步完善符合国情、比较完整、覆盖城乡、可持续的基本公共服务体系，提高政府保障能力，推进基本公共服务均等化"。同时还提出"改革基本公共服务提供方式，引入竞争机制，扩大购买服务，实现提供主体和提供方式多元化。推进非基本公共服务市场化改革，增强多层次供给能力，满足群众多样化需求"。

2011 年 3 月 5 日，温家宝总理在第十一届全国人大四次会议上的《政府工作报告》中，要求"各级政府一定要把社会管理和公共服务摆到更加重要的位置，切实解决人民群众最关心最直接最现实的利益问题"。

2011 年 3 月 14 日，第十一届全国人大四次会议通过的《中华人民共和国国民经济和社会发展第十二个五年规划纲要》对实现基本公共服务均等化做了多方面的阐述。在指导思想上，提出"加快发展各项社会事业，推进基本公共服务均等化"。在主要目标上，提出"覆盖城乡居民的基本公共服务体系逐步完善"。在政策导向上，提出"推进基本公共服务均等化，把基本公共服务制度作为公共产品向全民提供，完善公共财政制度，提高政府保障能力，建立健全符合国情、比较完整、覆盖城乡、可持续的基本公共服务体系，逐步缩小城乡区域间人民生活水平和公共服务差距"。在工作要求上，提出"建立健全基本公共服务体系"，"推进基本公共服务均等化，努力使发展成果惠及全体人民"，"明确基本公共服务范围和标准，加快完善公共财政体制，保障基本公共服务支出，强化基本公共服务绩效考核和行政问责。合理划分中央与地方管理权限，健全地方政府为主、统一与分级相结合的公共服务管理体制"。同时还提出"创新公共服务供给方式"。在实施责任上，提出"促进基本公共服务均等化的任务，要明确工作责任和进度，主要通过政府运用公共资源全力完成"。

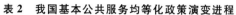

表 2　我国基本公共服务均等化政策演变进程

政策文件	政策内容
2005 年 10 月 11 日,《中共中央关于制定国民经济和社会发展第十一个五年规划的建议》	按照公共服务均等化原则,加大国家对欠发达地区的支持力度,加快革命老区、民族地区、边疆地区和贫困地区经济社会发展
2006 年 3 月 14 日,第十届全国人大四次会议通过的《中华人民共和国国民经济和社会发展第十一个五年规划纲要》	按照发挥比较优势、加强薄弱环节、享受均等化基本公共服务的要求,逐步形成主体功能定位清晰,东中西良性互动,公共服务和人民生活水平差距趋向缩小的区域协调发展格局。逐步推进基本公共服务均等化
2006 年 10 月 11 日,《中共中央关于构建社会主义和谐社会若干重大问题的决定》	基本公共服务体系更加完备,政府管理和服务水平有较大提高。坚持协调发展,加强社会事业建设,逐步缩小地区间基本公共服务差距。完善公共财政制度,逐步实现基本公共服务均等化,增强基层政府提供公共服务能力。逐步增加国家财政投资规模,不断增强公共产品和公共服务供给能力
2007 年 10 月 15 日,党的十七大报告《高举中国特色社会主义伟大旗帜,为夺取全面建设小康社会新胜利而奋斗》	缩小区域发展差距,必须注重实现基本公共服务均等化,引导生产要素跨区域合理流动。围绕推进基本公共服务均等化和主体功能区建设,完善公共财政体系
2008 年 3 月 5 日,温家宝总理《政府工作报告》	健全政府职责体系,全面正确履行政府职能,努力建设服务型政府。在加强和改善经济调节、市场监管的同时,更加注重社会管理和公共服务,维护社会公正和社会秩序,促进基本公共服务均等化
2008 年 10 月 12 日,中共十七届三中全会通过《中共中央关于推进农村改革发展若干重大问题的决定》	城乡基本公共服务均等化明显推进。把国家基础设施建设和社会事业发展重点放在农村,推进城乡基本公共服务均等化,实现城乡、区域协调发展,使广大农民平等参与现代化进程、共享改革发展成果
2010 年 3 月 5 日,温家宝总理《政府工作报告》	加快完善公共财政体系,促进基本公共服务均等化
2010 年 10 月 18 日,中共十七届五中全会通过《中共中央关于制定国民经济和社会发展第十二个五年规划的建议》	着力保障和改善民生,必须逐步完善符合国情、比较完整、覆盖城乡、可持续的基本公共服务体系,提高政府保障能力,推进基本公共服务均等化。改革基本公共服务提供方式,引入竞争机制,扩大购买服务,实现提供主体和提供方式多元化。推进非基本公共服务市场化改革,增强多层次供给能力,满足群众多样化需求

政策文件	政策内容
2011 年 3 月 14 日,《中华人民共和国国民经济和社会发展第十二个五年规划纲要》	加快发展各项社会事业,推进基本公共服务均等化。覆盖城乡居民的基本公共服务体系逐步完善。把基本公共服务制度作为公共产品向全民提供,完善公共财政制度,提高政府保障能力,建立健全符合国情、比较完整、覆盖城乡、可持续的基本公共服务体系,逐步缩小城乡区域间人民生活水平和公共服务差距。明确基本公共服务范围和标准,加快完善公共财政体制,保障基本公共服务支出,强化基本公共服务绩效考核和行政问责。合理划分中央与地方管理权限,健全地方政府为主、统一与分级相结合的公共服务管理体制

（二）北京市基本公共服务均等化政策的演变与发展

北京市是我国的首都,作为"大城市、小农村"和全国首善之区,有条件、有责任、有能力率先实现城乡基本公共服务均等化的目标。由于长期以来形成的城乡二元体制的影响,与全国一样,北京市城乡公共服务供给的不均衡状况比较突出,城乡社会事业和公共服务水平差距还较大。近年来,北京市加快统筹城乡发展,加大对农村基础设施、教育、医疗、社会保障等最薄弱、最迫切领域的投入力度,加快城乡制度接轨步伐,使广大农民在学有所教、劳有所得、病有所医、老有所养、住有所居等基本公共服务方面取得了很大成效。

2005 年 10 月 22 日,中共北京市委九届十次全会通过的《关于制定北京市国民经济和社会发展第十一个五年规划的建议》提出,加大对郊区基础设施建设和投入,加快郊区公共服务设施建设;大力推进社会事业发展,提升首都公共服务功能;促进义务教育均衡发展,建设城乡一体的公共卫生和医疗服务体系;建立起多层次、广覆盖,包括养老、医疗、失业等社会保险、社会救助在内的社会保障网络,使城乡困难群体能够及时享受到基本生活保障;着力推进基层公共服务体系建设,提高城乡基层公共服务水平。

2006 年 1 月 15 日,王岐山市长在北京市第十二届人大四次会议上的《政府工作报告》中提出:"统筹城乡社会事业发展,加大投入,调整存量,创新服务提供模式,加快城市优质社会公共服务资源向农村转移,着力推进基本公共服务均等化。"

2006 年 1 月 20 日,北京市第十二届人大四次会议批准通过的《北京市国民经济和社会发展第十一个五年规划纲要》，将"公共服务均等化"作为"十一五"时期北京优先抓好的战略重点之一，提出"着力扩展基本社会公共服务，特别是加强农村基础教育、公共卫生、安全饮水等服务设施建设，规范公共财政覆盖范围，逐步缩小城乡和区域之间在基本公共服务享有上的差距，提高公平性和可及性，保障广大群众共享改革发展的成果"。

2006 年 6 月 25 日，北京市发展和改革委员会发布《北京市"十一五"时期社会公共服务发展规划》，对教育、医疗卫生、文化、体育、公共安全、社会福利和社会救助等在社会发展领域中的公共服务做了全面规划，提出大力推进公共服务提供社会化、基本社会公共服务均衡化、社会发展水平现代化，以强化政府公共服务职责、增加政府投入、创新服务模式和提高服务效率为手段，健全面向基层、覆盖城乡、功能完善、分布合理的社会公共服务体系。

2007 年 1 月 26 日，王岐山市长在北京市第十二届人大五次会议上的《政府工作报告》中提出："以促进城乡统筹为目标，加快公共服务体系建设，提高社会管理水平，不断促进社会和谐。"

2007 年 5 月 17 日，中共北京市委第十次党代会明确提出："实现基本公共服务均等化，基本建立覆盖城乡的公共服务体系和社会保障体系。"

2008 年 1 月 20 日，郭金龙代市长在北京市第十三届人大一次会议上的《政府工作报告》中提出："要全面推进和谐社会首善之区建设，实现劳动者比较充分就业，基本建立覆盖城乡的社会保障体系，实现基本公共服务均等化。"

2008 年 12 月 25 日，中共北京市委十届五次全会通过《关于率先形成城乡经济社会发展一体化新格局的意见》提出：把率先形成城乡经济社会发展一体化新格局作为推动首都经济社会发展的根本要求，加快体制机制创新，统筹推进城乡基础设施和公共服务均等化。到 2020 年，北京农村改革发展的基本目标任务是：建立完善城乡一体的社会保障体系，城乡社会保障制度实现并轨，农村社会保障水平大幅度提高，实现城乡教育、文化、卫生等基本公共服务均等化。

2009 年 1 月 12 日，郭金龙市长在北京市第十三届人大二次会议上的《政府工作报告》中指出："进一步加大公共财政投入，继续实施'五无'工程，办好直接关系群众生活的 57 件重要实事，促进基本公共服务均等化，使民生工作继续走在全国前列。"

2009 年 12 月 24 日至 26 日，中共北京市委十届七次全会正式提出建设

"世界城市"的目标，要求加大"大民政"建设的力度，进一步稳定和扩大就业；大力促进教育公平，推动义务教育均等化；切实加大保障性住房建设力度，积极解决群众的住房需求；深化社区卫生体制和公费医疗制度改革，建立城乡统一的居民医疗保障制度；加强养老工作力度，加快构建城乡一体化的社会化养老服务体系；积极构建城乡一体化的社会保障体系，提升基本公共服务水平。

2010 年 1 月 25 日，郭金龙市长在北京市第十三届人大三次会议上的《政府工作报告》中提出：（1）加大统筹城乡区域发展力度，进一步强化强农惠农政策，有针对性地解决区域发展中的突出矛盾和问题，促进城乡一体化和区域协调发展；（2）加快建立城乡统一的社会保障体系，整合"新农合"、"一老一小"、无业居民大病医疗保险制度，推动居民医疗保障制度城乡一体化；（3）促进教育事业协调发展，坚持推进教育公平，义务教育新增经费继续向农村地区、薄弱学校倾斜；（4）推进医疗卫生事业发展，整合公共卫生服务资源，提高公共卫生管理和服务水平，完善农村三级卫生体系，完成远郊区县医疗中心、村卫生室、健康工作室建设。

2010 年 8 月，国家副主席习近平在北京调研时提出，要努力把北京打造成国际活动聚集之都、世界高端企业总部聚集之都、世界高端人才聚集之都、中国特色社会主义先进文化之都、和谐宜居之都。

2010 年 11 月 30 日，中共北京市委十届八次全会通过的《关于制定北京市国民经济和社会发展第十二个五年规划的建议》提出，"十二五"时期，北京的公共服务体系更加完善，城乡社会保障体系基本健全，区域发展更加协调，基本公共服务均等化程度明显提高，广大群众就学、就业、就医条件不断改善，中低收入群众的住房条件得到明显改善，率先建立与经济发展相适应的社会福利制度。加大公共财政对郊区农村投入力度，基本建成城乡一体的基础设施、公共服务体系，实现城乡基本公共服务全覆盖和均等化。

2011 年 1 月 16 日，郭金龙市长在北京市第十三届人大四次会议上的《政府工作报告》中提出："坚持统筹兼顾、突出重点，努力办好惠民实事，促进基本公共服务均等化。"

2011 年 1 月 21 日，北京市第十三届人大四次会议讨论通过的《北京市国民经济和社会发展第十二个五年规划纲要》提出：要推动成果共享，着力完善各项制度和政策安排，深入推进基本公共服务均等化，为市民高质量生活提供更好的服务；要使公共服务体系更加完善，基本公共服务均等化程度明显提高；要按照政府保障基本需求、市场提供多样选择的原则，继续大力推进基本公共服务均等化，在注重硬件设施均衡配置的同时更加注重软件服务均等，在扩大服务供给的同时更加注重提高服务质量和效率，在加大政府投入的同时更加注重引导社会资本进入，实现社会公共服务水平新的提升；要把健全基本公共服务体系、促进基本公共服务均等化作为社会管理的重要基础。

2011 年 6 月 3 日，中共北京市委十届九次全会通过《关于加强和创新社会管理全面推进社会建设的意见》，提出"十二五"时期，北京的基本公共服务水平居全国前列并达到中等发达国家水平，人人享有社会保障、享受基本公共服务，城乡基本公共服务均等化程度明显提高。

北京市"十二五"时期经济社会发展主要指标见表 3。

表 3　北京市"十二五"时期经济社会发展主要指标

类别	指标	目标	属性
经济发展	地区生产总值年均增速（%）	8	预期性
	服务业占地区生产总值比重（%）	>78	预期性
	最终消费率（%）	60	预期性
	地方财政一般预算收入年均增速（%）	9	预期性
社会发展	城镇居民人均可支配收入、农村居民人均纯收入年均增速（%）	8	预期性
	城镇登记失业率（%）	≤3.5	预期性
	城乡居民养老、医疗保险参保率（%）	95	约束性
	城镇职工五项保险参保率（%）	98	约束性
	全市从业人员平均受教育年限（年）	12	预期性
	亿元地区生产总值生产安全事故死亡率降低（%）	>［38］	约束性
	重点食品安全监测抽查合格率（%）	>98	约束性
	药品抽验合格率（%）	≥98	约束性

注：地区生产总值年均增速按可比价格计算；城镇居民人均可支配收入、农村居民人均纯收入年均增速为扣除价格因素后的实际增速；［］内为五年累计数。

北京市"十二五"规划将公共服务的主要目标确定为：完善公共服务体系，提高基本公共服务均等化程度，将城镇登记失业率控制在 3.5% 以内；健全城乡社会保障体系，社会保障卡覆盖所有保障人群；中低收入群众的住房条件得到明显改善；社会管理和服务体制更加完善。"十二五"规划为北京市统筹城乡发展、加快实现城乡基本公共服务均等化提供了重要的建设蓝图和政策支持。

表 4 北京市基本公共服务均等化政策

政策文件	政策内容
2005年10月22日,中共北京市委九届十次全会通过《关于制定北京市国民经济和社会发展第十一个五年规划的建议》	加大对郊区基础设施建设和投入,加快郊区公共服务设施建设;大力推进社会事业发展,提升首都公共服务功能;促进义务教育均衡发展,建设城乡一体的公共卫生和医疗服务体系;建立起多层次、广覆盖,包括养老、医疗、失业等社会保险、社会救助在内的社会保障网络,使城乡困难群体能够及时享受到基本生活保障;着力推进基层公共服务体系建设,提高城乡基层公共服务水平
2006年1月15日,王岐山市长《政府工作报告》	统筹城乡社会事业发展,加大投入,调整存量,创新服务提供模式,加快城市优质社会公共服务资源向农村转移,着力推进基本公共服务均等化
2006年1月20日,北京市第十二届人大四次会议批准通过《北京市国民经济和社会发展第十一个五年规划纲要》	着力扩展基本社会公共服务,特别是加强农村基础教育、公共卫生、安全饮水等服务设施建设,规范公共财政覆盖范围,逐步缩小城乡和区域之间在基本公共服务享有上的差距,提高公平性和可及性,保障广大群众共享改革发展的成果
2006年6月25日,北京市发展和改革委员会发布《北京市"十一五"时期社会公共服务发展规划》	大力推进公共服务提供社会化、基本社会公共服务均衡化、社会发展水平现代化。以强化政府公共服务职责、增加政府投入、创新服务模式和提高服务效率为手段,健全面向基层、覆盖城乡、功能完善、分布合理的社会公共服务体系
2007年1月26日,王岐山市长《政府工作报告》	以促进城乡统筹为目标,加快公共服务体系建设,提高社会管理水平,不断促进社会和谐
2007年5月17日,中共北京市第十次党代会	实现基本公共服务均等化,基本建立覆盖城乡的公共服务体系和社会保障体系
2008年1月20日,郭金龙代市长《政府工作报告》	全面推进和谐社会首善之区建设,实现劳动者比较充分就业,基本建立覆盖城乡的社会保障体系,实现基本公共服务均等化
2008年12月25日,中共北京市委十届五次全会通过《关于率先形成城乡经济社会发展一体化新格局的意见》	把率先形成城乡经济社会发展一体化新格局作为推动首都经济社会发展的根本要求,加快体制机制创新,统筹推进城乡基础设施和公共服务均等化。到2020年,北京农村改革发展的基本目标任务是:建立完善城乡一体的社会保障体系,城乡社会保障制度实现并轨,农村社会保障水平大幅度提高,实现城乡教育、文化、卫生等基本公共服务均等化
2009年1月12日,郭金龙市长《政府工作报告》	进一步加大公共财政投入,继续实施"五无"工程,办好直接关系群众生活的57件重要实事,促进基本公共服务均等化,使民生工作继续走在全国前列
2009年12月24日至26日,中共北京市委十届七次全会	加大"大民政"建设的力度,进一步稳定和扩大就业;大力促进教育公平,推动义务教育均等化;切实加大保障性住房建设力度,积极解决群众的住房需求;深化社区卫生体制和公费医疗制度改革,建立城乡统一的居民医疗保障制度;加强养老工作力度,加快构建城乡一体化的社会化养老服务体系;积极构建城乡一体化的社会保障体系,提升基本公共服务水平

续表

政策文件	政策内容
2010 年 1 月 25 日,郭金龙市长《政府工作报告》	(1)加大统筹城乡区域发展力度,进一步强化强农惠农政策,有针对性地解决区域发展中的突出矛盾和问题,促进城乡一体化和区域协调发展;(2)加快建立城乡统一的社会保障体系,整合"新农合"、"一老一小"、无业居民大病医疗保险制度,推动居民医疗保障制度城乡一体化;(3)促进教育事业协调发展,坚持推进教育公平,义务教育新增经费继续向农村地区、薄弱学校倾斜;(4)推进医疗卫生事业发展,整合公共卫生服务资源,提高公共卫生管理和服务水平,完善农村三级卫生体系,完成远郊区县医疗中心、村卫生室、健康工作室建设
2010 年 11 月 30 日,中共北京市委十届八次全会通过《关于制定北京市国民经济和社会发展第十二个五年规划的建议》	公共服务体系更加完善,城乡社会保障体系基本健全,区域发展更加协调,基本公共服务均等化程度明显提高,广大群众就学、就业、就医条件不断改善,中低收入群众的住房条件得到明显改善,率先建立与经济发展相适应的社会福利制度。加大公共财政对郊区农村投入力度,基本建成城乡一体的基础设施、公共服务体系,实现城乡基本公共服务全覆盖和均等化
2011 年 1 月 16 日,郭金龙市长《政府工作报告》	坚持统筹兼顾、突出重点,努力办好惠民实事,促进基本公共服务均等化
2011 年 1 月 21 日,北京市第十三届人民代表大会第四次会议讨论通过《北京市国民经济和社会发展第十二个五年规划纲要》	推动成果共享,着力完善各项制度和政策安排,深入推进基本公共服务均等化,为市民高质量生活提供更好的服务。使公共服务体系更加完善,基本公共服务均等化程度明显提高。按照政府保障基本需求、市场提供多样选择的原则,继续大力推进基本公共服务均等化,在注重硬件设施均衡配置的同时更加注重软件服务均等,在扩大服务供给的同时更加注重提高服务质量和效率,在加大政府投入的同时更加注重引导社会资本进入,实现社会公共服务水平新的提升。把健全基本公共服务体系、促进基本公共服务均等化作为社会管理的重要基础
2011 年 6 月 3 日,中共北京市委十届九次全会通过《关于加强和创新社会管理全面推进社会建设的意见》	(1)基本公共服务水平居全国前列并达到中等发达国家水平。(2)人人享有社会保障、享受基本公共服务,城乡基本公共服务均等化程度明显提高。(3)基本实现社区基本公共服务全覆盖

三　北京市城乡基本公共服务均等化的新进展

"十一五"时期,北京市不断加大统筹城乡、推进城乡一体化发展力度,从解决居民最迫切、最现实的就业、就学、就医、住房、社会保障等民生问题入手,在提供基本公共服务方面取得了明显成就,城乡基本公共服务均等化进程走在全国前列。

表5 "十一五"期间北京市基本公共服务任务指标完成情况

指标名称单位	"十一五"规划目标	2009 年	2010 年预计
城镇登记失业率(%)	控制在 3.5% 以内	1.44	1.64
地方财政收入增长速度(%)	年均增长 12%	10.3	15.5
全市城镇基本养老保险覆盖率(%)	达到 95%	95	96
全市城镇基本医疗保险覆盖率(%)	达到 95%	94.6	95.6
全市城镇失业保险覆盖率(%)	达到 95%	94.6	95.6
农村养老保险覆盖率(%)	达到 60%	90	90 以上
新型农村合作医疗参合率(%)	稳定在 85% 以上	95.7	95 以上
义务教育入学率(%)	力争实现 100%	99.9	100
高中阶段教育入学率(%)	力争实现 100%	98	99
全市从业人员平均受教育年限(年)	超过 12 年		12 年以上
每百名 60 岁以上老人拥有养老服务机构床位数(张)	2.3	2.43	2.87 左右

资料来源:《北京市国民经济和社会发展第十二个五年规划纲要》。

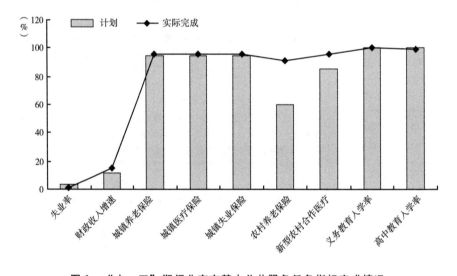

图1 "十一五"期间北京市基本公共服务任务指标完成情况

(一)城乡基础教育均等化新进展

北京的城乡基础教育均等化进程较快,在全国处于领先地位。据《中国地区教育发展报告》,2007 年,北京市的教育发展指数名列全国 31 个省、市、自治区第 2 名,仅次于上海。教育发展指数由教育机会指数、教育投入指数、教育公平指数构成，根据各项具体指数的排名，全国31个地区大致分为教育均衡发展型和非均衡发展型，北京市被列入均衡发展型中的高水平均衡层级。

表6　我国地区教育发展均衡状况分类

均衡发展型	高水平均衡	上海、北京、浙江
	中等水平均衡	黑龙江、湖南、四川
	低水平均衡	海南、河南、广西、安徽、甘肃、贵州
非均衡发展型	教育机会相对薄弱	吉林、宁夏、青海、西藏、新疆、云南
	教育投入相对薄弱	内蒙古、河北、山西、江西、陕西
	教育公平相对薄弱	天津、江苏、辽宁、福建、重庆、山东、广东、湖北

资料来源：王善迈、袁连生主编《中国地区教育发展报告》，北京师范大学出版社，2011，第30页。

1. 全面实行"两免一补"政策

自"十五"时期以来，北京市逐步对义务教育阶段的学生免学费、免杂费、对困难学生发放生活补助。到"十一五"时期，北京已全面实行了义务教育"两免一补"政策。

从2001年秋季开始，北京市减免了义务教育阶段和残疾人家庭学生的杂费。从2002年秋季开始，北京市减免了10个远郊区县和城近郊"低保户"义务教育阶段学生的杂费。从2003年春季开始，北京市对享受低保待遇家庭的义务教育阶段学生免收教科书费，对在特殊教育学校就读的学生免收教科书费，并免收住宿费，每月发放100元伙食补贴。

2005年3月5日，温家宝总理在《政府工作报告》中提出："从今年起，免除国家扶贫开发工作重点县农村义务教育阶段贫困家庭学生的书本费、杂费，并补助寄宿学生生活费。到2007年在全国农村普遍实行这一政策。"

2006年3月5日，温家宝总理在《政府工作报告》中提出："从今年起用两年时间，全部免除农村义务教育阶段学生学杂费，今年在西部地区实施，明年扩大到中部和东部地区；继续对贫困家庭学生免费提供教科书并补助寄宿生活费。"

2006年6月29日，第十届全国人大常委会第二十二次会议审议通过了修订后的《义务教育法》，新修订的《义务教育法》第2条第2款规定："实施义务教育，不收学费、杂费。"

2008年3月5日，温家宝总理在《政府工作报告》中提出，从2008年秋季起，全面免除城市义务教育学杂费，这是推动义务教育均衡发展、促进教育公平的又一重大举措。到 2008 年，全国城乡普遍实行了免费义务教育。

北京市从 2006 年 9 月 1 日起，对农村义务教育阶段学生实行"两免一补"，惠及 28.9 万名农村义务教育阶段的学生。2006 年 11 月 20 日，北京市教育委员会、北京市发展和改革委员会联合发布《关于印发〈北京市"十一五"时期教育发展规划〉的通知》（京教计〔2006〕60 号），提出：农村和城市困难家庭义务教育阶段学生"两免一补"政策全面落实；来京务工人员子女就学环境逐步得到改善；有就学能力的残疾儿童和少年都能接受义务教育；在农村地区和城镇低保家庭义务教育阶段学生免收杂费的基础上，逐步在全市城乡统一实施"两免一补"的政策。

2007 年 9 月 4 日，北京市教委、北京市财政局、北京市发展和改革委员会联合发布《关于进一步完善义务教育阶段"两免一补"政策的通知》（京教财〔2007〕33 号），提出进一步完善"两免一补"政策的范围，从 2007 年秋季开学起，在城八区公办义务教育学校就读的有本市户籍的学生免收杂费，其中本市农村户籍学生免交教科书费。

2008 年 11 月 21 日，北京市第十三届人民代表大会常务委员会第七次会议修订了《北京市实施〈中华人民共和国义务教育法〉办法》，提出建立义务教育经费保障机制，保证义务教育制度的实施，取消接受义务教育学生的学费、杂费，逐步实行免费提供教科书制度；将义务教育全面纳入财政保障范围，在财政预算中单列义务教育经费，将新增教育经费主要用于农村学校和城镇地区薄弱学校，教育费附加主要用于实施义务教育。

2010 年 5 月 20 日，北京市教委、北京市财政局联合发布《关于进一步落实向全市义务教育阶段在校学生免费提供教科书政策和更换部分学科循环使用教科书的通告》（京教财〔2010〕15 号），提出自 2010 年秋季开学起，对城八区公办中小学义务教育阶段本市户籍学生、全市公办中小学义务教育阶段非本市户籍学生、民办学校义务教育阶段学生、已经政府批准办学的打工子弟学校义务教育阶段学生免收教科书费。实行免费提供教科书后，区县教育行政部门和学校不得再以任何名目向学生收取涉及教材的一切费用，严禁向学生统一收费征订各种教辅材料。自 2010 年秋季开学起全市更换部分学科循环使用教科书。

2010 年 7 月，国家发布《国家中长期教育改革和发展规划纲要（2010～2020）》，提出坚持教育的公益性和普惠性，保障公民依法享有接受良好教育的机会，建成覆盖城乡的基本公共教育服务体系，逐步实现基本公共教育服务均等化，缩小区域差距。2011 年 3 月，北京市颁布和实施《北京市中长期教育改革和发展规划纲要 (2010 ～ 2020)》，提出人人享有平等的教育权利，形成城乡教育一体化发展格局；建立首都基本公共教育服务标准，实现基本公共教育服务均等化。

2. 教育投入持续增长

"十五"期末的 2005 年，北京市地方教育经费总投入为 283. 93 亿元，比 2000 年增长 127. 47% ；财政性教育经费为 211. 88 亿元，占 GDP 的 3. 11% 。"十五"期间，北京市财政预算内教育拨款（含教育费附加）占地方财政支出比重保持在 17% 左右。

2009 年，北京市地方财政性教育经费 431. 0 亿元，比上年增长 11. 3% ，高于当年财政经常性收入增长 3. 32% ；占全市地区生产总值 12153. 0 亿元的 3. 55% ，与上年持平；预算内教育拨款 400. 6 亿元（包括教育事业费投入、基建投入、科研投入及其他投入），比上年投入的 351. 8 亿元增加 48. 8 亿元，增长 13. 9% 。财政预算内教育拨款（含教育费附加）占地方财政支出比重为 18. 6% 。

2006 年发布的《北京市"十一五"时期教育发展规划》提出，到 2010 年首都教育改革发展的总体目标是：在全国率先基本实现教育现代化，努力办好让人民满意的教育。在教育投入上的具体目标是：预算内教育经费占财政支出的比例逐年提高，到 2010 年财政性教育经费占本市地区生产总值的比例达到 4% 以上。

2007 年 11 月 27 日，北京市教委、北京市财政局联合发布《关于完善北京市义务教育经费保障机制的通知》（财〔2007〕41 号），实施义务教育经费保障机制改革，要求各区县政府将义务教育全面纳入财政保障范围，及时足额拨付义务教育经费。《通知》就义务教育阶段各项教育减免政策经费分担机制、公用经费分担机制、校舍修缮经费分担机制、教师工资负担机制、办学条件达标项目分担机制等做了具体规定，并提出进一步建立并完善教育依法增长预警和奖惩机制，实时监控教育经费投入规模，实现教育依法增长指标的平稳增长。

《北京市中长期教育改革和发展规划纲要 (2010 ～ 2020)》提出进一步提高农村义务教育保障水平，新增教育经费主要向农村学校倾斜。

"十一五"时期，北京市预算内教育经费的绝对值逐年上升，预算内教育经费占财政支出的比重在 15% 左右，占 DGP 的比重未突破 4% 。

表7　2006～2009年北京市预算内教育支出情况

年份	修订后GDP（亿元）	修订前GDP（亿元）	地方财政支出（亿元）	预算内教育经费（亿元）	预算内教育经费占财政支出比重（%）	预算内教育经费占GDP（修订后）比重（%）	预算内教育经费占GDP（修订前）比重（%）
2006	8117.8	7861.04	1411.58	230.30	16.32	2.83	2.93
2007	9846.8	9353.32	2067.65	293.51	14.20	2.98	3.14
2008	11115.0	10488.03	2400.93	381.28	15.88	3.43	3.64
2009	12153.0	12153.0	2820.86	431.03	15.28	3.55	3.55

说明：根据全国第二次农业普查和全国第二次经济普查结果对1997～2008年的GDP数据进行了修订。

资料来源：《北京统计年鉴（2010）》、历年《北京财政年鉴》、北京市教育委员会网站。

3. 农村教育条件明显改善

《北京市"十一五"时期教育发展规划》明确规定在"十一五"时期，全市新增教育经费70%投向农村，主要用于改善农村办学条件和师资培训。通过一系列政策引导和支持，北京市农村教育的条件得到了明显改善。

2006年，北京市为600所农村中小学配备了音乐、美术教学设备，推进农村地区素质教育。2007年，北京市为农村中小学改造旱厕，对义务教育阶段学生全部免除杂费，对贫困家庭及农村户籍学生，在教科书费、住宿费、助学补助等方面予以免除或补助，启动了小学规范化建设工程，重点支持100所小学在主要项目上达到新颁布办学条件标准，安排资金8000多万元用于改善140所农村寄宿制中小学校的生活条件。此外，北京市级财政采取倾斜政策，优先重点支持农村中小学校园网建设、设备配置和干部教师培训，为远郊区县配备计算机36790台，多媒体1920套，建设电子备课室279个。这些措施使农村教育的薄弱环节得到加强，办学条件整体水平得到提高。

2008年，北京市投入1.5亿元重点支持100所小学达到新的办学条件标准，集中改善了农村寄宿制中小学生活条件，为180所农村寄宿制中小学改造了食堂、浴室和活动室，并为140所农村寄宿制中小学每校配备了一部生活用车。为远郊区县518所有饮水困难的中小学配备"可口饮水机"，为学生营养餐定点单位配备食品卫生快速检测箱，以确保校园食品安全。

截至2010年底，北京市在山区新建、改建123所寄宿制中小学，山区小学由500所合并为357所。在11个郊区县建设了24所名校分校，总投资13.6

亿元。"十一五"时期，北京市投入 20 亿元加强信息化建设，农村中学实现
"班班通"，学生平均 10 人拥有一台计算机，教师每人拥有一台计算机。通过
实施"绿色耕耘行动计划"，培训农村教师 10000 名，"春风化雨行动计划"
培训城区薄弱学校教师 5000 名，选派 5000 多名城镇教师到农村中小学全职任
教，在城区优质学校建立 40 多个研修工作站，已接受 1000 名农村中小学教师
进站研修。

表 8　2009 年北京市农村义务教育基本情况

项　目	全市初中	#农村	全市小学	#农村
校数（所）	342	98	1160	377
毕业生数（人）	101811	14128	110730	18008
招生数（人）	105930	13304	102414	14331
在校学生数（人）	318874	43078	647101	93399
教职工数（人）	71831	9170	60428	11774
专任教师（人）	50237	6229	49257	9243
代课、兼任教师（人）	1026	2	523	59
达标校数（所）	490	106	755	287
体育运动场馆面积（平方米）	7414253	1579668	5760409	2207249
建立校园网校数（所）	599	112	1042	327
计算机（台）	181816	18829	142084	26020
图书藏量（册）	25388095	2777853	23602408	4643035
电子图书藏量（千兆字节）	153354	24146	65753	5843
固定资产总值（万元）	1676980	177119	804800	126266

资料来源：《北京统计年鉴（2010）》。

4. 城乡义务教育均衡发展取得明显成效

2007 年 8 月 20 日，北京市委、市政府发布《关于进一步推进义务教育均
衡发展的意见》，明确提出要把推进义务教育均衡发展、促进教育公平作为
"十一五"时期首都社会发展的战略任务。经过几年的持续努力，北京市城乡
义务教育均衡化取得了很大进展。

从 2009 年北京市义务教育均衡发展状况专项督导报告数据可以发现，北京市农村义务教育学校有 9 项指标高于城镇学校，有 6 项监测指标与城镇持平。在经费保障的 5 项指标中，农村学校有 3 项高于城镇学校；在办学条件的 11 项监测指标中，农村学校有 6 项高于城镇学校，2 项持平；在干部教师配置的 8 项监测指标中，农村学校有 6 项低于城镇学校，2 项持平；在普及水平的 3 项监测指标中，农村学校有 1 项低于城镇学校，2 项持平。

表 9　2009 年北京市义务教育均衡发展状况城镇和农村相关指标对比

指　　标	城镇	农村
生均占地面积(平方米)	29.47	71.96
生均建筑面积(平方米)	13.17	13.86
生均运动场地面积(平方米)	11.52	29.51
专用教室达标率(%)	76.25	60.73
生均教学仪器设备总值(元)	4829.73	4911.61
生均音乐教学器材值(元)	176.98	184.19
生均体育教学器材值(元)	255.28	296.22
生均美术教学器材值(元)	71.24	113.24
图书达标率(%)	98.92	92.45
每台学生用机使用人数(人)	8.63	8.67
每台专任教师用机使用人数(人)	0.85	1.16
专用教室达标率(%)	85	85
图书达标率(%)	1.16	1.16
校级干部具有高级职务比例(%)	89.16	89.59
具有合格学历教师比例(%)	99.83	99.72
具有高于规定学历教师比例(%)	91.57	89.06
专业对口教师比例(%)	95.83	93.00
具有高级职务教师比例(%)	45.71	44.63
市级骨干教师人数比例(%)	1.34	0.47
区级骨干教师比例(%)	11.02	8.44
教师与学生人数比例(%)	1:9.19	1:11.69
应届小学、初中按时完成率(%)	99.22	94.24
体质健康合格率(%)	90.68	90.50
初中毕业率(%)	99.74	99.75

资料来源：2009 年北京市义务教育均衡发展状况专项督导报告。

2011 年 3 月发布的《北京市中长期教育改革和发展规划纲要（2010～2020)》，进一步提出建立健全义务教育均衡发展保障机制，推进义务教育公共服务均等化；实现城乡义务教育资源标准化、均衡化配置。

此外，来京务工就业农民子女在接受义务教育方面，享受与常住户口同等的待遇。2004 年 8 月，北京市政府办公厅发布《关于贯彻国务院办公厅进一步做好进城务工就业农民子女义务教育工作文件意见的通知》（京政办发〔2004〕50 号），规定对来京务工就业农民适龄子女在京接受义务教育的收费与本市常住户口的学生一视同仁，对符合条件的来京务工就业农民适龄子女免收借读费。来京务工人员随迁子女的就学环境显著改善。截至 2010 年 10 月，北京市义务教育阶段来京务工人员子女共有 43.3 万人，其中 70% 在公办中小学就读。随迁子女在接受教育、参加团队组织、评优选先方面，与本市学生同等对待。包括随迁子女在内的全市义务教育阶段学生，已经全部免除了杂费和课本费。

（二）城乡基本医疗卫生服务均等化的新进展

北京市在建立城镇职工医疗保险和新型农村医疗保险的基础上，在全国率先建立了城乡居民基本医疗保险制度，构建了覆盖全体城乡居民的基本医疗保险体系。

2009 年 3 月 17 日，《中共中央国务院关于深化医药卫生体制改革的意见》提出把基本医疗卫生制度作为公共产品向全民提供，到 2011 年，基本医疗保障制度全面覆盖城乡居民，2020 年，我国将基本建立覆盖城乡居民的基本医疗卫生制度。该《意见》的发布，标志着我国"新医改"的正式启动。

2010 年 6 月，北京市正式公布"新医改"方案《北京市 2010～2011 年深化医药卫生体制改革实施方案》，提出力争率先完成国家深化医药卫生体制改革的各项任务，使城乡医疗卫生服务均等化水平明显提升。

北京市基本医疗保障体系主要包括公费医疗、城镇职工基本医疗保险、城镇居民基本医疗保险、新型农村合作医疗保险以及城乡医疗救助，构成了"4＋1"的基本保障体系。北京在推进城乡基本医疗卫生服务均等化进程中，正在朝着构建职工基本医疗保险、城乡居民基本医疗保险和城乡医疗救助的"2＋1"医疗保障体系迈进。

1. 率先建立和整合城镇居民基本医疗保险制度

北京市城镇居民基本医疗保险制度建立之初，具体包括城镇无医疗保障老年人大病医疗保险（"一老"）、城镇学生儿童大病医疗保险（"一小"）、城镇无业居民大病医疗保险三项制度。

2007年6月7日，北京市政府印发《关于建立北京市城镇无医疗保障老年人和学生儿童大病医疗保险制度实施意见的通知》（京政发〔2007〕11号），在全国率先建立了城镇居民"一老一小"大病医疗保险制度。

"一老"指的是北京市城镇无医疗保障的老年人。"一老"的参保范围是具有北京市非农业户籍、未纳入城镇职工基本医疗保险范围，男年满60周岁、女年满50周岁的城镇居民。"一老"大病医疗保险的缴费标准为每人每年1400元，其中个人缴纳300元、财政补助1100元。"一老"的保障待遇主要是解决住院医疗费用，住院起付标准为1300元，起付线以上的可报销60%，一个医疗保险年度内累计最高报销限额为7万元。

"一小"指的是北京市城镇没有医疗保障的学生、儿童。"一小"的参保范围是具有北京市非农业户籍，且在北京市行政区域内的各类在校就读和其他年龄在16周岁以下非在校少年儿童。"一小"大病医疗保险的缴费标准为每人每年（按学年）100元，其中个人缴纳50元、财政补助50元。"一小"的保障待遇主要是解决住院医疗费用，住院起付标准为650元，起付线以上的可报销70%，一个医疗保险年度内累计最高报销限额为17万元。

2008年6月6日，北京市政府发布《关于建立北京市城镇劳动年龄内无业居民大病医疗保险制度的实施意见》（京政发〔2008〕24号），正式建立"无业居民"大病医疗保险制度。"无业居民"大病医疗保险的参保范围是具有北京市非农业户籍、在劳动年龄内未纳入城镇职工基本医疗保险范围、男年满16周岁不满60周岁、女年满16周岁不满50周岁的城镇居民。"城镇无业居民"大病医疗保险的缴费标准为每人每年700元，其中个人缴纳600元、财政补助100元。城镇无业居民中残疾人员的筹资标准为每人每年1400元，其中个人缴纳300元、财政补助1100元。城镇无业居民中的残疾人缴费标准与"一老"相同。"无业居民"的保障待遇主要是解决住院医疗费用，住院起付标准为1300元，起付线以上的可报销60%，一个医疗保险年度内累计最高报销限额为7万元。"无业居民"参保人员持《北京市城镇居民大病医疗保险手册》到全市定点医疗机构范围内就近选择的3所医院就医，也可到全市定点医疗机构中的中医医院、专科医院直接就医。"城镇无业居民"大病医疗保险年度为每年1月1日至12月31日，缴费期为每年9月1日至11月30日，自次年1月1日起享受大病医疗保险待遇。"城镇无业居民"大病医疗保险自2008年7月1日起实施。

享受城市居民最低生活保障和生活困难补助待遇的城镇无医疗保险老年人、学生儿童、城镇无业居民，个人缴费由户籍所在区县财政给予全额补助。城镇居民大病医疗保险财政补助金列入财政预算，由财政按实际参保缴费人数拨付，补助金由市和区县财政各负担50%。

2010年12月3日，北京市政府发布《关于印发北京市城镇居民基本医疗保险办法的通知》（京政发〔2010〕38号），对城镇居民大病医疗保险进行整合，自2011年1月1日起实行。新的城镇居民医保制度实现了门诊报销统一、财政补助统一、基金管理统一、经办管理统一、持卡就医统一。医疗保险补助由"一老"每人每年补助1500元，"一小"每人每年补助50元，无业居民每人每年补助100元，调整为按统一的标准，每人每年补助460元（见表10）。其人均标准与新农合补助标准基本一致，为下一步统一城乡居民医保制度创造了条件。

表10　2011年北京市城镇居民基本医疗保险主要政策

类　别		参保范围	缴费情况（元/每人每年）			保障待遇（住院）			保障待遇（门诊）		
			缴费标准	其中：个人缴纳	其中：财政补助	起付线（元）	报销比例（%）	封顶线（万元）	起付线（元）	报销比例（%）	封顶线（万元）
"一老"		北京市非农户籍、男年满60周岁、女年满50周岁	760	300	460	首次1300其余650	60	15	650	50	2000
"一小"		北京市非农户籍的学生、儿童	560	100	460	650	70	17	650	50	2000
城镇无业居民	无业居民	北京市非农户籍、男16~60周岁、女16~50周岁的城镇无业居民	1060	600	460	首次1300其余650	60	15	650	50	2000
	其中：残疾人		460	0	460						

资料来源：根据《北京市城镇居民基本医疗保险办法》整理。

2. 新型农村合作医疗制度实现全覆盖

北京市自2002年在大兴、怀柔开展新型农村合作医疗试点工作以来，北京的"新农合"工作发展迅速，连续实现了几次大的发展跨越。

一是全面推行"新农合"制度。2003 年 8 月，北京市农村卫生工作会议后，各区县积极开展"新农合"工作。根据北京市"新农合"工作评估报告，到 2004 年 8 月，北京市 13 个涉农区县全部实行了"新农合"制度，实行了区县统筹或乡镇村统筹方式参加"新农合"人数达 237.5 万人，其中农业人口 231 万人，占全市农业人口数的 71.88%；参加"新农合"的非农业人口 30064 人，占参加"新农合"总数的 1.28%。

二是实行"新农合"区县统筹，建立筹资增长机制。2005 年 6 月 13 日，北京市政府办公厅转发市卫生局等部门《关于进一步做好本市新型农村合作医疗工作的意见》。同年 6 月 27 日，北京市召开新型农村合作医疗工作会议，会议总结了北京市新型农村合作医疗的经验，并对下一阶段工作进行了部署，将北京市的"新农合"工作向前推进了一大步。

三是统一筹资标准，统筹住院与门诊双重保障。2007 年 8 月 23 日，北京市政府办公厅转发市卫生局等部门根据《关于调整和完善本市新型农村合作医疗筹资标准和补偿政策意见》（京政办发〔2007〕55），该文件提出"四个统一"（统一筹资标准、统一制度框架、统一补偿项目、统一工作目标）的工作要求，使北京市"新农合"制度迈上一个新台阶。至此，北京市"新农合"制度从以大病统筹为主转变为住院与门诊兼顾的基本医疗保障制度。

2009 年实施了"新的四统一"基本医疗卫生制度，即全市统一规范"特殊病种"门诊补偿范围、统一试行乡镇卫生院"零起付"补偿政策、统一住院补偿"封顶线"18 万元、统一推行"出院即报和随诊随报"。

2010 年，全市 13 个涉农区县中有 11 个区县的人均筹资标准均为 520 元，海淀区为 670 元；朝阳区最高，达到 720 元。

表 11　2010 年北京市各区县"新农合"人均筹资标准

	参合（万人）	人均（元）	其 中				
			市级财政	区县财政	乡镇财政	村	个人
朝　阳	12.52	720	100	280	115	105	120
海　淀	8.50	670	100	450	120		
丰　台	12.84	520	105	165/185	70/60	70/60	110
通　州	33.57	520	175	140	140		65
顺　义	31.34	520	175	165	115	5	60
大　兴	29.49	520	175	285			60

续表

| | 参合
（万人） | 人均
（元） | 其　　中 | | | | |
			市级财政	区县财政	乡镇财政	村	个人
昌　平	19.59	520	225	205	30		60
房　山	41.25	520	225	190	55		50
怀　柔	15.93	520	135	201	134		50
密　云	27.11	520	225	160	85		50
门头沟	5.51	520	225	225	20		50
平　谷	22.95	520	225	185	70		40
延　庆	17.94	520	225	260			35

资料来源：根据北京市各区县"新农合"实施方案整理。

2010 年，北京市对 13 个涉农区县"新农合"的门诊与住院报销政策进行了调整。为鼓励农民就近就医，各区县门诊报销一般对村和乡镇级医疗机构不设起付线，对村卫生站设起付线的只有延庆县，对乡镇卫生院设起付线的只有延庆县和房山区。丰台、通州、大兴、怀柔、密云、平谷 6 个区县对二、三级医院都未设起付线。二级医疗机构封顶线最高的是昌平区，为 1 万元；三级医疗机构封顶线最高的是昌平区与房山区，均为 1 万元；各级医疗机构的报销比例在 30% 至 55% 之间。朝阳与海淀两个区的各乡镇分别制定不同的报销政策。

到 2010 年，北京的"新农合"已经覆盖了农村居民，各项制度不断完善，各区县筹资标准和待遇水平逐步提高。2004～2009 年，新型农村合作医疗补偿人次由 122.6 万人次增加到 452.76 万人次，全市参合农民累计受益人次达到 1436.26 万人次。住院补偿率由 33.66% 增长到 48.39%。2010 年农村参合人数达 278.54 万人，农业人口参合率由 2004 年的 74.69% 增长到 2010 年的 96.74%，参合农民人均筹资水平由 102 元增加到 520 元，门诊补偿率由 6% 提高到 32%，住院补偿率由 29% 提高到 50% 左右。2004～2009 年，北京市"新农合"累计筹资 36.42 亿元，其中政府投入 27.28 亿元。

3. 医疗卫生投入逐年增加，医疗卫生支出结构不断优化

2002 年北京市医疗卫生经费支出为 37.93 亿元，2006 年已达到 87.06 亿元。从医疗卫生支出看，2006 年北京市的医疗卫生支出为 100 亿元，2007 年为 119 亿元，2008 年为 145 亿元，2009 年为 167 亿元。四年内增加 67 亿元，增幅达 67%。

从卫生机构的收入结构看，从 2004 到 2008 年，财政补助的规模也有较大幅度的增长。2009 年北京市的卫生法定支出达 35.4 亿元，增长 11.8%。

表 12 2002～2009 年北京市卫生经费支出情况

年份	2002	2003	2004	2005	2006
金额（亿元）	37.93	49.64	54.07	65.62	87.06
增速（%）	14.7	30.9	8.9	21.4	32.7
财政收支分类改革后					
年份	2006	2007	2008	2009	
金额（亿元）	100	119	145	167	
增速（%）		19.0	21.8	15.2	

资料来源：《北京财政年鉴》。

表 13 2004～2009 年北京市卫生机构收入情况

单位：亿元

项　目	2004 年	2005 年	2006 年	2007 年	2008 年
总收入	304.2	407.5	417.3	492.7	596.5
其中：财政补助	36.1	51.8	53.2	77	100.4
总收入	280.5	337.5	392.9	457.4	555.2
其中：财政补助	23.6	29.9	40.7	60.3	78.4
药品收入	112.4	135.8	157.4	193.8	236.2

数据来源：北京统计信息网。

随着支出规模的快速增加，北京市医疗卫生的支出结构也不断优化。在 2009 年北京市医疗卫生支出中，医疗保障支出达 701739 万元，占当年医疗卫生支出的 42.5%，成为全市医疗卫生支出的最大项目；社区卫生服务支出为 179019 万元，占医疗卫生支出的 10.7%。

表 14 北京市 2009 年医疗卫生支出结构

单位：万元

支出项目	支出规模	支出项目	支出规模
医疗卫生支出	1666270	卫生监督	20371
医疗卫生管理事务	49019	妇幼保健	29166
医疗服务	403296	农村卫生	23850
社区卫生服务	179019	中医药	7442
医疗保障	701739	其他医疗卫生支出	102273
疾病预防控制	114429		

资料来源：《北京财政年鉴（2010）》。

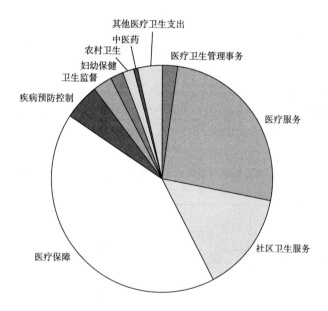

图 2 北京市 2009 年医疗卫生支出结构

在医疗卫生支出最大的支出项目"医疗保障"中，除了行政单位医疗、事业单位医疗外，新型农村合作医疗支出所占比例达 16.48%，是医疗保障支出中比例较大的项目之一。

4. 民众对医疗卫生的满意度不断提高

政府在公共卫生体系建设方面多年来的不懈努力带来了人民较为满意的结果。据课题组 2008 年对北京市十大远郊区县的问卷调查，北京民众对各类公共卫生服务的满意度普遍较高。有 33.6% 的被调查者对合作医疗制度感到

"满意"，59.1%的被调查者对合作医疗制度感到"比较满意"；有32.1%的被调查者对环境卫生的整治感到"满意"，56.1%的被调查者对环境卫生的整治感到"比较满意"。

表15 北京市2009年医疗保障支出结构

支出项目	支出规模(万元)	占医疗保障支出比例(%)
医疗保障	701739	100.00
行政单位医疗	283080	40.34
事业单位医疗	227254	32.38
公务员医疗补助	14817	2.11
优抚对象医疗补助	5330	0.76
城市医疗救助	4138	0.59
新型农村合作医疗	100370	14.30
农村医疗救助	957	0.14
城镇居民基本养老保险	7797	1.11
其他医疗保障支出	57996	8.26

资料来源：《北京财政年鉴（2010）》。

表16 北京市居民对各类公共卫生服务满意度的绝对值分析

单位：人

	满意	比较满意	不满意	很不满意	总数
常见病、多发病的基本诊治	159	289	91	7	546
合作医疗	189	333	39	2	563
医疗救助	137	263	105	7	512
健康宣传与咨询	139	280	115	13	547
传染病的防治	146	290	95	11	542
慢性病的防治	127	275	127	12	541
儿童免疫接种	210	296	35	4	545
对残疾人、老人、妇女、儿童提供的医疗卫生服务	160	266	111	13	550
环境卫生整治	178	311	61	4	554
饮用水安全	242	279	30	6	557
食品药品安全	150	297	74	22	543

表 17　北京市居民对各类公共卫生服务满意度的相对值分析

单位：%

	满意	比较满意	不满意	很不满意
常见病、多发病的基本诊治	29.1	52.9	16.7	1.3
合作医疗	33.6	59.1	6.9	0.4
医疗救助	26.8	51.4	20.5	1.4
健康宣传与咨询	25.4	51.2	21.0	2.4
传染病的防治	26.9	53.5	17.5	2.0
慢性病的防治	23.5	50.8	23.5	2.2
儿童免疫接种	38.5	54.3	6.4	0.7
对残疾人、老人、妇女、儿童提供的医疗卫生服务	29.1	48.4	20.2	2.4
环境卫生整治	32.1	56.1	11.0	0.7
饮用水安全	43.4	50.1	5.4	1.1
食品药品安全	27.6	54.7	13.6	4.1

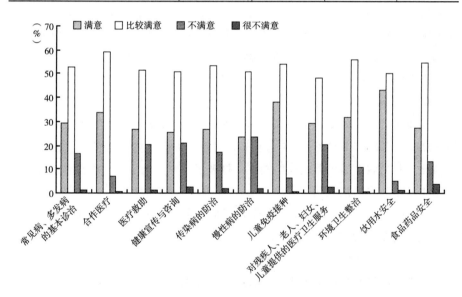

图 3　北京市居民对各类公共卫生服务满意度

此外，北京民众对儿童免疫接种、饮用水安全这两类公共卫生服务的满意率（包括"满意"和"比较满意"）也分别高达 92.8% 和 93.5%。而从图 3 可以直观地看到，与满意率相比，民众对各类公共卫生服务的"不满意率"（包括"不满意"和"很不满意"）总体较低。

（三）城乡社会保障均等化的新进展

据北京市 2010 年暨"十一五"期间国民经济和社会发展统计公报，截至 2010 年底，全市参加基本养老、基本医疗、失业、工伤保险人数分别为 982.5 万人、1063.7 万人、774.2 万人和 823.8 万人，比 2005 年末分别净增 462.5 万人、488.9 万人、379.6 万人和 494.9 万人。2010 年末农村居民参加养老保险人数为 159.3 万人，参保率为 92%。参加农村新型合作医疗的人数达到 278.5 万人，比上年末净增 3.5 万人，参合率为 96.7%，高于上年末 1 个百分点，高于 2005 年末 16.4 个百分点。全市享受城市最低生活保障的居民为 13.7 万人，享受农村最低生活保障的农民为 8.2 万人。社会保障相关待遇标准不断提高，平均月养老金 400 余元。

1. 城乡养老保险实现了城乡一体化

2007 年 12 月，北京市出台《北京市新型农村社会养老保险试行办法》，规定自 2008 年 1 月起在全国率先实行"新农保"制度，基础养老金标准全市统一为每人每月 280 元，基础养老金所需资金由市、区（县）财政共同筹集，分别列入市、区（县）财政预算。2009 年 1 月，北京"新农保"并入城乡居民养老保险框架。开始实行"新农保"的 2008 年，农民参保率由上年的 37% 迅速提高到 84%，参加新农保的农民累计达到 110 万人，当年新增 63 万人。

2008 年 12 月 20 日，北京市政府印发《北京市城乡居民养老保险办法》，自 2009 年 1 月 1 日起施行，在全国率先实现了养老保障制度的城乡全覆盖和一体化。新的城乡居民养老保险制度，打破了城乡户籍界限，将符合参保条件的本市城镇和农村居民统一纳入城乡居民养老保险制度体系，实现了"五统一"，即统一的保险制度、统一的缴费标准、统一的保险待遇、统一的衔接办法、统一的基金管理。

2009 年 2 月 18 日，北京市劳动和社会保障局出台《关于发布 2009 年城乡居民养老保险缴费标准的通知》，规定 2009 年城乡居民养老保险的最低缴费标准为 960 元，最高缴费标准为 7420 元。参保人员可根据自身经济承受能力确定缴费标准。2009 年 12 月 8 日，北京市人力资源和社会保障局、北京市财政局发布《关于对参加城乡居民养老保险的人员给予缴费补贴的通知》，从 2009 年起，对符合享受缴费补贴的参保人员按年度给予每人每年 30 元的补贴。

农民参保率由 2007 年底的 36.6% 提高到 2009 年的 90%，累计参保人数达到 153 万人，人均养老金水平由 2007 年底的 100 元左右提高到 460 元左右。

北京市养老保障制度在全国率先形成企业职工基本养老保险、城乡居民养老保险、机关事业单位退休金制度和老年保障制度的新格局。

表 18　北京市城乡居民养老保险缴费标准

年份	最低缴费标准(元)	最高缴费标准(元)
2009	960	7420
2010	960	7420
2011	960	7420

2. 福利性养老保障和丧葬补贴实现了城乡一体化

2007 年 12 月 29 日，北京市政府印发《北京市城乡无社会保障老年居民养老保障办法》，规定年满 60 周岁的城乡无保障老年人，每月可领取 200 元福利性养老金。该办法自 2008 年 1 月 1 日起实行。这是全国第一个统筹城乡、标准一致的福利性养老保障制度，是老年人福利事业的重大举措。2008 年底，全市共有 56.27 万名城乡无社会保障老人享受了福利养老金，其中农村老人约占 75%。

2008 年 7 月 29 日，北京市民政局、北京市财政局印发《北京市特殊老年人养老服务补贴办法（试行）》，对年满 90 周岁的老人和生活不能自理的老人，提供养老服务补贴，补贴资金以服务券形式发给符合条件的老年人。

2009 年 1 月 1 日，北京市实行《关于加强老年人优待工作的办法》，全市城乡老人可享受 11 项政策优待福利，比如，65 周岁及以上老年人免费乘坐市域内地面公交车，免费游览、参观公园、博物馆等公益性场馆，建立了高龄津贴制度，对 90 至 99 周岁的老年人每月发给 100 元的高龄津贴，对百岁及以上老年人每月发给 200 元的高龄津贴。

2009 年 11 月 12 日，北京市政府办公厅印发《北京市市民居家养老（助残）服务（"九养"）办法》，建立"九养"制度，自 2010 年 1 月 1 日起施行。北京市在已有养老保障的基础上，使更多的高龄老人和部分残疾人享受政府发放的居家养老（助残）券，补贴标准为每人每月 100 元，全市大约有 38 万人享受每月 100 元的补贴。具体标准是：60 至 79 周岁的重度残疾人每人每月发放 100 元养老（助残）券，16 至 59 周岁无工作的重度残疾人参照本办法每人每月发放 100 元养老（助残）券，80 周岁及以上的老年人每人每月发放 100

元养老（助残）券，对 100 周岁及以上老年人，在本市定点医疗机构门诊及住院发生的，且符合本市有关医疗报销规定的医疗费用中的个人按比例负担，部分给以补助。

2009 年 3 月，北京市民政局发布《北京市城乡无丧葬补助居民丧葬补贴办法》，自 2009 年 1 月 1 日起，在全市实行城乡统一的丧葬补贴，凡具有本市户籍的居民均可享受 5000 元的一次性丧葬补助。占全市人口 43% 的农业户口居民及无工作、无保险居民 680 余万人被纳入丧葬补贴群体，北京在全国率先实现了丧葬补助待遇城乡同标准、全覆盖。

3. 形成了城乡低保标准动态调整机制

城乡低保制度是改革以来我国重要的社会救助制度。1997 年 9 月 2 日，国务院发布《关于在全国建立城市居民最低生活保障制度的通知》，开始在全国城镇建立最低生活保障制度。2007 年 7 月 11 日，国务院发布《关于在全国建立农村最低生活保障制度的通知》，农村低保制度从此在全国建立起来。

北京市自 1996 年开始建立城市居民最低生活保障制度。2000 年 6 月 27 日，北京市政府颁布《北京市实施〈城市居民最低生活保障条例〉办法》。2000 年 12 月 25 日，北京市民政局等部门印发《北京市城市居民最低生活保障制度实施细则》。2002 年 6 月 26 日，北京市政府印发市民政局《关于完善城市居民最低生活保障制度若干意见的通知》。2005 年 7 月 13 日，北京市政府批转市民政局《关于建立本市城市居民最低生活保障标准调整机制的意见》。北京自建立城市低保制度以来，逐步形成了低保标准动态调整机制。

表19　北京市城镇居民最低生活保障标准

年份	1996	1997	1998	1999	2000	2001	2002	2003
标准（元/月）	170	190	200	210/273	280	285	290	290
年份	2004	2005	2006	2007	2008	2009	2010	2011
标准（元/月）	290	300	310	330	390	410	430	480

资料来源：北京市民政局。

据统计，北京市城镇居民最低生活保障标准尚低于上海和天津，但在全国居于较高水平。

表 20　2010 年 6 月全国城市低保情况

区	人数	户数	1~6月累计 支出资金(万元)	1~6月人均补 助水平(元)	平均低 保标准(元)
上海市	361568	203916	65617.1	301	450
天津市	182760	89190	30904.2	283	435
北京市	146372	74640	31421.3	356	411
浙江省	91649	55094	14550.2	264	339
江苏省	453637	217752	47482.0	172	318
西藏自治区	40959	19116	5168.7	213	306
内蒙古自治区	850255	442273	116187.3	224	285
辽宁省	1291693	618048	126795.1	162	278
山东省	621360	273695	62500.0	169	271
广东省	405554	171674	36574.5	151	251
河北省	881565	433682	81566.0	152	248
海南省	168853	71555	18084.0	171	247
安徽省	908292	494773	78689.8	143	243
江西省	982102	447035	100128.4	170	236
黑龙江省	1485560	720299	151665.5	166	232
重庆市	685168	353663	69204.5	167	231
湖北省	1350119	633681	120953.6	142	229
广西壮族自治区	624351	307718	56662.1	149	223
青海省	221736	100007	22835.1	171	217
山西省	932619	434726	74706.3	133	215
福建省	184910	83535	14895.0	134	214
宁夏回族自治区	209141	93707	17592.9	140	210
吉林省	1178755	617381	131701.3	181	207
四川省	1881965	1000184	164820.0	146	205
云南省	909657	530731	76153.7	140	199
湖南省	1487015	774053	124965.7	140	199
陕西省	866623	385006	102329.3	198	198
河南省	1485685	704421	128784.9	144	191
新疆维吾尔自治区	757601	350864	72906.2	158	184
甘肃省	853494	354676	73104.8	145	183
贵州省	549087	275178	44966.5	137	172
全国合计	23050105	11332273	2263916.0	162	236

　　资料来源：民政部社会救助司网站，http：//dbs.mca.gov.cn/article/csdb/tjsj/201007/20100700094084.shtml。

2002 年 4 月 27 日，北京市政府批转市民政局《关于建立和实施农村居民最低生活保障制度的意见》，决定从 2002 年度起建立并实施农村居民最低生活保障制度。凡具有本市农业户口、上年家庭年人均收入低于户籍所在区县当年农村居民最低生活保障标准的农村居民，均纳入当地农村居民最低生活保障范围。农村居民最低生活保障标准由各区县政府自行确定。2002 年 4 月 29 日，北京市民政局等部门发布《北京市农村居民最低生活保障制度实施细则》，就相关问题做了具体政策规定。

2006 年 4 月 25 日，北京市政府批转市民政局《关于建立本市农村居民最低生活保障标准调整机制的意见》，建立农村低保动态调整机制。在 2008 年调整城乡低保标准的同时，停止 2007 年 9 月底启动的 20 元物价临时救助。2008 年 12 月 30 日，北京市民政局会同市财政局出台《关于调整我市城乡社会救助相关标准的通知》，2009 年全市农村低保最低保障标准从 2008 年家庭年人均收入 1780 元调整为 2040 元。自 2011 年 1 月 1 日起，北京市农村低保最低标准由家庭月人均 210 元上调为 300 元。

表 21 北京市农村居民低保最低生活保障标准

项目	2008 年	2009 年	2010 年	2011 年
农村居民低保最低生活保障标准	1780(元/年)	2040(元/年) 170(元/月)	2520(元/年) 210(元/月)	3600(元/年) 300(元/月)

资料来源：北京市民政局。

朝阳、海淀、丰台三个区已经实现了低保待遇的城乡并轨，标准达到 4920 元/年，10 个远郊区县的农村低保最低标准由 2008 年的 1780 元/年调整到 2009 年的 2040 元/年。2009 年，全市享受城市最低生活保障的有 14.7 万人，享受农村最低生活保障的居民约 8 万人。从 2009 年起，凡具有北京正式农业户口、享受农村低保待遇且无劳动能力的重度残疾人，直接按城镇低保标准发放补贴。

2010 年，北京市颁布企业退休人员基本养老金、居民养老金、失业保险金等社会保障相关待遇"新六线"调整方案，各项待遇调整金额均创历史最高，并首次上调了城乡居民养老保障待遇。全市将有 283 万人享受此次待遇调整，预计全年共需要增加支出 51.5 亿元，其中区县财政负担 2.9 亿元，各项社保基金负担 48.6 亿元。

表22　1994~2011年北京市社会保障相关标准

年度	最低工资标准（元/小时）	职工最低工资（元/月）	最低工资执行时间	失业保险金（元/月）	失业保险执行时间	农民工一次性生活补助（元/年）	农民工一次性生活补助执行时间	低保标准（元/月）	低保标准执行时间	最低退休金（元/月）	最低退职金（元/月）	最低退养金（元/月）	最低养老保险执行时间
2011	6.70	1160	1月1日	782~891	7月1日	618	7月1日	520	7月1日	1100	1000	900	1月1日
2010	5.50	960	7月1日	752~861	1月1日	588	1月1日	480	1月1日	1000	900	800	1月1日
2009	4.60	800		632~741	7月1日	468	7月1日	430	7月1日	900	800	700	1月1日
2008	4.60	800	7月1日	562~671	1月1日	398	1月1日	410	1月1日	775	682	607	7月1日
2007	4.36	730	7月1日	502~611	7月1日	338	7月1日	390	7月1日	675	592	527	10月1日
2006	3.82	640	7月1日	422~531	7月1日	258	7月1日	330	7月1日	620	537	487	10月1日
2005	3.47	580	7月1日	392~501	7月1日	228	7月1日	310	7月1日	563	488	443	10月1日
2004	3.26	545	7月1日	382~491	7月1日	218	7月1日	300	7月1日	510	443	402	10月1日
2004	2.96	495	1月1日	347~446	7月1日	198	7月1日	290	—	510	443	402	10月1日
2003	2.78	465	7月1日	326~419	—	186	—	290	—	466	405	367	10月1日
2002	2.78	465	7月1日	326~419	—	186	7月1日	290	—	466	405	367	10月1日
2001	2.60	435	7月1日	326~419	7月1日	186	7月1日	285	7月1日	441	380	337	10月1日
2000	2.46	412	7月1日	305~392	7月1日	174	7月1日	280	—	421	360	308	10月1日
2000	2.39	400	5月1日	300~385	7月1日	164	7月1日	280	7月1日	421	360	308	10月1日
2000	2.30	400	9月1日	291~374	—	120	—	273	6月1日	396	335	288	10月1日
1999	1.90	320	5月1日	291~374	9月1日	120	6月1日	210	—	336	265	233	10月1日
1998	1.80	310	7月1日	224~272	5月1日	—	—	200	—	336	265	233	10月1日
1997	1.70	290	6月1日	217~264	7月1日	—	—	190	—	293	232	200	10月1日
1996	1.60	270	7月1日	203~247	6月1日	—	—	170	—	263	202	170	10月1日
1995	1.40	240	7月1日	189~229.5	7月1日	—	—	—	—	—	—	—	—
1994	1.10	210	12月1日	—	—	—	—	—	—	—	—	—	—

说明：2011年1月1日起，北京市城市低保标准由家庭月人均430元上调为480元，全市农村低保最低标准由家庭月人均210元上调为300元。

资料来源：北京市城市低保标准，http://www.bjrbj.gov.cn/gzcx/other/200510/t20051009_19737.html；北京市民政局社会救助信息网，http://bjshjz.bjmzj.gov.cn。北京市人力资源和社会保障局网站，http://bjshjz.bjmzj.gov.cn。

2011 年，北京市提高了企业退休人员和城乡居民基本养老金、失业保险金、最低工资、城乡低保待遇等标准，职工最低工资由 960 元提高到 1160 元，企业退休养老金平均水平由 2098 元提高到 2268 元，城市低保标准由每月 430 元提高到 480 元，农村低保最低标准由每月 210 元提高到 300 元。

2010 年 10 月 28 日，第十一届全国人大常委会第十七次会议通过《中华人民共和国社会保险法》，作为我国社会保障制度建设的重要成果，该法明确规定："国家建立基本养老保险、基本医疗保险、工伤保险、失业保险、生育保险等社会保险制度，保障公民在年老、疾病、工伤、失业、生育等情况下依法从国家和社会获得物质帮助的权利。"于 2011 年 7 月 1 日起施行的《社会保险法》，将对我国城乡社会保障均等化产生重要的影响。

表 23　北京市城镇居民最低生活保障标准及人数（2005～2012 年）

项　目	2005 年	2006 年	2007 年	2008 年	2009 年	2010 年	2011 年	2012 年
最低生活保障标准（元/月）	300	310	330	390	410	430	480/500	520
最低生活保障人数（人）	155012	151770	147576	145075	147142	137224	117551	107909
市本级	2003	2168	2151	2255	2001	2089	2089	2089
东城区	15374	14876	13789	12777	12572	11581	17508	16696
西城区	11881	11781	11644	11582	11797	11735	23003	22557
崇文区	12431	9866	8485	7983	7845	7499	—	—
宣武区	15446	15082	14342	13851	13986	13421	—	—
朝阳区	13099	13736	14380	14816	15907	16087	15044	14665
丰台区	14780	14636	14647	14425	15338	14788	12824	12102
石景山区	14079	14038	13804	14135	14993	13235	10475	10190
海淀区	9759	9623	9418	9327	9708	8838	7467	6668
房山区	8289	8268	8579	8412	8129	6950	4550	3281
通州区	4562	4274	4146	3961	3894	3442	3153	2698
顺义区	1443	1428	1500	1448	1358	1220	936	781
昌平区	1592	1620	1547	1574	1597	1441	1203	1092
大兴区	1427	1379	1335	1293	1322	1224	1049	968
门头沟区	16023	15752	15281	14922	15509	13896	11305	9983
怀柔区	3421	3417	3432	3673	2931	2679	1991	1808
平谷区	6341	6536	5883	5569	5169	4139	2809	2540
密云县	1015	1357	1348	1378	1429	1462	1353	1250
延庆县	2047	1933	1865	1694	1658	1498	792	630

资料来源：北京市民政局。

表 24　北京市农村居民最低生活保障标准及人数（2007～2012 年）

	2007 年		2008 年		2009 年		2010 年		2011 年			2012 年	
	标准(元/月)	人数(人)	标准(元/月)	人数(人)	标准(元/月)	人数(人)	标准(元/月)	人数(人)	标准(元/月)		人数(人)	标准(元/月)	人数(人)
全 市		77818		78789		79821		76993			70127		63486
朝 阳 区	330	1627	390	1563	410	1635	430	1470	480	500	1246	520	1152
丰 台 区	330	1406	390	1377	410	1348	430	1299	480	500	1033	520	665
海 淀 区	330	1451	390	1338	410	1371	430	1005	480	500	670	520	416
房 山 区	140	15891	160	16137	170	16782	210	15840	300	340	12132	380	9670
通 州 区	120	7522	160	7127	170	7201	220	6903	300	350	6895	416	6623
顺 义 区	150	7743	180	7695	210.83	7443	280	7359	384	400	6311	520	5661
昌 平 区	140	3874	160	3886	210	3220	230	3068	300	340	2957	380	2801
大 兴 区	120	4226	160	4376	200	4420	240	4085	300	350	3474	390	3212
门头沟区	130	2306	170	2306	200	2493	240	2686	300	340	2643	400	2552
怀 柔 区	112.5	7667	148.33	8085	170	8083	210	8145	300	340	7857	390	7582
平 谷 区	100	9594	150	9242	170	9516	210	8809	300	340	8800	400	7767
密 云 县	100	6933	150	7305	170	8191	210	8892	300	340	9715	400	9807
延 庆 县	91.67	7578	150	8352	170	8118	210	7432	300	340	6394	380	5578

说明：2007 年，怀柔区农村居民低保标准为每人每年 1350 元，延庆县农村居民低保标准为每人每年 1780 元；2008 年，怀柔区农村居民低保标准为每人每年 1100 元；2009 年，顺义区农村居民低保标准为每人每年 2530 元。
资料来源：北京市民政局。

（四）城乡就业服务均等化的新进展

北京市将城乡劳动力就业作为统筹城乡发展的重要内容，先后出台了一系列政策措施，基本形成了城乡就业服务一体化的政策框架。

1. 构建了城乡一体化的就业服务体系

北京市加快建立覆盖城乡的就业管理服务体系，不断将公共就业服务由城镇向农村延伸，建立了农民就业失业登记制度、农民求职登记制度、农村困难家庭就业援助制度、农民创业服务制度等，为城乡劳动者免费办理就业登记和失业登记手续等城乡一体的就业体制，实现了城乡就业和失业登记统一、劳动力市场和就业服务的统一。

全市 16 个区（县）近 300 个镇（街道）已全部建立了劳动保障工作平台，近千个社区成功创建"北京市充分就业社区"，为就业援助工作搭建了基础工作平台，率先在全国建立了覆盖全市的市、县（区）、镇（街道）、村（居）四级城乡一体的公共就业服务体系，全市各级公共就业服务机构全部开放，做到机构、人员、经费、场地、制度、工作"六到位"，还为来京农民工提供岗位信息、招聘洽谈、就业推荐、职业指导、政策咨询等免费就业服务。

北京市大力实施就业援助制度，重点依托基层就业服务平台，为各类就业困难人员开发公益性岗位，落实扶持政策，为"零就业家庭""纯农家庭"成员提供即时岗位援助和政策援助。2010 年，"零就业家庭"基本清除，"纯农家庭"至少有一人实现转移就业。北京市通过打破城乡就业壁垒、取消各种不合理收费、清理针对农民的歧视性政策、规范企业用工行为，较好地维护了农民工合法权益。

在不断完善城乡一体化就业体系的同时，北京市还大力加强城乡就业服务信息化建设，率先建立了覆盖全市的城乡劳动力市场信息资源系统。该系统由 13 个子系统构成，连接 16 个区县和北京经济技术开发区、32 个社保所、400 多所职业技能培训学校和 40 所技工学校，全面覆盖了北京市就业服务体系，实现了全市范围劳动力信息的共享。

"十一五"时期，北京建立了城乡统一、功能完善、服务优良的劳动力市场和公共就业服务网络，清理和取消了针对农民工进城的各种歧视性规定，进一步推进了农村劳动力无障碍就业、城乡企业无差别用工。

2009 年北京市具有就业能力的农村劳动力为 162.6 万人，已就业的农村劳动力为 144.5 万人，就业率（已就业劳动力与具有就业能力劳动力的比值）为 88.9%。截止到 2010 年末，全市城乡从业人员达 1018.2 万人，比上年增加 19.9 万人。其中，城镇新增就业 44.6 万人、农村劳动力转移就业 9.6 万人，城镇零就业家庭基本消除，城镇失业登记率降到 1.3%。

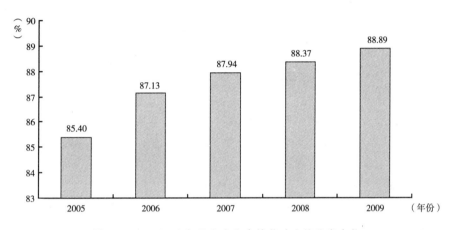

图 4 2005～2009 年北京农业户籍劳动力就业率变化

2. 完善了促进农村劳动力转移就业的优惠政策

近些年来，北京市先后出台了一系列政策，促进农村劳动力就业，逐步将城镇促进就业的优惠政策向农村延伸。

2003 年，北京市劳动和社会保障局、北京市农村工作委员会联合出台《北京市加强农村富余劳动力就业工作的意见》（京劳社就发〔2003〕29 号），要求到 2003 年底以前，本市所有乡镇都要建立以社会保障所为依托的职业介绍所，有条件的中心村要建立就业服务站或明确专人负责，形成区县、乡镇、村三级就业服务组织管理网络，建立农村富余劳动力转移就业登记制度，规定凡在法定劳动年龄段、身体健康、具有初中以上文化、有劳动能力及有在二、三产业就业要求的本市农村富余劳动力，均可持本人身份证（或户口本）到户口所在地的乡镇职业介绍所进行就业登记，申领《北京市农村富余劳动力求职证》，农村富余劳动力凭《求职证》可在乡镇职业介绍所或区县职业介绍服务中心求职择业。

2004 年 3 月 23 日，北京市委、市政府发布《关于推进郊区城市化、促进农民增收的意见》（京发〔2004〕4 号），提出按照统筹城乡发展的要求，采取更加直接、更有力的政策措施，加快郊区城市化进程，加快农民增收步伐，该意见从加强郊区基础设施建设、加快农村经济结构调整、加强就业服务体系和社会保障体系建设、深化农村改革等方面，对增加农民收入做了具体政策规定。

2005 年 3 月 25 日，北京市十二届人大常委会第十九次会议废止了实施近10 年的《北京市外地来京务工经商人员管理条例》，外地来京人员在务工、就业、经商、房屋租赁、卫生防疫等方面的限制被取消，政府将对其实行与北京市民一视同仁的管理和服务。

2006 年 2 月 28 日，北京市政府发布《贯彻落实国务院关于进一步加强就业再就业工作文件的通知》（京政发〔2006〕4 号），明确提出建立覆盖全市、城乡统一的就业服务体系，促进本市农村劳动力转移就业，凡具有本市农业户口、男 16 周岁至 59 周岁、女 16 周岁至 49 周岁、有劳动能力且要求在第二或第三产业就业的人员，可到乡镇社保所或行政村就业服务站进行求职登记和就业登记，纳入全市城乡统一的就业管理服务体系。

2006 年 3 月 16 日，北京市农村工作委员会、北京市劳动和社会保障局等部门联合发布《关于推进北京市农村劳动力培训与就业工作的意见》，进一步建立健全农村劳动力就业登记制度，建立城乡统一的就业和社会保障服务体系，实行城乡统筹的劳动力管理制度。

2006 年 6 月 16 日，北京市劳动和社会保障局印发《北京市农村劳动力转移就业管理办法》，要求对农村劳动力实现转移就业后进行转移就业登记，统一纳入全市城乡的就业管理服务体系，并将农村劳动力转移就业管理工作纳入各级政府目标考核机制。

2008 年 12 月 20 日，北京市政府办公厅转发市劳动和社会保障局《关于促进农村劳动力转移就业工作的指导意见》（京政办发〔2008〕57 号），自2009 年 1 月 1 日起，将岗位补贴、社会保险补贴、职业培训补贴、小额担保贷款、减免行政事业性收费等促进城镇失业人员就业的优惠政策同条件、同标准地延伸到农村。在农村劳动力转移就业上实现了四个方面的统一：一是统一了鼓励用人单位招用城乡就业困难人员的岗位补贴和社会保险补贴政策；二是统一了鼓励本市农村劳动力和城镇失业人员自谋职业、自主创业的小额担保贷款和减免行政事业性收费政策；三是统一了城乡职业培训政策，并扩大了免费职业技能培训享受范围，增加了享受免费职业技能培训的次数，提高了免费职业技能培训补贴标准；四是本市农村劳动力转移就业并按规定参加城镇企业职工社会保险的，可享受与城镇职工同等的社会保险待遇。

2009 年 3 月 21 日，北京市政府发布《关于实施稳定就业扩大就业六项措施的通知》（京政发〔2009〕6 号），实施稳定就业扩大就业六项措施，即支持企业稳定就业岗位、鼓励企业吸纳就业、促进城乡劳动者自主创业、提升城乡劳动者职业技能、完善就业特困人员托底政策、强化农民工就业服务。

2010 年 3 月 12 日，北京市人力资源和社会保障局印发《北京市"纯农就业家庭"转移就业援助工作的意见》，建立了北京市"纯农就业家庭"转移援助制度，对"纯农就业家庭"进行"一对一"就业援助，用人单位招用"受援纯农劳动力"达到规定要求的，可享受 1~5 年的岗位补贴和社会保险补贴。《意见》提出，到 2010 年底，"纯农就业家庭"较少的区县要实现"出现一户、帮扶一户、转移一户"的目标；其他郊区县每年帮助 60% 以上的"纯农就业家庭"至少一名家庭劳动力实现转移就业，到 2012 年底全市实现"出现一户、帮扶一户、转移一户"的目标。

2011 年 5 月 19 日，北京市促进农民增收表彰大会发布了由北京市社会主义新农村建设领导小组印发的《北京市促进农民增收行动计划》（京新农发〔2011〕1 号），提出大力开展充分就业创建活动，"十二五"时期，要确保农民增收速度高于城镇居民，相对低收入农民增收速度高于农村居民收入平均增长速度，逐步扭转城乡居民收入绝对差距扩大的趋势。

表 25 "十一五"时期北京市促进城乡就业服务大事记

年份	政策措施
2006	开展为本市农村劳动力和来京劳动力提供服务的"春风行动"
	调整农民合同工一次性生活补助费
	出台农村劳动力转移就业政策
	建立农村就业管理服务体系
	建立城乡就业协作机制
	启动第二期"三年百万"培训计划
2007	开展"再就业援助月"活动
	开展"春风行动"
	开展农村劳动力创业培训项目
	加强星级社保所建设
2008	开展"再就业援助月"活动
	开展"春风行动"
	建立农民工工资支付保障制度
	全新劳动力市场信息系统运行
	就业"服务村村通工程"活动

续表

年份	政策措施
2009	开展"再就业援助月"活动
	开展"春风行动"
	实施促进就业再就业的"新六条"
2010	开展"再就业援助月"活动
	开展"春风行动"
	建起就业岗位信息集中发布平台
	启动纯农家庭就业援助计划
	颁布新的失业保险标准,农民工一次性生活补助费由 468 元调整到 588 元

资料来源:《北京统计年鉴》(2007～2009)、首都之窗（http：//www. beijing. gov. cn/）、北京市人力资源和社会保障局官方网站（http：//www. bjld. gov. cn/）。

3. 加大了农村劳动力的就业培训力度

北京市委、市政府把加强职业培训、提高城乡劳动力技能和素质作为解决城乡劳动力就业问题的重要途径。自 2003 年开始实施首都"三年百万"职业培训工程以来,至 2008 年,累计培训总人数 318.78 万人次,其中,培训下岗失业人员 42.25 万人次,培训后平均再就业率 69.6%;培训农村富余劳动力 84.44 万人次,培训后平均再就业率 74.1%;培训企业在职人员 192.09 万人次,中级工与高级工的比例由 2006 年的 4:1.2 变为 5:2,劳动者的文化素质进一步提高。

北京市高度重视农村劳动力转移就业培训,"十一五"期间,全市对转移就业的农村劳动力培训达 50 多万人(次)。

表 26　北京市"三年百万"职业培训工程成果一览表

单位：万人

	年份	培训总人数	企业在职人员	失业人员		农村富余劳动力	
				人数	培训后就业率(%)	人数	培训后就业率(%)
第一期	2003	58.4	40.3	7.6	71.94	10.5	73.61
	2004	59.84	36.92	7.92	70.49	15	78.49
	2005	63.7	35.5	8.5	71.73	19.7	69.55
第二期	2006	52.2	29	6.7	66.5	16.5	73.91
	2007	46.14	26.17	6.33	64.5	13.64	75.28
	2008	38.5	24.2	5.2	72.81	9.1	76.11

资料来源:《北京统计年鉴》(2007～2009)。

（五）城乡住房保障均等化的新进展

住房保障是社会保障的重要组成部分，实现"居者有其屋"，是政府改善民生、保障民众居住权的重要内容。改革以前，在城镇，政府实行公有住房福利分配制度；在农村，政府为农民提供"宅基地"，由农民自建住房。改革以后，城镇逐步取消福利分房制度，积极发展房地产市场。近些年来，北京市加大保障性住房建设力度，基本形成了由经济适用房、廉租房、公共租赁房等构成的住房保障体系。

1. 保障性住房政策体系逐步完善

20 世纪 90 年代，我国开始推进城镇住房制度改革，推进住房制度的市场化改革。这虽然打破了计划经济体制下的福利分房制度，但住房制度的过度市场化改革，也造成了新的严重的居住问题。之后，政府将保障性住房建设作为与市场商品房建设并行的公共政策。2006 年 11 月 3 日，北京市规划委员会公布《北京住房建设规划（2006～2010 年）》，提出扩大保障性住房建设规模和保障范围，"十一五"期间，用于实物配租的廉租住房建设规模 47 万～60 万平方米，约 1 万套，通过租金补贴的形式，解决约 6.7 万户"双困"家庭的住房问题；经济适用住房建设规模约 1500 万平方米，约 21 万套，享受经济适用住房政策的住房建设规模约 1500 万平方米。按照租售并举的原则，健全和规范更加科学合理的经济适用住房建设、流转和管理机制。通过租赁型经济适用住房、存量住房和公有住房资源的整合，积极探索建立政策性租赁住房体系，用于解决"夹心层"、引进人才、处于婚育阶段年轻人等人群的住房问题。

2007 年 7 月 18 日，北京市规划委员会发布《北京市"十一五"保障性住房及"两限"商品住房用地布局规划（2006～2010）》，明确保障性住房是指政府按限定标准、限定价格或租金为本市中低收入住房困难家庭提供的住房，由廉租住房、经济适用住房和政策性租赁住房构成。《规划》提出"十一五"期间的建设规模为：北京市新建住房 1.23 亿平方米，其中规划安排经济适用住房 1500 万平方米（含廉租住房 150 万平方米），两限住房 1500 万平方米，共计 3000 万平方米，占住房总量的 24.4%；2008～2010 年保障性住房及"两限"商品住房规划总建设规模约 1800 万平方米，其中经济适用住房 480 万平方米，廉租住房 120 万平方米，"两限"商品住房 1200 万平方米。

当前，北京市的保障性住房（政策性住房）主要由经济适用住房、廉租住房、公共租赁住房等构成。

（1）经济适用住房

经济适用房是指政府提供优惠政策，限定建设标准、供应对象和销售价格，向城镇中低收入住房困难家庭出售的具有保障性质的政策性住房。主要通过政府的财政补贴来提高购买者的支付能力，从而解决城镇中低收入家庭的住房问题。

1994年7月18日，国务院发布《关于深化城镇住房制度改革的决定》（国发〔1994〕43号），提出城镇住房制度的商品化、社会化改革方向，建立以中低收入家庭为对象、具有社会保障性质的经济适用住房供应体系和以高收入家庭为对象的商品房供应体系，建立住房公积金制度。该《决定》正式提出建设经济适用住房。1994年12月15日，建设部、国务院住房制度改革领导小组、财政部发布《城镇经济适用住房建设管理办法》，指出经济适用住房以中低收入家庭住房困难户为供应对象。

2004年5月13日，建设部、国家发改委、国土资源部、中国人民银行联合印发《经济适用住房管理办法》（建住房〔2004〕77号），将经济适用住房界定为政府提供政策优惠，限定建设标准、供应对象和销售价格，具有保障性质的政策性商品住房。有当地城镇户口、无房或现住房面积低于市、县人民政府规定标准的住房困难家庭，可以申请购买或承租一套经济适用住房。

2007年11月19日，建设部、国家发改委、监察部、财政部、国土资源部、中国人民银行、国家税务总局印发新修订的《经济适用住房管理办法》（建住房〔2007〕258号），指出经济适用住房是指政府提供政策优惠，限定套型面积和销售价格，按照合理标准建设，面向城市低收入住房困难家庭供应，具有保障性质的政策性住房。经济适用住房制度是解决城市低收入家庭住房困难政策体系的组成部分。具有当地城镇户口、家庭收入符合低收入家庭收入标准、无房或现住房面积低于住房困难标准的城市低收入家庭，可以申请购买经济适用住房。

1992年5月30日，北京市政府发布《关于贯彻执行国务院住房制度改革领导小组对北京市住房制度改革实施方案批复的通知》（京政发〔1992〕35号），印发了《国务院住房制度改革领导小组关于对北京市住房制度改革实施方案的批复》《北京市住房制度改革实施方案》，以及《北京市住房基金管理办法》《北京市住房公积金制度实施办法》《北京市城镇公有住房租金改革办法》《北京市职工购买公有住宅楼房管理办法》《北京市城镇居民购买商品住宅楼房管理办法》《北京市私有住宅楼房管理与维修办法》《北京市城镇住宅合作社管理办法》等文件，其中，《北京市住房制度改革实施方案》提出城镇住房改革是要逐步实现住房商品化、社会化，确定房改的五种基本形式是：建立政府、单位住房基金，建立住房公积金，出售公有住房，逐步提高房租，集资合作建房。

1994 年 12 月 23 日，北京市政府印发《贯彻国务院关于深化城镇住房制度改革决定的通知》，对《北京市住房制度改革实施方案》做了修改补充，主要是稳步出售公有住房，积极推进租金改革，全面推行住房公积金制度。

1998 年 10 月 18 日，北京市政府办公厅印发《关于加快经济适用住房建设的若干规定（试行）》（京政办发〔1998〕第 54 号），提出经济适用住房是面向中低收入家庭的普通住宅，经济适用住房销售对象为具有本市城镇常住户口的中低收入家庭的居民，重点是公务员、教师、科技人员和国有企、事业单位职工。

1999 年 9 月 1 日，中共北京市委、北京市政府印发《北京市进一步深化城镇住房制度改革、加快住房建设实施方案》（京发〔1999〕21 号），规定从 1998 年底起，本市地方所属机关、企业、事业单位、社会团体停止住房实物分配，逐步实行住房分配货币化。

2000 年 12 月 29 日，北京市政府办公厅转发市建委、市国土房管局制定的《北京市城镇居民购买经济适用住房有关问题的暂行规定》，提出在 2001 年底以前，本市城近郊区城镇居民家庭年收入在 6 万元（含）以下的，可购经济适用房。2002 年（含）以后，本市城镇居民购买经济适用房的家庭收入标准由市政府有关部门公布。远郊区县政府可结合实际情况，自行规定本区县居民购房的收入标准，并报市政府备案。

2003 年 3 月 14 日，北京市建设委员会发布《关于经济适用房优先向拆迁居民销售的通知》（京建开〔2003〕130 号），提出经济适用房优先向历史文化保护区的外迁居民、"十五"期间危改外迁居民、市政建设和环境整治拆迁居民、奥运场馆建设拆迁居民以及市政府确定的其他重点工程拆迁居民销售。

2007 年 9 月 25 日，北京市政府印发《北京市经济适用住房管理办法（试行）》（京政发〔2007〕27 号），规定购买经济适用住房的申请人须取得本市城镇户籍满 3 年、年满 18 周岁，且申请家庭人均住房面积、家庭收入、家庭资产符合规定的标准。

表 27　北京市经济适用住房供应对象及申请标准

供应对象	具有本市城镇户籍时间满 3 年,年满 18 周岁;单身家庭申请人需年满 30 周岁;申请家庭人均住房面积、家庭收入及资产符合政府规定标准
申请标准	1 人家庭,年收入在 22700 元及以下;人均住房面积在 10m² 及以下;家庭总资产净值在 24 万元及以下 2 人家庭,年收入在 36300 元及以下;人均住房面积在 10m² 及以下;家庭总资产净值在 27 万元及以下 3 人家庭,年收入在 45300 元及以下;人均住房面积在 10m² 及以下;家庭总资产净值在 36 万元及以下 4 人家庭,年收入在 52900 元及以下;人均住房面积在 10m² 及以下;家庭总资产净值在 45 万元及以下 5 人及以上家庭,年收入在 60000 元及以下;人均住房面积在 10m² 及以下;家庭总资产净值在 48 万元及以下
优先配售对象	划拨经济适用住房建设用地涉及的被拆迁家庭、重点工程建设涉及的被拆迁家庭、旧城改造和风貌保护涉及的外迁家庭以及家庭成员中含有 60 周岁以上(含 60 周岁)老人、严重残疾人员、患有大病人员、优抚对象、复员军人等住房困难家庭
上市交易	1. 已购经适房未满 5 年的,不得按市场价上市出售,确需出售的向相关部门申请,由保障部门确定,符合条件的,购买人按原价出售或按原价回购 2. 已满 5 年可按市场价出售,但需按照出售价的 10% 补交土地收益等价款

资料来源:北京市住房和城乡建设委员会网站,http://www.bjjs.gov.cn/publish/portal0/tab672/。

(2) 廉租住房

廉租住房是指政府在住房领域实施社会保障职能,向具有本市非农业常住户口的最低收入家庭提供的租金补贴,或者以低廉租金配租的具有社会保障性质的普通住宅。廉租住房解决的是城镇最低收入家庭(贫困家庭)的住房问题。

1998 年 7 月 3 日,国务院发布《关于进一步深化城镇住房制度改革加快住房建设的通知》(国发〔1998〕23 号),提出建立和完善以经济适用房为主的多层次城镇住房供应体系,对不同收入家庭实行不同的住房供应政策,最低收入家庭租赁由政府或单位提供的廉租住房,中低收入家庭购买经济适用住房;其他收入高的家庭购买、租赁市场价商品住房。

1999 年 4 月 22 日,建设部发布《城镇廉租住房管理办法》(建设部令第

70 号），指出城镇廉租住房是政府和单位在住房领域实施社会保障职能，向具有城镇常住居民户口的最低收入家庭提供的租金相对低廉的普通住房。该《办法》初步确立了廉租住房政策框架。

2003 年 8 月 12 日，国务院发布《关于促进房地产市场持续健康发展的通知》（国发〔2003〕18 号），提出加强经济适用住房的建设和管理，明确经济适用住房是具有保障性质的政策性商品住房，同时要建立和完善廉租住房制度，强化政府住房保障职能，切实保障城镇最低收入家庭基本住房需求。

2003 年 12 月 31 日，建设部、财政部、民政部、国土资源部、国家税务总局联合发布《城镇最低收入家庭廉租住房管理办法》，符合市、县人民政府规定的住房困难的最低收入家庭，可以申请城镇廉租住房。

2006 年 5 月 24 日，国务院办公厅转发建设部等部门《关于调整住房供应结构稳定住房价格的意见》（国办发〔2006〕37 号），提出廉租住房是解决低收入家庭住房困难的主要渠道，要稳步扩大廉租住房制度覆盖面，加快城镇廉租住房制度建设，尚未建立廉租住房制度的城市，必须在 2006 年底前建立，城市人民政府要将土地出让净收益的一定比例用于廉租住房建设。

2007 年 8 月 7 日，国务院发布《关于解决城市低收入家庭住房困难的若干意见》（国发〔2007〕24 号），指出住房问题是重要的民生问题，要以城市低收入家庭为对象，进一步建立健全城市廉租住房制度，改进和规范经济适用住房制度，加大棚户区、旧住宅区改造力度，力争到"十一五"期末，使低收入家庭住房条件得到明显改善，农民工等其他城市住房困难群体的居住条件得到逐步改善。要逐步扩大廉租住房制度的保障范围，城市廉租住房制度是解决低收入家庭住房困难的主要途径，2007 年底前，所有设区的城市要对符合规定的住房困难条件、申请廉租住房租赁补贴的城市低保家庭基本做到应保尽保；2008 年底前，所有县城要基本做到应保尽保。"十一五"期末，全国廉租住房制度保障范围要由城市最低收入住房困难家庭扩大到低收入住房困难家庭；2008 年底前，东部地区和其他有条件的地区要将保障范围扩大到低收入住房困难家庭。经济适用住房供应对象为城市低收入住房困难家庭，并与廉租住房保障对象衔接。

2007 年 11 月 26 日，住房和城乡建设部等九部委联合发布《廉租住房保障办法》（建设部令第 162 号），指出廉租住房保障方式实行货币补贴和实物配租等相结合，规定土地出让净收益用于廉租住房保障资金的比例，不得低于

10%。新建廉租住房，应当将单套的建筑面积控制在 50 平方米以内。

2010 年 4 月 23 日，住房和城乡建设部印发《关于加强廉租住房管理有关问题的通知》（建保〔2010〕62 号），要求新建廉租住房要坚持集中建设和在经济适用住房、商品住房、棚户区改造项目中配建相结合，以配建为主。要严格执行廉租住房单套建筑面积控制在 50 平方米以内的规定，加强廉租住房管理，确保廉租住房公平配租和有效使用。

2001 年 8 月 21 日，北京市政府办公厅转发市国土资源和房屋管理局制定的《北京市城镇廉租住房管理试行办法》（京政办发〔2001〕62 号），明确城镇廉租住房是政府（单位）在住房领域实施社会保障职能，向具有本市非农业常住户口的最低收入家庭和其他需要保障的特殊家庭提供的租金补贴或者以低廉租金配租的具有社会保障性质的普通住宅。符合最低收入标准和住房困难标准的城镇居民可申请配租廉租住房。

2001 年 10 月 11 日，北京市国土资源和房屋管理局、北京市财政局、北京市民政局印发《北京市城镇廉租住房管理试行办法实施意见》，规定本市城八区（东城区、西城区、崇文区、宣武区、朝阳区、海淀区、丰台区、石景山区）向廉租住房管理部门申请廉租住房配租的家庭，必须是具有本市非农业常住户口的最低收入家庭和其他需保障的特殊家庭，且家庭人均住房使用面积 7.5 平方米（含）以下；远郊十区（县）根据《北京市城镇廉租住房管理试行办法》，并参照本意见，结合本地区实际，制定本辖区廉租住房的实施意见。

2007 年 9 月 27 日，北京市委、北京市政府印发《关于贯彻落实〈国务院关于解决城市低收入家庭住房困难的若干意见〉的实施意见》（京发〔2007〕22 号），提出逐步扩大廉租住房制度的保障范围，2007 年底前，所有区县必须实施廉租住房制度，2008 年起逐年提高廉租住房保障对象的家庭收入标准，扩大廉租住房保障覆盖面；经济适用住房供应对象调整为低收入住房困难家庭；逐步改善农民工居住条件，用工单位要向农民工提供符合基本卫生和安全条件的居住场所，对农民工集中地区，在集约用地的前提下，可集中建设向农民工出租的集体宿舍，但不得按商品住房出售。

2007 年 9 月 25 日，北京市政府印发《北京市城市廉租住房管理办法》（京政发〔2007〕26 号），规定廉租住房保障水平应当以保障低收入家庭基本住房需求为原则，城市低收入家庭廉租住房保障方式以发放租赁住房补贴为主，实物配租为辅。

表 28　北京市廉租住房供应对象和准入条件

供应对象	1. 申请人户籍登记地在本区,取得本市户籍满 5 年(家庭为单人的申请人,应当符合晚婚年龄;离异的,应当满 3 年) 2. 申请家庭上年人均月收入连续一年低于 580 元。1 人户家庭年收入低于 6960 元,2人户低于 13920 元(申请家庭每增加 1 人,按增加 6960 元计算) 3. 申请家庭总资产为 1 人户家庭低于 15 万元,2 人户低于 23 万元,3 人户低于 30 万元,4 人户低于 38 万元,5 人户及以上低于 40 万元 4. 家庭住房人均使用面积低于 7.5 平方米,且申请人和家庭成员 5 年内未出售或者转让过房产 5. 具备下列情形之一:被拆迁;有特殊病、重残人员;有 60 岁(含)以上人员;居住市政府确定的解危排险范围内房屋;申请楼房配租的家庭人口应当在二人以上
准入条件	人均住房使用面积须在 7.5 平方米及以下 1 人户家庭年收入须在 6960 元及以下,家庭总资产净值须在 15 万元及以下 2 人户家庭年收入须在 13920 元及以下,家庭总资产净值须在 23 万元及以下 3 人户家庭年收入须在 20880 元及以下,家庭总资产净值须在 30 万元及以下 4 人户家庭年收入须在 27840 元及以下,家庭总资产净值须在 38 万元及以下 5 人户家庭年收入须在 34800 元及以下,家庭总资产净值须在 40 万元及以下

　　资料来源:北京市住房和城乡建设委员会网站, http://www.bjjs.gov.cn/publish/portal0/tab672/。

（3）公共租赁住房

　　公共租赁住房是指政府提供政策支持,限定户型面积、供应对象和租金水平,面向本市中低收入住房困难家庭等群体出租的住房。

　　2010 年 6 月 8 日,住房和城乡建设部等 7 部门联合发布《关于加快发展公共租赁住房的指导意见》,指出大力发展公共租赁住房,是完善住房供应体系,培育住房租赁市场,满足城市中等偏下收入家庭基本住房需求的重要举措,要求各地区要制订公共租赁住房发展规划和年度计划,并纳入 2010～2012 年保障性住房建设规划和"十二五"住房保障规划,分年度组织实施。公共租赁住房供应对象主要是城市中等偏下收入住房困难家庭。有条件的地区,可以将新就业职工和有稳定职业并在城市居住一定年限的外来务工人员纳入供应范围。

　　2009 年 7 月 17 日,北京市住房和城乡建设委员会等部门联合印发《北京市公共租赁住房管理办法（试行）》（京建住〔2009〕525 号）,指出公共租赁住房的供应对象为本市中低收入住房困难家庭,包括已通过廉租住房、经济适用住房、限价商品住房资格审核尚在轮候的家庭以及其他住房困难家庭。

2010 年 11 月 18 日，北京市副市长陈刚在北京市十三届人大常委会第二十一次会议报告时表示，北京市编制"在集体土地上建设租赁房"的试点方案，经市政府批准后，已正式向国土资源部申报试点。

"十二五"时期，北京市将力争实现"两个 60%"的目标，即保障性住房占整个住房供应的 60%，公共租赁住房占保障性住房供应的 60%。以公共租赁房为主的保障房建设将明显加快。2011 年 1 月，北京市住建委主任隋振江表示，2011 年将公开配租配售保障房 10 万套，其中公租房占 60% 以上。公租房的覆盖对象不限于有保障房资格的家庭，也包括一些外来人口。公租房的保障人群主要是三类：一是廉租房、经适房、限价房轮候家庭，二是有稳定收入、稳定工作的新毕业大学生、新就业职工等，三是部分符合条件的外来务工人员。

表 29　北京市公共租赁住房供应对象和准入条件

配租对象	包括已通过廉租住房、经济适用住房、限价商品住房资格审核尚在轮候的家庭以及其他住房困难家庭
申请程序	1. 取得廉租住房、经济适用住房、限价商品住房资格的家庭：无须再次申请，只要到户籍所在地街道或乡镇住房保障管理部门登记。填写《申请公共租赁住房轮候预先登记表》即可进入公共租赁住房轮候范围 2. "三房"轮候家庭外的其他住房困难家庭：如果要申请公共租赁住房，相关的细则还在制定中，这些家庭可以通过先申请"三房"资格，以同时获得公共租赁房的申请资格
优先配租对象	其中符合廉租、经适、限价"三房"申请条件及家庭中有 60 岁（含）以上老人、患大病人员、残疾人员、复转军人、优抚对象或属重点工程拆迁的可优先配租
配租制度	公共租赁住房实行公开配租制度，由产权单位编制配租方案报住房保障管理部门核准后组织配租
租赁期限	1. 租赁期限最长为 5 年，合同期满承租家庭应当退出住房 2. 承租家庭需要续租的，应在合同期满前 3 个月内提出申请，由产权单位会同相关单位复核，符合条件的续签租赁合同 3. 承租家庭不符合承租条件暂时不能腾退承租住房的，租赁合同期满后给予 2 个月过渡期，过渡期内按同类地段类似房屋市场租金收取租金。过渡期满后承租家庭仍不退承租住房的，按房屋产权单位规定的标准收取租金，具体在租赁合同中约定，拒不退出的，行为记入信用档案

資料来源：北京市住房和城乡建设委员会网站，http://www.bjjs.gov.cn/publish/portal0/tab672/。

限价商品住房俗称"两限房"，是指政府采取招标、拍卖、挂牌方式出让商品住房用地时，提出限制销售价格、住房套型面积和销售对象等要求，由建设单位通过公开竞争方式取得土地，进行开发建设和定向销售的普通商品住房。限价商品住房是一种政策性的商品住房，只限于供应给本地住房比较困难的城镇居民，不属于保障性住房范围，但它对于解决城镇居民中住房比较困难家庭的住房问题有一定的保障作用。

2008 年 3 月 26 日，北京市政府印发《北京市限价商品住房管理办法（试行）》（京政发〔2008〕8 号），规定限价商品住房的供应对象为本市中等收入住房困难的城镇居民家庭、征地拆迁过程中涉及的农民家庭及市政府规定的其他家庭

表 30　北京市限价商品住房供应对象和准入条件

供应对象	针对北京市中等收入住房困难的城镇居民家庭、征地拆迁涉及的农民家庭及市政府规定的其他家庭
申请标准	1. 3 人及以下家庭，年收入在 8.8 万元及以下；人均住房面积在 15m² 及以下；家庭总资产净值在 57 万元及以下 2. 4 人及以上家庭，年收入在 11.6 万元及以下；人均住房面积在 15m² 及以下；家庭总资产净值在 76 万元及以下
优先配售对象	1. 解危排险、旧城改造和风貌保护、环境整治、重点工程等公益性项目涉及的被拆迁或腾退家庭和家庭成员中含有 60 周岁以上（含 60 周岁）老人、严重残疾人员、患有大病人员、复转军人、优抚对象的家庭及自愿放弃经济适用住房购买资格的家庭 2. 对其他符合条件的家庭，按照住房困难程度，优先配售给无房家庭 3. 对多次参加摇号均未摇中且轮候 3 年以上（不含 3 年）的申请家庭，区县住房保障管理部门可直接为其配售
户型面积	以 90m² 以下为主，其中，1 居室控制在 60m² 以下；2 居室控制在 75m² 以下
上市交易	1. 已购经适房未满 5 年的，不得按市场价上市出售，确需出售的向相关部门申请，由保障部门确定符合条件购买人原价出售或按原价回购 2. 已满 5 年可按市场价出售，但需按照出售价的 35% 补交土地收益等价款

资料来源：北京市住房和城乡建设委员会网站，http://www.bjjs.gov.cn/publish/portal0/tab672/。

2. 城乡人均住房面积逐步提高

改革开放特别是 1998 年以来，随着城镇住房制度改革的不断深化，北京住房保障力度逐步加大，已经初步形成了由廉租住房、经济适用住房、商品住

房等构成的住房供应体系。从平均数据来看，北京市城乡人均住房面积逐步提高。1998～2009年，城镇居民的人均住房面积增长了44%，平均每年人均增加面积为0.55平方米。同期农村居民的人均住房面积增长了约43%，平均每年人均增加面积约0.98平方米。

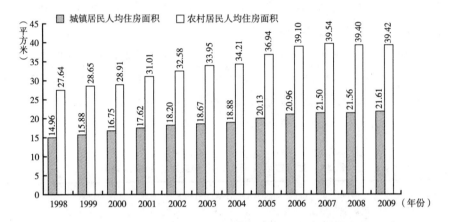

图5　北京市城乡居民人均住房面积（1998～2009年）

资料来源：历年《北京统计年鉴》。

表31　北京市城乡居民人均住房面积（1978～2009年）

单位：平方米

年份	城镇居民人均住房面积	农村居民人均住房面积
1978	6.70	9.20
1979	6.7	9.67
1980	7.06	10.09
1985	9.09	16.48
1986	9.20	17.41
1987	9.75	18.38
1988	10.30	19.23
1989	10.74	20.09
1990	11.17	20.62
1991	11.64	21.92
1992	12.09	22.67
1993	12.45	23.70
1994	12.85	24.42
1995	13.34	24.74

续表

年份	城镇居民人均住宅面积	农村居民人均住宅面积
1996	13.82	25.74
1997	14.36	27.39
1998	14.96	27.64
1999	15.88	28.65
2000	16.75	28.91
2001	17.62	31.01
2002	18.20	32.85
2003	18.67	33.95
2004	18.88	34.21
2005	20.13	36.94
2006	20.96	39.10
2007	21.50	39.54
2008	21.56	39.40
2009	21.61	39.42

资料来源：北京城乡居民生活统计资料（2009）。

3. 农村住房条件开始得到较大改善

长期以来，农民的居住问题没有纳入国家住房制度保障体系。2005年10月11日，党的十六届五中全会通过的《中共中央关于制定国民经济和社会发展第十一个五年规划的建议》，提出了建设社会主义新农村的重大历史任务。2006年中央一号文件《中共中央国务院关于推进社会主义新农村建设的若干意见》，提出加快乡村基础设施建设，加强村庄规划和人居环境治理。

2009年5月，住房和城乡建设部、国家发展和改革委员会颁布《关于2009年扩大农村危房改造试点的指导意见》（建村〔2009〕84号），提出以解决农村困难群众的基本居住安全问题为目标，开展农村高危房改造试点，改善农村困难群众生活条件，推动农村基本住房安全保障制度建设。农村危房改造试点补助对象重点是居住在危房中的分散供养五保户、低保户和其他农村贫困农户。

2010年中央一号文件《中共中央国务院关于加大统筹城乡发展力度　进一步夯实农业农村发展基础的若干意见》中提出，抓住当前农村建房快速增长和建筑材料供给充裕的时机，把支持农民建房作为扩大内需的重大举措，采取有效措施推动建材下乡，鼓励有条件的地方通过多种形式支持农民依法依规建设自用住房。

从目前的情况来看，北京市还没有建立农村住房保障的政策体系，但从近年来的新农村建设等相关政策中可以发现，改善农民居住条件是北京市推进新农村建设的一项重要工作。

2005 年 3 月 29 日，北京市农村工作委员会发布《北京市远郊区旧村改造试点指导意见》，旨在改善农村基础设施和农民生活环境，提高农民生活质量；进一步规范农村建设，促进农村土地集约利用，提高土地利用效益和利用水平。尽管没有明确提出改善农民住房条件，但基础设施的建设和生活环境的改善也将极大地促进农民居住条件的改善。

2006 年以来，北京市在新农村建设中实施了"五＋三"工程建设，即街坊路硬化、安全饮水、污水处理、垃圾处理、厕所改造的"五项基础设施"建设和"亮起来、暖起来、循环起来"的"三起来"工程建设任务。"五＋三"工程建设累计投入资金近 213 亿元，其中市级 190 亿、区县乡镇两级及农民自筹 23 亿。到 2010 年底，"五项基础设施"建设任务全面完成，"三起来"工程建设全面推进，郊区 3399 个村庄（城乡结合部规划拆迁和移民搬迁 556 个村未实施此项工程）的村容村貌得到了根本性的改变。

2010 年 12 月，北京市新农村建设领导小组办公室会同相关部门对全市 13 个郊区县 359 个村五年来实施新农村"五＋三"工程建设情况进行了抽查，抽查结果表明，"十一五"时期，北京新农村"五项基础设施"建设全面完成，"三起来"工程全面展开，各项工程完成率为 100%，项目资金到位率为 100%，优秀率为 89%，良好率为 9%，其余为质量一般，经过民意测验，百姓满意度为 90%，设施使用和管理基本良好。

表 32　北京市新农村"五＋三"工程建设抽查情况

区　县	"五项基础设施"建设						"三起来"工程建设					
	村数（个）	项目数（项）	优（%）	良（%）	一般（%）	差（%）	村数（个）	项目数（项）	优（%）	良（%）	一般（%）	差（%）
朝　阳	18	61	81	19	0	0	18	30	83	17	0	0
海　淀	11	53	82	18	0	0	11	28	90	10	0	0
丰　台	11	46	90	10	0	0	11	18	95	5	0	0
门头沟	24	160	91	9	0	0	24	111	91	9	0	0
房　山	37	246	91	9	0	0	37	102	93	7	0	0
通　州	37	172	98	2	0	0	34	84	96	4	0	0

续表

| 区　县 | "五项基础设施"建设 | | | | | | "三起来"工程建设 | | | | | |
	村数 （个）	项目数 （项）	优 （%）	良 （%）	一般 （%）	差 （%）	村数 （个）	项目数 （项）	优 （%）	良 （%）	一般 （%）	差 （%）
顺　义	32	217	94	5	1	0	25	38	87	13	0	0
大　兴	37	116	98	2	0	0	35	74	97	3	0	0
昌　平	26	190	72	18	10	0	26	91	76	15	9	0
平　谷	26	141	97	3	0	0	25	53	96	4	0	0
怀　柔	31	155	95	4	1	0	31	158	97	3	0	0
密　云	32	242	82	8	10	0	32	105	95	4	1	0
延　庆	37	187	68	26	6	0	37	118	74	24	2	0
合　计	359	1986	88	10	2	0	346	1010	90	9	1	0

资料来源：北京市农村工作委员会。

　　2003 年 10 月 24 日，北京市政府办公厅转发市农委《关于山区采空区泥石流易发区农户实施搬迁的意见》（京政办发〔2003〕56 号），对山区采空区、泥石流易发区农户实施搬迁，解决目前生产生活面临的困难和危险。实施搬迁的范围为山区采空区和强破坏力泥石流易发区的险村、险户，涉及 47 个山区乡镇、215 个行政村中的 452 个自然村、片，共 9916 户、28450 人。其中，采空区 1263 户、3874 人，强破坏力泥石流易发区 8653 户、24576 人。计划用 4 年时间（2004～2007 年）完成搬迁任务。市级按搬迁每人 1 万元标准补助到区县，由区县根据搬迁实际情况统筹安排。市、区县两级扶持资金 80% 用于农户搬迁安置，20% 用于农民技术培训及发展致富产业项目。2004 年 3 月 1 日，北京市农委、北京市财政局印发《北京市山区采空区泥石流易发区农户搬迁工程管理办法》（京政农发〔2004〕10 号），对山区农民搬迁工作做了具体规定。

　　2008 年 1 月 26 日，北京市政府办公厅转发市农委《关于实施新一轮山区泥石流易发区及生存条件恶劣地区农民搬迁工程意见》（京政办发〔2008〕5 号），确定搬迁范围为本市山区泥石流易发区和生存条件恶劣的地区，涉及密云、怀柔、延庆、昌平、平谷、门头沟、房山 7 个山区县 59 个乡镇、283 个行政村，共 8557 户 20972 人，提出 5 年（2008～2012 年）内完成搬迁任务。市和区（县）均设立搬迁帮扶资金，列入同级财政预算。2008 年补助标准，市级按每人 1.3 万元补助到各区县，作为对农民搬迁的直接补贴；区县政府根据本地区实际情况制定配套资金政策。2008 年以后，将根据物价指数变动等因素，在每人 1.3 万元基础上逐年进行调整。市级还按每搬迁户 3 万元标准补助到各区县，区县政府根据实际情况统筹安排。补助资金重点用于集中新建村农民的生产、生活基础设施建设。2010 年北京市完成山区 2535 户、6617 人的搬迁任务；2011 年北京市计划搬迁 3410 户，涉及 7957 人。

2007 年 1 月 11 日，北京市民政局、北京市财政局印发《关于实施 2007 ~ 2010 年北京市农村优抚社救对象危房翻修工作四年规划的通知》（京民救发〔2007〕17 号）。《通知》规定，农村优抚对象翻建住房以烈属、残疾军人、复员军人为主，并适当向优抚对象较多、经济条件较为困难的山区倾斜。每年计划翻建 300 户，每户原则上翻建 3 间，每间补助 1 万元，每户补助 3 万元，补助经费由市、区县、乡镇各负担三分之一。同时，各区县可根据实际需要为优抚对象维修住房，维修户数、维修补助标准由各区县自定，所需经费由区县财政负担。农村社救对象的危旧房翻修工作以农村低保困难户为主。计划每年翻建维修 1000 户，每户原则上翻修 3 间，翻建房屋每间补助 7000 元，每户补助 2.1 万元；维修房屋每间补助 3000 元，每户补助 9000 元。补助经费由市、区县、乡镇各负担三分之一。

（六）基本公共服务均等化中的财政支持

实现城乡基本公共服务的均等化，关键在于优化财政支出结构，加大民生财政投入比重，不断完善公共财政体制，形成与服务型政府相统一的现代公共财政制度。

近些年来，北京的经济高速增长，财政实力不断增强。2010 年北京地区生产总值 13777.9 亿元，人均总产值 109600 元（约 16600 美元），地方财政收入（一般预算收入）3810.9 亿元，达到中等发达国家经济发展水平。在此基础上，北京市持续增加基本公共服务的支出，不断提高基本公共服务保障水平，大大促进了基本公共服务均等化进程。

在财政收支规模迅速扩大的背景下，北京市不断以民生服务为中心优化财政支出结构，使北京民生服务支出的总量不断增长。

为完整、准确地反映政府收支活动，进一步规范预算管理、强化预算监督，财政部于 2006 年正式启动政府收支分类改革，决定从 2007 年 1 月 1 日起在全国全面推行新的政府收支分类科目。新的科目体系不再按经费性质设置科目，而是按政府的职能和活动设置类、款、项三级，类级科目反映政府的某一项职能，款级科目反映为完成某项政府职能所进行的某一方面工作，项级科目反映某一方面工作的具体支出。比如教育是类级科目，普通教育是款级科目，普通教育下的小学教育就是项级科目。这样，政府的钱花在了什么地方，做了些什么事，在预算上就都能清楚地反映出来。以 2006 年为分界点，我国的财政支出结构统计模式发生了较大变化，前后数据也出现了一定差异。

北京市用于教育、医疗、社会保障的支出占财政总支出的比重由 2001 年的 19.5% 上升到 2006 年的 21.3%，提高了近 2 个百分点。

表33 2001～2006 年北京市民生服务财政支出情况

单位：亿元

年份	地方财政	教育	医疗	社会保障
2001	614.92	72.26	33.08	14.39
2002	683.98	85.82	37.93	17.98
2003	809.39	98.82	49.64	22.83
2004	974.17	121.39	54.07	26.69
2005	1137.28	145.87	65.62	25.09
2006	1411.58	175.18	87.06	37.42
占财政支出比重（%）				
2001	100	11.8	5.4	2.3
2002	100	12.5	5.5	2.6
2003	100	12.2	6.1	2.8
2004	100	12.4	5.6	2.7
2005	100	12.8	5.8	2.8
2006	100	12.4	6.2	2.7

资料来源：历年《北京统计年鉴》。

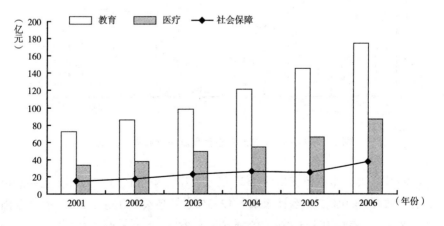

图6 2001～2006 年北京市民生服务财政支出情况

2006 年后，虽然北京市财政收支结构分类发生了变化，但民生服务支出上升的势头强劲，其占财政支出的比例继续上升，由 2006 年的 459.38 亿元，提高到 2009 年的 801.52 亿元，提高了约 74.5%。

表 34　2006～2009 年北京市民生服务财政支出情况

单位：亿元

年份	地方财政	教育	医疗卫生	社会保障和就业
2006	1411.58	209.21	100.95	149.22
2007	2067.65	263.00	118.95	179.28
2008	2400.93	316.30	145.05	209.33
2009	2820.86	400.60	166.63	234.29
占财政支出比重(%)				
2006	100	14.8	7.2	10.6
2007	· 100	12.7	5.8	8.7
2008	100	13.2	6.0	8.7
2009	100	13.0	5.9	8.3

资料来源：历年《北京财政年鉴》。

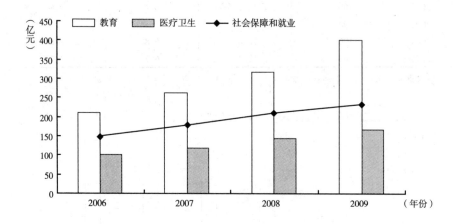

图 7　2006～2009 年北京市民生服务财政支出情况

2009 年，北京市财政支出约 2820 亿元，比上年增长约 17.5%，主要支出内容有：教育 13.0%、城乡社区事务 12.3%、一般公共服务 7.5%、社会保障和就业 8.3%、医疗卫生 5.9%、交通运输 5.2%、农林水事务 5.0%。

表 35　2009 年北京市财政支出结构

项　目	绝对数（万元）		2009 年为 2008 年的（%）	构成（%）	
	2008 年	2009 年		2008 年	2009 年
一般预算	19592857	23193658	118.4	81.6	82.2
一般公共服务	1962664	2122099	108.2	8.2	7.5
教育	3162957	3656677	115.6	13.2	13.0
科学技术	1121886	1263072	112.6	4.7	4.5
文化体育与传媒	611138	747524	122.3	2.5	2.6
社会保障和就业	2093285	2342924	111.9	8.7	8.3
医疗卫生	1450513	1666270	114.9	6.0	5.9
环境保护	354688	540459	152.5	1.5	1.9
交通运输	803461	1470666	183.1	3.3	5.2
城乡社区事务	1998383	3478192	174.1	8.3	12.3
农林水事务	1217736	1420063	116.7	5.1	5.0
政府性基金	4416403	5014985	113.6	18.4	17.8
合　计	24009260	28208613	117.5	100.0	100.0

资料来源：北京市统计局。

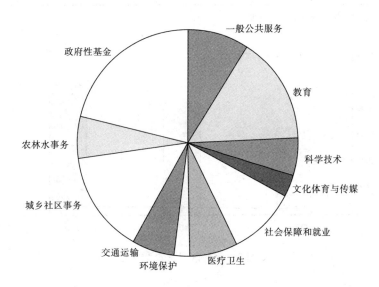

图 8　2009 年北京市财政支出结构

　　北京市的财政支出正逐步向服务型财政支出转变，与民生服务相关的支出份额在不断上升。

　　从支出规模来看，教育、城乡社区事务、社会保障和就业支出所占比重较大；属于基本公共服务范畴的教育、社会保障和就业、医疗卫生、城乡社区事务等项支出合计占全市财政支出的约40%，比2008年提高了11%。北京市财政支出结构的这一发展和变化，有力地支持了北京市基本公共服务产品的有效供给和服务水平的快速提高，为城乡基本公共服务均等化的实现提供了财力保障和物质基础。

"十一五"时期，北京市公共财政对"三农"的投入明显增加，由2006年的111.8亿元，增加到2008年的171.2亿元，增长了53.1%。自2009年起，北京市财政支出不再单设"三农"这一支出项目，但公共财政对农村、农业和农民的支出仍在继续扩大。

表36　北京市"三农"支出

年份	财政支出（亿元）	"三农"支出（亿元）	"三农"支出占财政支出比重（%）
2006	1411.58	111.8	7.9
2007	2067.65	130.6	6.3
2008	2400.93	171.2	7.1

资料来源：历年《北京统计年鉴》。

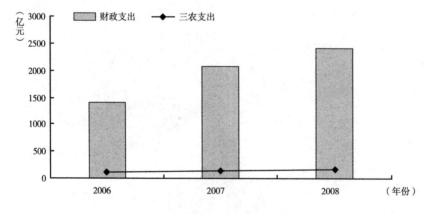

图9　北京市"三农"支出

四　城乡基本公共服务均等化面临的主要问题

由于城乡二元结构的长期影响，我国城乡居民的生活水平差距较大。2011年3月全国"两会"期间，全国人大代表、国务院参事、全国人大教科文卫专委会委员马力指出，根据测算，中国农村和城市福利待遇人均相差 33 万元，一般大城市的城乡社会福利待遇相差 50 万元以上，中小城市相差十多万元。

党的十六大以来，北京市委、市政府在统筹城乡发展、破解城乡二元结构、促进城乡一体化和基本公共服务均等化等方面取得了明显成效。但也要看到，当前，北京城乡基本公共服务的差距仍然存在，一些深层次问题需要进一步解决。

（一）城乡教育资源配置问题

虽然北京的教育发展水平和义务教育均衡度在全国处于领先水平，但并不意味着北京的基础教育水平和城乡教育资源的合理配置已达到了理想状态，相反，促进教育公平发展的任务仍很艰巨，城乡基础教育面临的问题仍然不可忽视。

1. 财政对教育的投入有待进一步提高

北京市对教育的财政投入水平在全国居于前列，但是，教育投入占 GDP 的比重还是偏低。

从国际比较看，2008 年，全世界公共教育支出占 GDP 的比重平均为 4.6%；中等收入国家公共教育支出占 GDP 的比重平均为 4.5%；上中等收入国家公共教育支出占 GDP 的比重平均为 4.6%，公共教育支出占政府总支出的比重平均为 14.0%；高收入国家公共教育支出占 GDP 的比重平均为 5.4%，公共教育支出占政府总支出的比重平均为 12.6%。

表 37　不同年份部分国家公共教育支出变化状况

单位：%

国家	公共教育支出占 GDP 的百分比						公共教育支出占政府总支出的百分比					
	1970 年	1980 年	1990 年	2000 年	2005 年	2008 年	1970 年	1980 年	1990 年	2000 年	2005 年	2008 年
美国	7.4	6.5	50.	5.7	5.3	5.7	22.7	20.1	12.3	17.1	13.7	14.8
加拿大	8.5	6.8	6.2	5.6			24.1	17.3	14.0	12.5		11.9
英国	5.3	5.3	4.7	4.6	5.6	5.6	14.1	13.6		11.4	12.5	
法国	4.6	4.9	5.2	5.7	5.7	5.6	24.9	28.0		11.4	10.6	10.6
德国				4.5	4.6	4.4				9.9	9.8	9.7
意大利	3.7	4.3	3.0	4.5	4.5	4.7	11.9	11.1		8.9	9.8	9.7
日本	3.9	5.8	4.6	3.7	3.5	3.5	20.4	20.1	16.2	10.5	9.2	9.5
韩国	3.5	3.5	3.3	4.3	4.6	4.2	21.4	14.1	22.4	14.7	16.5	

续表

国家	公共教育支出占 GDP 的百分比						公共教育支出占政府总支出的百分比					
	1970 年	1980 年	1990 年	2000 年	2005 年	2008 年	1970 年	1980 年	1990 年	2000 年	2005 年	2008 年
俄罗斯			3.5	2.9	3.8	4.1				10.6	12.9	20.4
巴西	2.9	3.5	4.4	4.0	4.0	5.0	10.6			12.0		16.2
墨西哥	2.4	4.6	3.6	4.9	5.5	4.8	22.5	20.4	12.8	23.6	25.6	
土耳其	2.1	2.3	2.2	3.5	4.0		13.7	10.5				
波兰			5.2	5.0	5.5	5.7			14.6	12.7	12.7	12.0
阿根廷	1.5	2.6	3.3	4.6	3.8	5.5	9.1	15.1	10.9	13.7	13.1	15.0
印度	2.4	2.9	3.7	4.4	3.2		10.7	10.4	11.2	12.7	10.7	
印度尼西亚				2.5	2.9	3.5				11.5	14.9	17.5
中国	1.3	2.5	2.5	2.3	2.9		4.3	9.3	12.8	13.0		

资料来源：国家教育发展研究中心编《2009 年中国教育绿皮书——中国教育政策分析报告》，教育科学出版社，2009，第 50～51 页；世界银行编《2010 年世界发展指标》，中国财政经济出版社，2010，第 102～104 页。

教育投入比重是衡量政府重视教育程度的重要指标。国际上衡量教育投入水平的重要指标是财政性教育经费占国内生产总值的比重。据统计，国家财政性教育投入占国内生产总值的比重，目前世界平均水平为 7% 左右，其中发达国家达到 9% 左右，欠发达国家达到 4.1%。1993 年 2 月 13 日，中共中央、国务院印发《中国教育改革和发展纲要》，提出 2000 年实现国家财政性教育经费占 GDP 的 4% 的目标，但到 2009 年，我国财政性教育经费只占 GDP 的 3.59%。2010 年发布的《国家中长期教育改革和发展纲要（2010～2020）》再一次提出到 2012 年实现教育经费支出占国民生产总值的 4% 的目标。

表 38　中国历年教育支出占 GDP 的比重

单位：%

年份	2000	2001	2002	2003	2004	2005	2006	2007	2008	2009
比重	2.58	2.79	2.90	2.84	2.79	2.80	3.00	3.32	3.48	3.59

资料来源：根据相关资料整理。

2009 年，北京市预算内教育经费占 GDP 的比重为 3.55%，比 2008 年的世界平均水平低了 1 个多百分点，比低收入国家平均水平低了近 1 个百分点，比上中等收入国家平均水平低了 1 个多百分点，比高收入国家平均水平低了近 2 个百分点，比古巴低了近 10 个百分点，比美国低了 2 个多百分点。

表 39　2006～2009 年北京市预算内教育支出占 GDP 的比重

单位：%

年　份	2006	2007	2008	2009
预算内教育经费占 GDP（修订后）的比重	2.83	2.98	3.43	3.55

资料来源：《北京统计年鉴（2010）》、北京市教育委员会网站。

2. 教育资源配置不均衡问题仍然突出

教育资源分布不均衡的状况仍然比较突出，教育经费在学前教育、初等教育、中等教育和高等教育之间分布的层次结构不尽合理。2009 年，北京市教育经费总支出为 935.20 亿元，初等教育、中等教育和高等教育人均经费之比为 1∶1.2∶4.8，相比来说，基础教育的支出比重仍然偏低。在 2009 年北京市教育财政支出中，普通小学的经费支出增长速度最快，但就农村基础教育经费投入规模来说，仍嫌不足，农村中学和农村小学的经费增长速度均低于教育经费的平均增长速度，农村中学、农村小学教育经费在教育经费总支出中的比重出现下降。

表 40　2009 年北京市各级各类教育经费支出情况

	支出数量（亿元）	支出比例（%）	与 2008 年相比（%）
教育经费支出总额	935.20	100.00	14.10
高等学校	495.68	53.00	9.82
普通中学	124.68	13.33	13.95
农村	27.64	2.95	7.59
普通小学	102.59	10.97	24.70
农村	38.02	4.07	13.83

资料来源：根据《北京统计年鉴（2010 年）》有关数据计算得出。

北京市师资力量的分布也不平衡，在高于规定学历教师比例、高级职务教师比例、市级骨干教师比例、区级骨干教师比例和教师与学生人数比例等方面，农村均低于城市。北京市共有 182 名特级教师，其中远郊区（县）仅有 9 名，且集中在县城或市级高中示范学校。远郊区（县）骨干教师及学科带头人共计 369 人，而真正在农村中小学任教的不到 50 人。

据 2009 年北京市义务教育均衡发展状况专项督导报告数据，虽然北京市城乡义务教育在均衡发展方面取得了很大成绩，但是，与教师相关的几项数据，如在高于规定学历教师比例、具有高级职务教师比例、市级骨干教师比例、区级骨干教师比例和教师与学生人数比例等方面，农村均低于城市，说明城乡中小学教师待遇差别较大。城乡教师待遇差别过大，是制约城乡基础教育均等化发展的重要瓶颈。

3. 学前教育资源短缺的问题相当突出

当前，北京市基础教育中最为突出的问题是幼儿教育投入严重不足。随着城市化进程的加快，北京市常住人口迅猛增长，但北京市幼儿园的数量不仅没有增加，反而逐年减少。

1981 年，北京市有幼儿园 3888 所，在园幼儿人数 233089 人；2009 年，在园幼儿人数 247778 人，比 1981 年增加 14689 人，但幼儿园却减少到 1253 所，比 1981 年减少了 2635 所。

北京幼儿教育资源的严重短缺，引发了惊人的"入园难""入园贵"等严重问题。据调查，当前，北京的民办幼儿园平均收费标准为每月 1500 元至 3500 元，有的幼儿园收费更高。以北京某家双语幼儿园为例，其收费标准是：日托 5500 元/月，全托 6300 元/月，餐费 400 元/月，再加上各种活动的花费，一个孩子每月的开销达 7000 元左右。

表 41　北京市常住人口与幼儿园数量对比情况

年份	常住人口数(万人)	幼儿园数量(所)	年份	常住人口数(万人)	幼儿园数量(所)
1976	845.1	6031	1993	1112	3369
1977	860.5	4486	1994	1125	3301
1978	871.5	5074	1995	1251.1	3024
1979	897.1	4623	1996	1259.4	3056
1980	904.3	3991	1997	1240	2892
1981	919.2	3888	1998	1245.6	2662
1982	935	3849	1999	1257.2	2180
1983	950	1999	2000	1363.6	2047
1984	965	3682	2001	1385.1	1719
1985	981	2955	2002	1423.2	1540
1986	1028	3503	2003	1456.4	1430
1987	1047	3732	2004	1492.7	1422
1988	1061	3563	2005	1538	1358
1989	1075	3509	2006	1581	1361
1990	1086	3798	2007	1633	1306
1991	1094	3761	2008	1695	1266
1992	1102	3510	2009	1755	1253

资料来源：历年《北京统计年鉴》。

2008 年，全市户籍儿童共 37.4 万人，其中 3 岁以上 15.8 万人，3 岁以下 21.6 万人。2008 ~ 2009 学年度，全市共有各类幼儿园 1266 所，在园幼儿 22.6 万多名。其中，各级教育部门、大中小学附属幼儿园 331 所，在园幼儿占全市在园幼儿总量的 35.2%；中央、地方国家机关和企事业单位、部队办园 243 所，在园幼儿占 24.3%；城市街道、居委会、农村乡镇、村委会举办的幼儿园 312 所，在园幼儿占 13.2%；民办幼儿园 380 所，在园幼儿占 27.3%。现有幼儿园远远不能满足适龄幼儿入园需求。2010 年，北京市昌平区工业幼儿园招收本年度入园儿童时，家长们在幼儿园门口排起了长队，其中一位家长足足排了九天八夜。

表 42　2000 ~ 2009 年北京市幼儿园基本情况

年份	总　计		其　中					
	园数（所）	在园幼儿数（人）	城　市		县　镇		农　村	
			园数（所）	在园幼儿数（人）	园数（所）	在园幼儿数（人）	园数（所）	在园幼儿数（人）
2005	1358	202301	517	117888	315	52895	526	34518
2006	1361	197546	518	115655	337	51822	506	30069
2007	1306	214423	782	169055	150	23556	374	21812
2008	1266	226681	780	178807	147	25440	339	22434
2009	1253	247778	798	197231	145	27199	310	23348

资料来源：根据历年《北京统计年鉴》整理。

城区孩子入园难，农村孩子的状况也令人担忧。在农村，尤其是山区、半山区，有近 2/3 的幼儿没有机会接受学前教育。有的村镇没有一所公办幼儿园，一些私人开办的幼儿园远远不能满足农村家庭对幼儿教育的需求。农村孩子的父母大多常年在外打工，搞好学前教育对于农村孩子来说，显得尤为重要和急迫。

（二）城乡医疗卫生均等化问题

北京市在推进城乡医疗卫生服务上取得了明显的成就，但存在的问题也很多。

1. 财政用于医疗卫生支出的比重还比较低

从国际上来看，OECD 国家（经合组织）医疗卫生支出占 GDP 的比重逐年增长。美国医疗卫生支出占 GDP 的比重，由 1980 年的 9.2% 增加到 1990 年的 12.1%；OECD 其他各国的该比重也由 7.1% 增加到 7.6%。

据世界银行《2010 年世界发展指标》，低收入国家和中等收入国家的医疗卫生支出占 GDP 的比重均达到 5.4%，高收入国家医疗卫生支出占 GDP 的比重达到 11.2%。

表 43　2007 年部分国家医疗卫生支出情况

单位：%

国　家	医疗卫生支出占GDP比重	公共医疗卫生支出占总支出比重	国　家	医疗卫生支出占GDP比重	公共医疗卫生支出占总支出比重
阿根廷	10.0	50.8	意大利	8.7	76.5
澳大利亚	8.9	67.5	日　本	8.0	81.3
巴　西	8.4	41.6	韩　国	6.3	54.9
加拿大	10.1	70.0	瑞　典	9.1	81.7
中　国	4.3	44.7	英　国	8.4	81.7
古　巴	10.4	95.5	美　国	15.4	45.5
法　国	11.0	79.0	低收入国家	5.4	42.7
德　国	10.4	76.9	中等收入国家	5.4	50.2
印　度	4.1	26.2	高收入国家	11.2	61.3

注：公共医疗卫生支出由政府预算中的经常性开支和基本建设开支、对外借款和国外赠款（包括国际机构和非政府组织的捐款）以及社会（或强制性）医疗保险基金构成。

资料来源：世界银行《2010 年世界发展指标》，中国财政经济出版社，2010，第 120～123 页。

我国医疗卫生总费用占 GDP 的比重，不但低于高收入国家，也低于低收入国家和中等收入国家水平。

表 44　中国医疗卫生总费用占 GDP 比重

单位：%

年份	1980	1990	1995	2000	2005	2006	2007	2009
比重	3.15	4.00	3.54	4.62	7.43	4.64	4.52	5.15

2011 年 1 月 20 日的《人民日报》报道，由北京市卫生局、北京市财政局、解放军总后卫生部、武警总队以及北京市政府相关委办局组成的项目组，委托北京中医药大学管理学院进行了历时 8 个月的研究，2010 年底完成

了北京地区卫生总费用的首次全行业总费用核算。北京地区卫生总费用的核算包括中央在京、部队、高校、厂矿等各级各类医疗机构。扣除财政对军队卫生机构的投入，2007～2009 年北京地区卫生费用筹资总额分别为 554.7 亿元、705.9 亿元、733.6 亿元。2009 年北京地区卫生总费用筹资，政府、社会、个人筹资构成分别为 29.1%、44.7%、26.2%。2009 年北京地区卫生总费用占 GDP 比重为 6.0%。

北京地区卫生总费用的核算包括中央在京、部队、高校、厂矿等各级各类医疗机构，虽然在总费用中扣除了财政对军队卫生机构的投入，但还包括中央财政等相关投入，如果扣除这部分内容，北京市卫生总费用的数额可能会低些，虽然达到了中等发达国家的水平，但与发达国家的标准还有较大差距。在北京地区卫生总费用中，政府筹资只占 29.1%，远低于中等发达国家水平；社会和个人筹资高达 71.9%，远高于中等发达国家水平。

表 45 北京市医疗卫生支出情况

年 份	2004	2005	2006	2007	2008	2009
修订后 GDP(亿元)	6033.2	6969.5	8117.8	9846.8	11115.0	12153.0
北京地区卫生总费用(亿元)				554.7	705.9	733.6
医疗卫生支出(万元)	540662	656229	1009530	1189527	1450513	1666270
卫生总费用占 GDP 比重(%)	5.6	6.35	6.03			
地方财政支出(万元)	9741724	11372789	14115810	20676540	24009260	28208643
医疗卫生支出占地方财政支出比重(%)	5.55	5.77	7.15	5.75	6.04	5.91

资料来源：根据《北京统计年鉴（2010）》、王君平《北京卫生总费用占 GDP 6%》（载《人民日报》2011 年月 20 日）相关资料整理。

2. 医疗卫生支出结构亟待进一步完善

从北京市的医疗卫生支出结构来看，以 2009 年为例，用于"医疗保障"的支出占医疗卫生支出的比重最大，但其中也有相当大的比重用于"医疗卫生管理事务"，此外，在"医疗服务""疾病预防控制""卫生监督""妇幼保健"等支出项目中，也有相当一部分用于"机构支出"，而用于"农村卫生"项目的经费只占较小的比重，农村公共卫生体系仍旧脆弱，城乡公共卫生的差距依然很大。

表 46 2009 年北京市医疗卫生支出结构

单位：%

支出项目	占医疗卫生支出比例	支出项目	占医疗卫生支出比例
医疗卫生支出	100	卫生监督	1.22
医疗卫生管理事务	2.94	妇幼保健	1.75
医疗服务	24.2	农村卫生	1.43
社区卫生服务	10.7	中医药	0.45
医疗保障	42.1	食品和药品监督管理事务	2.2
疾病预防控制	6.87	其他医疗卫生支出	6.14

数据来源：《北京财政年鉴（2010）》。

3. 个人负担医疗费用比例较大

从国际水平看，2000 年，世界平均个人自负医疗费用比例为 38.2%，发达国家平均个人自负医疗费用比例为 27%，转型国家平均个人自负医疗费用比例为 30%，最不发达国家平均个人自负医疗费用比例为 40.7%。

北京市城乡居民医疗自负率远高于国际平均水平。以"新农合"为例，2007～2010 年，北京市"新农合"的参合率和受益面不断扩大，但参合人员门诊和住院的实际补偿率较低，门诊实际补偿率分别为 38.46%、33.16%、34.19%、36.54%。2004～2010 年，北京市"新农合"住院实际补偿率分别为 33.66%、29.53%、31.67%、44.5%、48.39%、47.59%、49.25%。"新农合"门诊和住院实际补偿率均未达到 50%，就是说，参合农民就医个人门诊负担在 60% 以上，个人住院负担在 50% 以上。

表 47 世界各国卫生支出的主体结构比较（2000 年）

单位：%

国别或类型	卫生总费用占 GDP 比重	个人负担比重	政府负担比重
中　国	5.3	60.6	39.4
发达国家	8.5	27.0	73.0
转型国家	5.3	30.0	70.0
最不发达国家	4.4	40.7	59.3
其他发展中国家	5.6	42.8	57.2
世界平均	5.7	38.2	61.8

资料来源：王绍光：《中国公共卫生的危机与转机》，载王绍光著《安邦之道：国家转型的目标与途径》，生活·读书·新知三联书店，2007，第 302 页。

表 48　2004～2009 年北京市"新农合"保障水平和受益面

项　目	2004 年	2005 年	2006 年	2007 年	2008 年	2009 年	2010 年
参合数(万人)	237.5	250.38	261.04	263.45	272.48	274.97	278.53
总补偿人次(万人次)	122.6022	187.016	198.3999	200.5158	274.9582	456.2263	
门诊人次(万人次)	67.7284	129.9926	118.8289	159.8825	252.6223	432.4782	
门诊实际补偿率(%)				38.46	33.16	34.19	36.54
住院人次(万人次)	6.7887	10.5578	13.0426	15.5751	16.7239	19.2551	
住院实际补偿率(%)	33.66	29.53	31.67	44.5	48.39	47.59	49.25
特病人次(万人次)					1.626	0.9391	
参合人均补偿次数(次)	0.52	0.75	0.76	0.76	1.01	1.66	
参合人均门诊次数(次)	0.29	0.52	0.46	0.61	0.93	1.57	
参合人均住院次数(次)	0.03	0.04	0.05	0.06	0.06	0.07	

资料来源：北京市新型农村合作医疗服务管理中心。

4. 城乡医疗保险制度分割突出

北京与全国一样，按不同的人群和城乡建立不同的医疗保险制度。在城镇，按不同人群分别建立了公费医疗制度、城镇职工基本医疗保险制度、城镇居民基本医疗保险制度等；在农村，则建立了新型农村合作医疗制度。不同的制度之间封闭运行，不同制度之间和不同区域之间的制度接转不畅。

以北京市城乡居民医疗保险制度为例，2010 年，北京市城乡居民医疗保险制度就有 16 个之多，城镇居民有 3 个、"新农合"有 13 个，加上有的区实行乡镇统筹，具体政策、制度更多。13 个涉农区县的"新农合"制度各不相同，且各区县每年都要重新制定和发布"新农合"实施方案，不断调整具体政策。全市 13 个区县制定筹资标准 27 个，除朝阳区、海淀区以外的 11 个区县各负责制定本辖区筹资标准，朝阳、海淀两个区的基本医疗筹资标准由所属各乡镇制定，两个区 26 个乡镇共制定了 16 个筹资标准，最高人均筹资 900 元，最低人均筹资 520 元。农民个人筹资最高的为 160 元，最低的为 35 元。

2010 年，北京市"新农合"门诊报销政策共有 35 种，除朝阳区、海淀区以外的 11 个区县共制定了 11 种门诊报销政策，朝阳区 19 个乡镇制定了 15 种门诊报销政策，海淀区 7 个乡镇制定了 9 种门诊报销政策，海淀区又针对退休、没退休、个人基金账户总额不同，分别制定了 4 种政策。在同一区县，又针对不同级别的医疗机构设置不同的起付线、封顶线、报销比例，在同一级别的医疗机构，又分段设立报销标准。

此外，城乡医疗资源分布不均衡、城乡医务人员待遇差距较大等问题也比较突出，不容忽视。

（三）城乡社会保障问题

北京市在全国率先实现了城乡社会保障制度的全覆盖，但还存在社会保障制度不完善、社会保障待遇不平衡、社会保障水平还不高等问题。

1. 部分人群还没有纳入社会保障体系

北京市已经基本实现了城乡社会保障的制度全覆盖，但因种种原因，还没有将城乡居民全部纳入社会保障网络，尚未实现社会保障的人群全覆盖。比如，新型农村合作医疗制度实行"政府引导、自愿参加"，在实际工作中，一些无缴费能力的贫困人群、尚无疾病之忧的健康人群、经济富裕的人群以及外出务工人群等没有参加"新农合"。2004～2009年，北京市农村居民参合率由71.9%上升到95.7%，绝大部分农村居民参加了"新农合"，但仍有4.3%的农村居民没有参加新型农村合作医疗。2009年，农村养老保险覆盖率达到90%，但还有10%的农村老人没有参加养老保险。

从北京市常住人口、外来人口和从业人员数量等方面来看，还有部分人群游离于社会保障体系之外。特别是外来流动人口，没有完全加入社会保障体系之中。

2. 城乡社会保障制度未完全统一

在推进城乡一体化进程中，北京已建立了城乡统一的居民养老保险制度、城乡统一的城乡无保障老年居民福利制度等，北京市还在城乡残疾人救助、城乡义务兵优抚费、城乡丧葬补贴等方面实现了标准的城乡统一。北京农村转移就业劳动力可以参加城镇职工各类社会保险，享受与城镇职工同等待遇。

但城乡居民基本医疗制度尚未实现城乡统一，在城镇，实行城镇居民基本医疗保险制度，在农村，实行新型农村合作医疗制度。不但城乡居民医疗保险政策不同，而且各区县"新农合"的筹资标准等也各不相同。

2010年全市13个涉农区县中有11个区县的人均筹资标准均为520元，海淀区为670元；朝阳区最高，达到720元。

表49　北京市历年参加社会保障情况（1995～2009）

单位：万人

年份	参加基本养老保险人数	参加基本医疗保险人数	参加失业保险人数	参加工伤保险人数	参加生育保险人数	参加农村社会养老保险人数	参加新型农村合作医疗人数	城镇居民享受最低生活保障人数	农村最低生活保障人数	农村养老保险覆盖率（%）	新型农村合作医疗参合率（%）
1995	261.1		219.8								
1996	252.0		214.5			29.2		0.9			
1997	264.3		214.0			37.4		0.9			
1998	359.2		222.9			41.2		2.8			
1999	379.0		289.0			34.4		4.3	1.2		
2000	391.6		287.8	212.0		38.5		6.7	1.6		
2001	425.9	210.2	287.2	212.7		34.7		7.8	1.8		
2002	436.2	353.8	299.5	221.0		32.0		12.0	5.4		
2003	448.5	436.1	306.6	242.9		33.6		16.1	6.7		
2004	460.0	484.0	308.0	259.0		36.8	234.0	16.1	7.5		71.9
2005	520.0	574.8	394.6	328.9	226.1	40.6	250.4	15.5	7.8	25.0	80.3
2006	604.1	679.5	482.2	465.3	263.3	44.8	261.0	15.2	7.1	29.3	86.9
2007	671.7	783.0	535.3	609.2	290.6	49.1	268.5	14.8	7.8	36.6	88.9
2008	758.1	871.0	614.3	666.5	324.1	127.5	272.5	14.5	7.9	85.0	92.9
2009	827.7	938.4	675.7	747.1	346.8	153.9	274.9	14.7	8.0	90.0	95.7

注：1.2001年开始设置基本医疗保障指标，在以前的年份称为大病统筹，2000年参加大病统筹人数为232.6万人。

2.2005年7月1日《北京市生育保险规定》开始实施，全市农村社会养老保险1992年试点，1996年全市正式实施。

3.2006～2009农村最低生活保障人数不含农村五保供养人员。

4.农村居民参加城乡居民养老保险人数在2007年及以前为参加农村社会养老保险人数；2008年为参加新型农村社会养老保险人数；2009年为参加城乡居民养老保险人数中农村参保人数。

5.农民养老保险参保率2008年及以前为农村养老保险覆盖率。

资料来源：《北京统计年鉴（2010）》。

表50　北京市常住人口、城镇单位在岗职工、从业人员（1995～2009）

单位：万人

年份	常住人口	其中：外来人口	常住人口按性别分		常住人口按城乡分		户籍人口	非农业户籍人口	农业户籍人口	城镇单位在岗职工	从业人员
			男	女	城镇人口	乡村人口					
1995	1251.1	180.8	672.0	624.1	946.2	304.9	1070.33	696.86	373.47	470.9	665.3
1996	1259.4	181.7	639.0	620.4	957.9	301.5	1077.69	7.9.71	367.98	460.6	660.2
1997	1240.0	154.5	628.7	611.3	948.3	291.7	1085.54	722.69	362.85	465.3	655.8
1998	1245.6	154.1	630.6	615.0	957.7	287.9	1091.46	733.64	357.82	450.1	622.2
1999	1257.2	157.4	636.4	620.8	971.7	285.5	1099.80	747.19	352.61	438.0	618.6
2000	1363.6	256.1	710.9	652.7	1057.4	306.2	1107.53	760.70	346.83	434.2	619.3
2001	1385.1	262.8	722.1	663.0	1081.2	303.9	1122.35	780.17	342.18	400.3	628.9
2002	1423.2	286.9	743.1	680.1	1118.0	305.2	1136.34	806.92	329.42	434.2	679.2
2003	1456.4	307.6	761.2	695.2	1151.3	305.1	1148.83	830.80	318.03	436.3	703.3
2004	1492.7	329.8	779.9	712.8	1187.2	305.5	1162.89	854.69	308.20	446.4	854.1
2005	1538.0	357.3	778.7	759.3	1286.1	251.9	1180.68	880.23	300.45	448.4	878.0
2006	1581.0	383.4	807.4	773.6	1333.3	247.7	1197.60	905.38	292.22	453.1	919.7
2007	1633.0	419.7	829.0	804.0	1379.9	263.1	1213.26	928.96	284.30	478.9	942.7
2008	1695.0	465.1	861.6	833.4	1439.1	255.9	1229.86	950.71	279.15	508.3	980.9
2009	1755.0	509.2	896.2	858.8	1491.8	236.2	1245.8	971.9	273.9	—	998.3

资料来源：根据相关《北京统计年鉴》整理。

表 51 2010 年北京市各区县"新农合"人均筹资标准

	参合（万人）	人均（元）	其 中				
			市级财政	区县财政	乡镇财政	村	个人
朝 阳	12.52	720	100	280	115	105	120
海 淀	8.50	670	100	450	120		
丰 台	12.84	520	105	165/185	70/60	70/60	110
通 州	33.57	520	175	140	140		65
顺 义	31.34	520	175	165	115	5	60
大 兴	29.49	520	175	285			60
昌 平	19.59	520	225	205	30		60
房 山	41.25	520	225	190	55		50
怀 柔	15.93	520	135	201	134		50
密 云	27.11	520	225	160	85		50
门头沟	5.51	520	225	225	20	50	
平 谷	22.95	520	225	185	70		40
延 庆	17.94	520	225	260			35

资料来源：《北京城镇居民基本医疗保险与"新农合"制度整合研究》，北京市农村经济研究中心社会处，2011 年 2 月。

城乡社会保障基金的筹资模式不同。城镇职工养老保险和基本医疗保险的筹资模式是"社会统筹与个人账户"相结合的部分积累模式，政府允许企业为职工缴纳的养老保险费在税前列支，计入成本，这就意味着政府减少了这部分费用的 33% 的所得税。在基本养老保险基金入不敷出时，政府将给予补助。而农村养老保险制度的筹资模式为"个人账户储蓄积累模式"，资金筹集的特点是个人缴费为主、集体补助为辅、政府政策扶持。城乡居民基本医疗保险基金的统筹层次不同，城镇居民基本医疗保险实行市级统筹，新型农村合作医疗实行区县统筹。

3. 城乡社会保障待遇不平衡

北京城镇社会保障制度已经形成了以城镇职工的养老保险、失业保险、基本医疗保险和工伤保险等四项保险制度为重点，包括社会救助、社会福利和优抚安置等内容的较为完备的社会保障体系，而农村的社会保障制度则主要包括养老保险、新型农村合作医疗和最低生活保障制度等，城乡社会保障的实际待遇水平还很不平衡。

在社会保障分项支出中，各人群的保障待遇相差较大。在全市常住人口中，社会保障待遇存在着一个"两极"现象："一极"是各单位的离退休人员的社会保障福利费用占全部社会保障费用的比例较高，另"一极"是数百万外来人口没有充分纳入社会保障体系、享受社会保障权益。

从基本医疗保障的负担水平看，同样是大病费用，城镇职工个人负担30%，统筹基金报销70%，超过封顶线部分，再由大额医疗互助基金支付；而农村合作医疗基金报销的比例远未达到城镇职工的水平，同时，各区县之间"新农合"报销待遇也各不相同。

2010年全市13个涉农区县"新农合"的门诊与住院报销政策实行了新的调整。各区县门诊报销一般对村和乡镇级医疗机构不设起付线，对村卫生站设起付线的只有延庆县，对乡镇卫生院设起付线的只有延庆县和房山区。丰台、通州、大兴、怀柔、密云、平谷6个区县对二、三级医院都未设起付线。二级医疗机构封顶线最高的是昌平区，为1万元；三级医疗机构封顶线最高的是昌平区与房山区，均为1万元；各级医疗机构的报销比例在30%至55%之间。朝阳与海淀两个区的各乡镇分别制定不同的报销政策。

各区县"新农合"的住院报销政策，一般按一、二、三级医院分别设立起付线，分段执行报销比例，封顶线一般为18万元，只有朝阳区为17万元，房山区最高，为25万元。

从城乡社会救助看，城镇居民最低生活保障标准已实现了全市统一，2011年全市城镇居民最低生活保障标准为每人每月480元。但农村居民最低生活保障标准尚未实现全市统一，各区县实行的标准不同。在北京市13个涉农区县中，只有朝阳、海淀、丰台三个区实现了辖区内城乡居民低保标准的统一，自2005年以来，这三个区的农村低保标准已与全市城镇居民最低生活保障标准保持了一致。

4. 城乡低保覆盖率还比较低

1976年，经济合作与发展组织提出了一个广泛运用的国际贫困标准，即以一个国家或地区社会中位收入或平均收入的50%作为该国家或地区的贫困线。世界银行在1990年的《世界发展报告》中，以1985年的国际物价水平设定国际贫困线为每天消费1美元。2005年世界银行将国际贫困线调至每天消费1.25美元。以2005年12月人民币与美元汇率（100∶808.4）计算，每天消费1.25美元的国际贫困线相当于人民币每天消费10.105元、每月消费303.15元、每年消费3688.325元。

表52　2010年北京市各区县"新农合"门诊报销政策

区县	村卫生站、卫生室			乡镇卫生院、社区医疗卫生服务中心			二级医院			三级医院		
	起付线(元)	报销比例(%)	封顶线(元)	起付线(元)	报销比例(%)	封顶线(元)	起付线(元)	报销比例(%)	封顶线(元)	起付线(元)	报销比例(%)	封顶线(元)
丰台	0	40	220	0	40	220	0	40	220	0	40	220
通州	0	40	3000	0	40	3000	0	35	3000	0	35	3000
顺义	0	50	3000	0	50	3000	300	35	3000	300	35	3000
大兴	0	50	$150 \times N$	0	50	$150 \times N$	0	50	$150 \times N$	0	50	$150 \times N$
昌平	0	50	3000	0	50	3000	1000	40	10000	1000	35	10000
房山	0	35		100	55	3000	400	45	6000	1000	35	10000
怀柔	0	35		0	40	600	0	40	600	0	40	600
密云	0	35		0	4项100 6项50 药费35		0	2项50 4项40		0	40	
门头沟	0	35										
平谷	0	45	3500	0	50	200	300	50	200	300	50	200
延庆	300	45		300	45	3500	0	30	3500	0	30	3500
朝阳	各乡镇制定政策,19个乡镇15种政策											
海淀	各乡镇制定政策,7个乡镇9种政策											

注:大兴封顶线为家庭参合人数(N)乘以150元。

资料来源:北京市农村经济研究中心研究处《北京城镇居民基本医疗保险与"新农合"制度整合研究》,2011年2月。

表53 2010年北京市各区县"新农合"住院报销政策

区县	乡镇卫生院、社区医疗卫生服务中心		二级医院		三级医院		封顶线（元）
	起付线（元）	报销比例（%）	起付线（元）	报销比例（%）	起付线（元）	报销比例（%）	
朝阳	0~5万	60	3000~5万	60	3000~5万	60	17万
	5万以上	70	5万以上	70	5万以上	70	
海淀	1300	60	1300	60	1300	55	18万
丰台	0	70	500	60	1300	45	18万
通州	0~5000	65	300~5000	50	1000~5000	40	18万
	5001~3万	75	5001~3万	60	5001~3万	45	
	3万以上	80	3万以上	65	3万以上	50	
顺义	300	72	800~2万	65	1300~2万	55	18万
			2万~5万	70	2万~5万	60	
			5万以上	77	5万以上	67	
大兴	0	80	500~1万	70	2000~1万	40	18万
			1万~4万	75	1万~4万	50	
			4万以上	80	4万以上	55	
昌平	200	75	600	65	1000	50	18万
房山	200~5000	75	500~1万	55	1000~2万	45	18万/25万
	5000以上	80	1万~2万	60	2万~3万	50	
			2万以上	65	3万以上	55	
怀柔	0	70	0	60	0	50	18万
密云	0	75	500~1万	65	1000~1万	55	18万
			1万~3万	70	1万~3万	65	
			3万以上	85	3万以上	75	
门头沟			500	60	1300	40	18万
平谷	0~2000	65	651~5000	60	1301~1万	50	18万
	2001~1万	75	5001~2万	70	1万~3万	60	
	1万以上	90	2万以上	80	3万以上	70	
延庆	0~5000	75	0~5000	60	0~5000	45	18万
	5000~3万	85	5000~3万	75	5000~3万	65	
	3万以上	95	3万以上	85	3万以上	85	
最低	0	60	0	50	0	40	17万
	8个区县	2个区县	2个区县	通州	2个区县	3个区县	朝阳
最高	1300	95	3000	85	3000	85	25万
	海淀	延庆	朝阳	2个区县	朝阳	延庆	房山

注：房山区封顶线16岁以下25万，16岁以上18万。

表 54　北京市城乡居民最低生活保障标准比较

年份	2007	2008	2009	2010	2011
全市统一的城镇低保障标准（元/月）	330	390	410	430	480
全市规定的农村居民最低生活保障标准	—	1780（元/年）	2040（元/年）170（元/月）	2520（元/年）210（元/月）	3600（元/年）300（元/月）
以下为13个涉农区县实际执行的农村居民最低生活标准（元/月）					
朝　阳　区	330	390	410	430	480
丰　台　区	330	390	410	430	480
海　淀　区	330	390	410	430	480
房　山　区	140	160	170	210	300
通　州　区	120	160	170	220	300
顺　义　区	150	180	210.83	280	384
昌　平　区	140	160	210	230	300
大　兴　区	120	160	200	240	300
门头沟区	130	170	200	240	300
怀　柔　区	112.5	148.33	170	210	300
平　谷　区	100	150	170	210	300
密　云　县	100	150	170	210	300
延　庆　县	91.67	150	170	210	300

说明：2007 年，怀柔区农村居民低保标准为每人每年 1350 元，延庆县农村居民低保标准为每人每年 1100 元；2008 年，怀柔区农村居民低保标准为每人每年 1780 元；2009～2011 年，顺义区农村居民低保标准每人每年分别为 2530 元、3360 元、4608 元。

资料来源：根据北京市民政局资料整理。

中国贫困线标准一直比较低，2006 年中国农村绝对贫困线为人均年收入 693 元，相对贫困线为 958 元；从 2009 年开始，中国农村绝对贫困标准和相对贫困标准合二为一，当年中国农村贫困标准是人均年纯收入 1196 元，按购买力平价测算，相当于每天 0.89 美元。2011 年，中国农村贫困标准上调到人均年纯收入 1500 元，提高贫困标准后，全国贫困人口将达到 1 亿人左右。如果按国际贫困线标准衡量，我国的贫困人口会更多。

表 55　以国际贫困线衡量的中国贫困人口和贫困率

年　份	1981	1984	1987	1990	1993	1996	1999	2002	2005
日均消费低于 1.25 美元（2005 年 PPP）的人口（百万）	835	720	586	683	633	443	447	363	208

年　份	1981	1984	1987	1990	1993	1996	1999	2002	2005
日均消费低于 1.25 美元（2005 年 PPP）的人口份额(%)	84.0	69.4	54.0	60.2	53.7	36.4	35.6	28.4	15.9
日均消费低于 2 美元（2005 年 PPP）的人口（百万）	972	963	907	961	926	792	770	655	474
日均消费低于 2 美元（2005 年 PPP）的人口份额(%)	97.8	92.9	83.7	84.6	78.6	65.1	61.4	51.2	36.3

资料来源：世界银行《2010 年世界发展指标》，中国财政经济出版社，2010，第 92 页。

如果按照经济合作与发展组织提出的社会平均收入的 50% 作为贫困标准，不计城镇与农村收入平均数，单计农村平均收入一半的话，2010 年北京农村居民贫困线（或低收入线）为 6631 元，如此，将有更多的农村居民在贫困线以下。

2009 年，北京市新农办印发《北京市低收入农户监测实施方案》，将农村居民年人均可支配收入低于 4500 元且具有劳动能力的农户确定为低收入户，全市农村低收入农户 81320 户，共计 242168 人，占全市农业户籍总人数的 8.7%。北京市农村居民低保覆盖率只有 3% 左右，城镇居民低保覆盖率只有 1.5% 左右。2010 年，农村享受低保人数为 81598 人，占全市农业户籍人口的 3.04%；城镇享受低保的人数为 137224 人，占全市非农业户籍人数的 1.39%。

表 56　北京市城乡低保覆盖比例

年份	非农户籍人数（万人）	城镇低保人数（人）	城镇低保覆盖率（%）	农业户籍人数（万人）	农村低保人数（人）	农村低保覆盖率（%）
2007	928.96	147576	1.59	284.30	77818	2.74
2008	950.71	145075	1.53	279.15	78789	2.82
2009	971.9	147142	1.51	273.9	79821	2.91
2010	989.5	137224	1.39	268.3	81598	3.04

资料来源：根据《北京统计年鉴》和北京市民政局相关资料整理。

表 57　北京市城乡居民人均收入

单位：元/年

年　份	2006	2007	2008	2009	2010
城镇居民人均可支配收入	19978	21989	24725	26738	29073
农村居民人均纯收入	8620	9559	10747	11986	13262

资料来源：北京市统计局。

5. 财政用于社会保障的支出比重较低

在市场经济发达国家，财政用于社会保障等公共服务的支出比例较高。据有关研究，2004 年，美国联邦政府支出的 45% 用于社会保障和医疗卫生等方面的公共服务，其中用于社会保障的财政支出占总支出的 21.6%，而用于行政公务的支出只占总支出的 10%。2002 年美国州和市县镇政府用于教育、卫生、各种社会保障和社会管理的支出比例高达 70% 以上，行政公务费用只占 16%。澳大利亚政府用于社会保障和实利的支出占总支出的 24.2%。

2010 年，我国用于社会保障和就业的支出只占总支出的 7.8%；北京市用于社会保障和就业的支出占总支出的 8.7%。

表 58　2004 年美国联邦政府财政支出结构

	总支出	国防	外交	保健	养老医疗	收入保障	社会保障	净利息	行政公务	其他
数额（亿美元）	22922	4559	269	2401	2694	328	4955	1602	2290	3113
比例（%）	100	20	1.2	10.5	11.8	1.43	21.6	7.0	10	13.6

资料来源：周天勇撰《中美财政支出结构和公共服务程度比较》，转引自中国价值网 http://www.chinavalue.net/Article/Archive/2009/8/6/187204.html。

表 59　2009 年北京市财政支出结构

	一般公共服务	教育	科学技术	文体传媒	社会保障和就业	医疗卫生	环境保护	交通运输	城乡社区事务	农林水事务	政府性基金支出
数额（万元）	2122099	3656677	1263072	747524	2342924	1666270	540459	1470666	3478192	1420063	5014985
比例（%）	7.5	12.9	4.5	2.6	8.3	5.9	1.9	5.2	12.3	5.0	17.8

资料来源：《北京统计年鉴（2010）》。

此外，有关社会保障基金管理问题、农民工社会保障问题、城乡不同人群社会保障接转等问题也都需要进一步解决。

（四）城乡公共就业服务问题

近几年来，随着城乡协调发展的理念开始推广以及社会主义新农村建设的实施，北京市对农村公共就业服务的投入力度不断加大，但是，由于农村公共就业服务建设起步晚，城乡的公共就业服务还面临不少问题和矛盾，主要体现在以下几个方面。

1. 农村劳动力就业不平衡，就业服务的针对性需要继续增强

据调查，2009 年北京市具有就业能力的农村劳动力为 162.6 万人，已就业的农村劳动力为 144.5 万人，就业率（已就业劳动力与具有就业能力劳动力的比值）为 88.9%，全市尚有 18.1 万农村劳动力没有就业。北京市各区县农村劳动力就业状况也不平衡。从不同功能区看，城市发展新区农村劳动力就业率最高，为 89.6%；生态涵养发展区为 88.8%，同比持平；城市功能拓展区为 86.3%。从各区县看，农村劳动力就业率在 90% 以上的区县有大兴、平谷、延庆、顺义和昌平，其中，大兴区就业率最高，为 93.94%，海淀区就业率最低，只有 77.97%。

此外，北京郊区农村劳动力跨区域就业率比较低，就业半径较小。2009年，北京市农村劳动力在本区县内就业的比例高达 85.8%，跨区域就业的比例只有 14.2%。

北京市已出台一系列促进农村劳动力转移就业的政策，已基本实现城乡就业政策服务的一体化，有关城镇居民就业的优惠政策已经向农村延伸和覆盖。但由于各区县农村劳动力就业情况不同，针对不同地区、不同人群的就业促进政策尚需进一步完善，城乡就业在操作层面上还存在很多差异。

2. 农村劳动力文化素质总体不高，相关的职业技能培训有待进一步拓展

据 2008 年 4 月发布的北京市第二次全国农业普查主要数据公报，2006 年，北京市农村农业从业人员中，初中及以下文化程度的占 89.70%，大专及以上文化程度的只占 0.52%。另据北京市农委农村管理信息平台统计，2009 年，北京市农村劳动力中，初中及以下文化程度的劳动力占 83.8%，大专及以上学历的占 1.16%。北京市农村劳动力总体文化程度偏低。据分析，农村居民文化程度越低，收入也越低，小学及以下学历的农村转移就业劳动者年均收入比初中、高中、中专（含中技）、大专、本科及以上学历的已就业劳动者收入，分别低 2202 元、3310 元、3502 元、7031 元、8641 元。

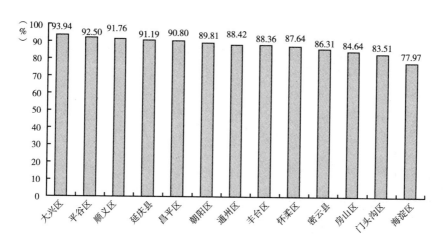

图 10　2009 年北京市各区县农村劳动力就业率

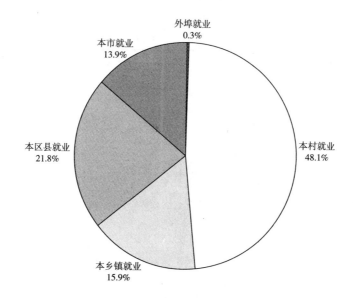

图 11　2009 年北京农村劳动力区域就业结构

表 60　北京市农业从业人员数量及构成

项　　目	北京市	城市功能拓展区	城市发展新区	生态涵养发展区
农村农业从业人员数量（万人）	65.66	3.20	36.25	26.21
农村农业从业人员性别构成（%）				
男	42.85	45.55	41.34	44.61
女	57.15	54.45	58.66	55.39

续表

项　目	北京市	城市功能拓展区	城市发展新区	生态涵养发展区
农村农业从业人员年龄构成(%)				
20 岁以下	1.18	1.65	1.42	0.80
21～30 岁	6.34	8.76	7.02	5.10
31～40 岁	20.72	26.30	21.19	19.39
41～50 岁	35.38	36.81	35.66	34.82
51 岁以上	36.38	26.48	34.71	39.89
农村农业从业人员文化程度构成(%)				
文盲	6.03	3.62	3.56	9.74
小学	25.61	21.43	22.58	30.29
初中	58.06	60.64	64.53	48.79
高中	9.78	12.65	8.80	10.80
大专及以上	0.52	1.66	0.53	0.38

资料来源：北京市第二次全国农业普查主要数据公报（第二号），2008 年 4 月 10 日，载《北京统计年鉴（2008）》。

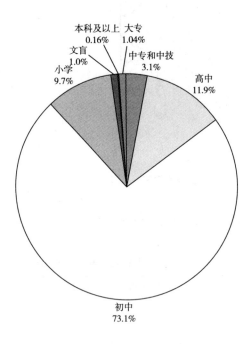

图 12　2009 年北京农村劳动力文化结构

北京市农村劳动力总体文化程度不高，加上农村人口老龄化进程加快以及年轻劳动力人口外出务工，现有的农村劳动力素质和年龄结构，与现代都市农业发展和农村劳动力向二、三产业转移就业的需求不相适应。近年来，北京市大力开展了农村实用人才培训、农村基层干部培训、新型农民培训、农村劳动力转移就业培训等多种形式的教育培训，成效显著。2008 年北京市共完成农村劳动力转移就业培训约 9.7 万人，2009 年完成农村劳动力转移就业培训 5.8 万人，2010 年完成农村劳动力转移就业培训 5 万余人。

应该说，相对于全国来说，北京市对农村劳动力转移就业培训的规模较大。但是，当前的农村劳动力培训尚未实现全覆盖，大多数农民还缺乏接受职业教育和培训的机会。现有的农村劳动力就业培训服务还不能满足农业现代化和城市化对农村劳动力素质的现实需要。

表 61　北京市农村劳动力培训情况

年份	培训总人次（人次）	技能培训			实现就业人数（人）	就业率（%）
		人数（人）	获技能鉴定证书人数(人)	获证率（%）		
2004	152403	86075	40948	47.6	55000	63.9
2005	165355	108786	64559	59.3	65000	59.8
2006	190184	99350	70456	70.9	83811	84.4
2007	125840	88076	81030	92.0	82210	73.1

资料来源：马俊哲等著《北京郊区农村人力资源开发研究》，中国农业出版社，2010，第 241 页。

3. 就业服务资源分布不均，城乡就业制度建设需要不断完善

北京市加强了城乡就业服务体系建设，基本实现了城乡就业服务体系的全覆盖。但城乡之间、不同地区之间公共就业服务的基础平台建设、人员配置和财政投入等资源分布不平衡。有关城乡就业和失业的制度建设取得很大进展，但需要完善的地方仍有很多。

在政策安排上，目前北京市的城乡就业服务政策没有完全统一，传统城乡二元就业体制的惯性没有完全消除。从有关数据看，促进城乡就业的扶持政策没有完全并轨。

在财政投入上，就业服务主要由区县地方政府负责，因不同区域的经济发展水平差异，特别是山区经济发展水平低、财政实力相对薄弱，其对公共就业

服务的基础设施投入与发达地区相比差距较大。

在机构设置、人员配置上，有的乡镇没有建立完善的就业服务网络，农村就业服务的功能没有充分发挥。据北京市人力资源和社会保障局的一项农民工调查显示，有58%的人没有听说过家乡有就业服务站，22%的人知道有此机构，只有8%的农民工去过就业服务站。

在失业保险上，体制内与体制外失业人员的失业保险待遇存在较大差别，体制内的下岗职工可以享受失业保险、国有企业下岗职工基本生活保障、城镇居民最低生活保障、公益性岗位安置和一次性经济补偿等相对完整的失业保险和救助服务，但体制外的一些就业困难群体，如农民工、城镇非国有经济中的失业者、灵活就业者等，没有平等享受相关失业保险和失业救助等待遇。

表 62　北京市失业保险政策

内容		城镇职工		农民工
缴费主体与水平	单位	1.5%		1.5%
	个人	1.5%		无
失业保险待遇申请流程		本市户籍居民	外地户籍居民	申请农民工一次性生活补助金
	失业后	档案转街道并办理失业登记手续	本市内流动的由社保转移单位转移；回原籍的可以办理失业保险跨省转移	
	申请失业保险待遇	医疗补助金、生育补助金、丧葬补助金和抚恤金、社保补贴、职业培训与介绍补助		
发放标准		累计缴费时间满1年不满5年的，失业保险金月发放标准为752元		一次性生活补助费由468元调整到588元
		累计缴费时间满5年不满10年的，失业保险金月发放标准为779元		
		累计缴费时间满10年不满15年的，失业保险金月发放标准为806元		
		累计缴费时间满15年不满20年的，失业保险金月发放标准为833元		
		累计缴费时间20年以上的，失业保险金月发放标准为861元		
		从第13个月起，失业保险金月发放标准一律为752元		

资料来源：北京市人力资源和社会保障局官方网站（http：//www.bjld.gov.cn/）。

（五）城乡住房保障问题

从北京市城乡住房现状来看，城乡住房保障问题主要表现为以下几个方面。

1. 城乡住房制度存在巨大差异

北京城镇住房制度包括市场化的商品房制度以及保障性的经济适用房、廉租房、公租房制度等。高收入和中高收入人群通过市场解决住房问题，中低收入、低收入人群和贫困人群借助住房保障体系解决住房问题。城镇保障性住房体系目前主要覆盖拥有北京市非农业户口的城镇居民。本市农业户籍的农民工和非本市户籍的外来人员，基本上没有纳入政府保障性住房体系之中。

农村住宅制度是以户为单位向村集体申请宅基地，农户在宅基地上自建住房。农村有资格申请宅基地的是本村集体经济成员，每户农民申请宅基地的标准由市政府规定，农村宅基地实行无偿使用，可以继承，农户只能一户一宅。农民的住房属于个人所有，宅基地属于集体所有。农民住宅只能在本村集体组织内部流转，不得进入市场交易，国家禁止城镇居民到农村购买农民住宅。农民对自己的房屋只拥有部分产权。

城乡之间住房市场的缺失，导致土地和住房资源在城乡之间分配极不均衡。一方面，农村因大量人口外出务工而导致农村房屋出现了大量空置的现象；另一方面，城市却出现大量的住房困难人群，像"蚁族"的出现正是城市外来人口住房问题的突出表现之一。

据2008年4月发布的北京市第二次全国农业普查数据，2006年末，农村居民平均每户拥有住宅面积128.14平方米，96.85%的住户拥有自己的住宅。据北京市统计局对5000户城镇居民家庭居住情况的调查统计，2009年北京市城镇居民拥有私有产权住房的户数比例为82%。北京市城乡居民人均住宅面积差异较大，据统计，2009年，北京市城镇居民人均居住面积为21.61平方米，同期农村居民人均住宅面积为39.42平方米。

表63　北京市5000户城镇居民家庭居住情况

项目	户数（户）		构成（%）	
	2009年	2008年	2009年	2008年
调查户数	5000	5000	100.0	100.0
房屋产权情况				
租赁公房	685	676	13.7	13.5
租赁私房	120	150	2.4	3.0
原有私房	100	105	2.0	2.1
房改私房	2485	2509	49.7	50.2
商品房	1515	1429	30.3	28.6
其他	95	131	1.9	2.6

资料来源：《北京统计年鉴（2010）》。

2. 中低收入阶层住房困难问题仍然突出

近年来，针对城市房价过快增长的情况，国务院连续发布文件，要求控制房价，并加强保障性住房建设的力度。2010年1月7日，国务院办公厅印发《关于促进房地产市场平稳健康发展的通知》（国办发〔2010〕4号），提出增加保障性住房和普通商品住房的有效供给，适当加大经济适用住房建设力度，扩大经济适用住房供应范围，商品住房价格过高、上涨过快的城市，要切实增加限价商品住房、经济适用住房、公共租赁住房供应。要加快推进保障性安居工程建设，力争到2012年末，基本解决1540万户低收入住房困难家庭的住房问题。

2010年4月17日，国务院发布《关于坚决遏制部分城市房价过快上涨的通知》（国发〔2010〕10号），提出坚决遏制部分城市房价过快上涨，切实解决城镇居民住房问题，对房价过高、上涨过快的地区，要大幅度增加公共租赁住房、经济适用住房和限价商品住房供应，要加快保障性安居工程建设，确保完成2010年建设保障性住房300万套、各类棚户区改造住房280万套的工作任务。

北京市按照"低端有保障、中端有支持、高端有市场"的总体思路，加快实施保障性安居工程。2010年1月25日，郭金龙市长在北京市第十三届人民代表大会第三次会议上所做的《政府工作报告》中提出"两个50%"的目标任务，即加快廉租房、经济适用房、限价商品房、公共租赁房建设，确保政策性住房建设用地占全市住宅供地面积的50%以上、新开工建设各类政策性住房套数占全市新开工住宅套数的50%以上。据北京市住房和城乡建设委员会统计，2010年，全市共安排128.46亿元财政资金专项用于公租房、廉租房建设和租金补贴、棚户区改造及旧城人口疏解；供应保障性住房用地1332公顷，占全市住宅供地的52.8%；新开工各类保障性住房22.5万套，占全市住宅供应的61.5%；竣工交用保障性住房5万套；公共租赁房落实房源2.6万套，实现新建、收购1.9万套。

但现有的保障性住房建设仍不能满足中低收入家庭的住房需求。2009年5月，北京市政府提出用三年时间基本解决约28万户城镇居民住房困难的目标。到2010年3月，有9万多户城镇中低收入家庭已在各类政策房中选到了自己的新房，但仍有17万户城镇居民的住房困难尚待解决。据北京市住房和城乡建设委员会网站公示的全市城镇中低收入家庭申请保障性住房且通过资格审核的数据，截止到2011年5月4日，申请经济适用住房备案通过的有81530户，申请限价商品住房备案通过的有125266户，申请廉租住房备案通过的有24699户。就是说，目前，全市申请保障性住房并通过审核的城镇中低收入家庭尚有231495户。

3. 农民工等外来流动人口居住权益亟待改善

据2011年5月发布的北京市2010年第六次全国人口普查主要数据公报，全市常住人口为1961.2万人，其中外省市来京人员为704.5万人，占常住人口的35.9%。农民工等外来流动人口占北京市常住人口的三分之一以上，是城市中的一个特殊的、庞大的群体。如何保障数百万外来流动人口的居住权益，实现其"住有所居"，是城市化进程中加强住房保障的重大任务。

北京市60%以上的外来流动人口聚居在城乡结合部地区。据调查，截至2009年9月底，北京市规划中心城范围内城乡结合部共有户籍人口611880人，其中流动人口2033619人，流动人口是当地户籍人口的3.3倍以上。这些数量庞大的外来流动人口的居住问题，至今未得到妥善解决。换言之，外来流动人口的居住问题基本没有纳入城镇住房保障范围，属于城镇住房保障体制外人群。

表64　北京市各区规划中心城范围内城乡结合部的人口情况

单位：人

区	户籍人口	农业人口	非农业人口	流动人口
朝阳区	279854	132155	147699	854550
海淀区	88778	43299	45479	391943
丰台区	150506	89661	60845	390242
大兴区	32512	25220	7292	146599
昌平区	60230	31569	28661	250285
合　计	611880	321904	289976	2033619

资料来源：北京市委研究室城市处、北京社会心理研究所《北京市规划中心城范围内城乡结合部现状调查》，2009年11月。

当前外来流动人口的居住问题主要体现在：一是外来流动人口基本没有身份资格申请城镇各类保障性住房；二是外来流动人口基本没有经济能力购买商品房；三是外来流动人口一般租住城乡结合部农民的住房，其居住环境和安全面临诸多隐患；四是城乡结合部改造没有充分考虑外来流动人口的居住权益，原租住在城乡结合部的外来人口在改造建设中呈波浪式地向外迁移，寻求新的租住地。

此外，在推进城市化和新农村建设的过程中，一些地方为了扩大集体建设用地指标，侵占农民宅基地、强拆农民住宅、强迫农民上楼等情况屡有发生，这种侵犯农民住宅权益的新问题不容忽视。

五　加快实现城乡基本公共服务均等化的对策建议

据 2007 年发布的我国第一份公共服务发展报告对全国各地公共服务的综合评估数据，2000～2004 年，北京市基本公共服务综合绩效排名位居 31 个省、市、自治区之首，绩效得分为 0.6318 分（只有北京、上海得分在 0.6 以上），比最低的甘肃省高 0.271 分。2009 年，北京市人均 GDP 超过 1 万美元，达到中等发达国家水平；2010 年，北京市第三产业比重达到 75.8%，位居全国第一，以服务业为主导的经济发展格局已经形成，北京已率先进入后工业经济时代。

2010 年 11 月，中共北京市委十届八次全会在《关于制定北京市国民经济和社会发展第十二个五年规划的建议》中，明确提出北京要实现"两个率先"，即率先形成城乡经济社会发展一体化新格局、率先形成创新驱动发展的新格局，实现城乡基本公共服务全覆盖和均等化，建立与经济发展相适应的社会福利制度。2011 年 6 月，中共北京市委十届九次全会在《关于加强和创新社会管理全面推进社会建设的意见》中，明确提出"十二五"时期，北京市基本公共服务水平要居全国前列并达到中等发达国家水平。

建设人人共享、与经济发展水平相协调、与中国特色世界城市相适应的现代公共服务之都，是北京市站在新的发展起点上的重大战略选择。为此，我们提出如下政策建议。

（一）制定北京市城乡基本公共服务均等化规划和实施方案

享受基本公共服务，是宪法赋予每一个公民的基本权利。在现代社会，为每个公民提供基本公共服务，是政府的重要职责。但是，政府只有实施相应的公共政策，才能顺利实现基本公共服务的均等化。基本公共服务涉及诸多职能部门，推进基本公共服务均等化需要进一步加强统筹协调，更加注重顶层设计和总体规划。

"十二五"时期，根据北京市委提出了率先实现城乡经济社会发展一体化新格局、实现城乡基本公共服务全覆盖和均等化、确保基本公共服务居全国前列并达到中等发达国家水平，建议尽快制定"北京市基本公共服务均等化规划"和"实施方案"，对基本公共服务的范围、基本标准、目标任务、实施步骤、各级政府和部门职责、政策措施等做出明确规定，制定基本公共服务均等化明确的时间表和清晰的路线图。基本公共服务均等化涉及不同层级的政府和相关职能部门，建议由市委、市政府统一组织市发改委、市农委、市财政局、市社会办、市规划委员会、市公安局、市教育局、市人力资源和社会保障局、市民政局、市医改办、市卫生局、市住房和城乡建设委、市国土局、市市政市容委、市环保局、市文化局、市体育局、市交通委、市水务局等部门，编制"北京市基本公共服务均等化规划"和"实施方案"，明确基本公共服务均等化的目标任务和部门责任。

制定"北京市基本公共服务均等化规划"和"实施方案"的一个新的重大原则是，应当以全体常住人口而不只是以户籍人口数量规模来配置基本公共服务资源。

我国有的地方已经制定和出台了基本公共服务均等化的规划和方案，值得北京借鉴。例如，2008 年 7 月 8 日，中共海南省第五届委员会第三次全体（扩大）会议通过《中共海南省委关于大力改善民生推进基本公共服务均等化的意见》；2008 年 8 月 4 日，海南省政府发布《海南省 2008～2012 年重点民生项目发展规划》，确定了教育、就业、公共卫生及基本医疗、社会保障、住房保障、农民增收和生态文明建设等七大民生工程和 27 个重点民生项目。

2008 年 8 月 7 日，浙江省政府印发《基本公共服务均等化行动计划（2008～2012）》，提出近期要重点满足人民群众要求最迫切的社会保障、基础教育、公共卫生、公共文化、公用设施等基本公共服务需求，到 2012 年的总体目标是建立健全多层次、全覆盖的社会保障体系，配置公平、发展均衡的社会事业体系，布局合理、城乡共享的公用设施体系。

2009 年 12 月 11 日，广东省政府发布《广东省基本公共服务均等化规划纲要（2009～2020 年）》，将基本公共服务的范围确定为两大类八项内容，即基础服务类，包括公共教育、公共卫生、公共文化体育、公共交通等四项；基本保障类，包括生活保障（含养老保险、最低生活保障、五保）、住房保障、就业保障、医疗保障等四项。提出到 2020 年，广东省基本建成覆盖城乡、功能完善、分布合理、管理有效、水平适度的基本公共服务体系，实现城乡、区域和不同社会群体间基本公共服务制度的统一、标准的一致和水平的均衡，全省居民平等享有公共教育、公共卫生、公共文化体育、公共交通、生活保障、住房保障、就业保障、医疗保障等基本公共服务。

北京市城乡基本公共服务体系主要包括基础教育、医疗卫生、社会保障、就业服务、住房保障、基础设施、公共文化、环境保护等。在确定最终目标的基础上，可分阶段、有步骤、有重点地推进城乡基本公共服务均等化的实现。我们认为北京市基本公共服务均等化主要分四个依次递进的阶段和层次。

一是实现城乡基本公共服务的制度全覆盖。重点调整财政收支结构，增加对公共教育、公共卫生、公共文化体育、公共交通四项"基础服务"以及对生活保障、住房保障、就业保障、医疗保障等四项"基本保障"方面的投入，坚持财政投入向农村倾斜，建立健全城乡、不同地区和社会群体间多层次、差别化的基本公共服务体系，使基本公共服务的制度实现城乡全覆盖。

二是实现城乡基本公共服务的人群全覆盖。基本公共服务的制度全覆盖并不等于人群的全覆盖，要在制度全覆盖的基础上，逐步打破户籍、地域、身份界限，进一步将城乡边缘人群全面纳入基本公共服务体系，加快城乡不同基本公共服务制度的衔接和统一，尽快实现基本公共服务的人群全覆盖，使人人享有基本公共服务。

三是实现城乡基本公共服务的均等化。在基本公共服务制度全覆盖和人群全覆盖的基础上，同步推进城乡基本公共服务的均等化，使城乡居民不管职业、身份、居住地域等，都能享受大致均等的基本公共服务。

四是实现城乡基本公共服务达到中等发达国家水平。城乡基本公共服务均等化，只能表明城乡居民享有大致均等的基本公共服务，但城乡居民享有基本公共服务的程度与水平，还应根据经济社会发展水平和城乡居民对基本公共服务需要的变化，与时俱进地提高。"十二五"时期北京要达到中等发达国家公共服务水平，不断提高全体市民的生活质量和幸福指数。

表 65　北京市城乡基本公共服务指标

类　别	服务投入指标	服务规模指标
教　育	财政性教育经费支出占 GDP 比重(4% 以上) 中小学生均教育经费	生均财政预算拨款额 生均固定资产价值 生均占有图书册数 师生比例 教师职称合格率 每万人拥有的影剧院数 每 100 万人拥有的科技馆数 每万人拥有的体育场馆数

续表

类别	服务投入指标	服务规模指标
医疗卫生	医疗卫生费支出占 GDP 比重	传染病、地方病防治率 疫苗接种普及率 公共场所卫生合格率 食品卫生合格率 每万人拥有的医院(卫生院)病床数 每万人拥有的医生人数
社会保障	社会保障支出占 GDP 比重	最低生活保障程度 医疗保险参保率 养老保险参保率 工伤保险参保率
就业	就业支出占 GDP 比重	新增城镇就业人口 失业人员实现再就业比率 城镇登记失业率 农村劳动力转移就业人口
住房	住房建设支出占 GDP 比重	人均居住面积 城乡住房困难户占总户数的比重 保障性住房对贫困家庭覆盖率

资料来源：根据有关资料整理。

（二）拓展基本公共服务均等化的广度和深度

北京人均 GDP 已超过 1 万美元，达到中等发达国家的经济发展水平。北京的工业化和城市化水平也相当高，已进入了后工业社会。在建设世界城市的进程中，北京不仅需要实现城乡基本公共服务的全覆盖和均等化，而且需要建立和完善与首都经济社会发展相适应的现代公共服务体系，使基本公共服务水平达到与经济发展水平相协调的中等发达国家水平，为此，需要在基本公共服务的广度和深度上有新突破。

在基础教育方面，除了继续实行 9 年义务教育免费、推进城乡义务教育资源均衡发展、职业教育免费等，应当在以下几方面有新探索和新突破。一是将学前教育和高中教育纳入免费基础教育体系。对学前教育和高中教育实行免费，是社会发展的必然趋势，我国有的地方已经率先做出了探索和实践，如陕西省吴起县从 2007 年 9 月开始率先推行高中免费教育，实现从小学到高中的 12 免费教育，自 2010 年春，吴起县将免费教育扩展至学前教育和农民技能培训，实行全民免费教育。2010年8月，广东省东莞市石排镇开始实行户籍人口从幼儿园到博士阶段的25年免费教育。当前要进一步加大幼儿教育投入力度，扭转幼儿教育资源严重短缺的局面，尽快解决"入园难""入园贵"问题。二是以常住人口而不是按户籍人口配置教育资源，使所有常住人口都能接受公平的基础教育。解决这一问题还需要国家层面的政策支持，其中的一项重要政策是国家应以各地常住人口数量确定国家教育资源的转移支付规模。三是建立家庭和青少年、儿童的教育福利制度，对有接受基础教育的人员的家庭实行教育补贴，建立青少年和儿童福利制度，率先为农村学生提供免费午餐，逐步将免费午餐制度覆盖城乡所有学生。

在医疗卫生方面，实现公共卫生的人群全覆盖和全民医保。陕西省神木县从2009年3月正式实施全民免费医疗制度，凡拥有神木户口的城乡居民患者，在定点医疗机构进行医疗，都将享受全民免费医疗，起付线以下费用患者自付，起付线以上费用由财政买单，每人每年报销上限为30万元。北京在实现城乡医疗保险均等化方面，一是要实现医疗制度全市统一、医保基金市级统筹，形成职工医保、城乡居民医保和医疗救助"2+1"制度体系。近期应将"新农合"制度由目前的各区县统筹改为市级统筹，在完成各区县"新农合"制度统一的基础上，与城镇居民医疗保险制度实现整合，统一建立城乡居民医疗保险制度。在完成将公费医疗制度并入城镇职工基本医疗保险体系之后，全面将农民工和流动人口中的就业人员全面纳入城镇职工基本医疗保险体系。二是降低个人医疗自负比例。根据世界卫生组织的定义，如果一个家庭总的自费医疗支出超过了非生存必需支出（即家庭总支出减去食品支出）的30%，就意味着发生了"灾难性医疗支出"。应继续扩大医保范围，提高医疗报销比例，使参保人员就医的实际报销比例达到70%以上。同时，加大医疗救助力度，通过医疗救助制度，减少就医人员的自负医疗费用，彻底解决"看病贵"问题。三是实行城乡医疗资源的均衡配置，加大医疗资源的供给，进一步明确将医疗诊所等基本公共服务设施建设纳入城乡社区建设强制性规划，应以各社区实际常住人口数量为标准配置城乡医疗卫生资源，确保所有城乡社区都有合适的医疗诊所，实现社区基本公共服务全覆盖，着力解决"看病难"问题。四是适应城市化和市场化条件下人口流动的需要，打破医疗卫生制度的封闭状况，实现不分人群、地域、身份的医疗卫生保障的全覆盖和医保手续的正常接转。

在社会保障方面，加快构建普惠型的社会保障体系。一是逐步提高社会保障水平，使社会保障支出比例逐步接近中等发达国家水平。在社会保障广覆盖的基础上，继续加大财政投入，逐年提高社会保障支出占 GDP 和财政支出的比重，健全养老、医疗、工伤、失业、就业保险制度，不断提高社会保障的水平，保障城乡老人的基本生活水准权，建立健全与世界城市建设相适应的现代社会保障体系。二是统一城乡低保制度，扩大城乡低保覆盖范围。对城乡低保统一实行市级统筹，尽快统一城乡低保标准。要不断扩大城乡低保范围，将更多的城乡低保居民纳入低保范围。近期要将城镇低保覆盖率从现在的不到 2%扩大到 5% 以上，将农村低保覆盖范围由现在的 3% 左右扩大到 10% 左右，特别是要考虑将农村低收入农户逐步纳入低保范围。《中国发展报告 2008/09：构建全民共享的发展型社会福利体系》提出将全国 5% 的人口（约 7000 万）纳入低保范围。北京市如按 5% 的比例计算，以第 6 次人口普查数为例，北京市 1961 万人的常住人口，应当将 98.05 万人纳入低保范围；如按 1265.7 万人的户籍人口计算，应将 63.285 万人纳入低保范围。以 2010 年北京户籍人口为例，如将城镇低保扩大到 5%，北京市非农业户籍人口 989.5 万人中将有49.475 万人享有城镇低保；如将农村低保扩大到 10%，北京市农业户籍人口268.3 万人中将有 26.83 万人享受农村低保。三是率先建立普惠型的现代福利制度。除了健全特殊人群的福利制度外，要借鉴发达国家和地区的普遍做法，加快建立家庭福利、青年福利、少年儿童福利、生育福利等现代普惠型的福利制度，率先在全国将北京建设成为现代社会福利之都。

在就业服务方面，不断完善公共就业服务网络，为城乡居民提供充分、便利的公共就业服务。一是健全城乡统一的就业服务体系，不分地区、户籍身份等差别，全面将城乡所有有劳动就业能力的人员纳入城乡一体的就业服务制度之中。建立健全城乡统一的就业登记和失业登记制度，将农村失业人员统一纳入失业保险范围予以失业救济。将城乡就业率和失业率统一列为各级政府的绩效考核指标。二是实行农村劳动力培训的全覆盖。逐步将农村所有劳动力全面纳入就业培训范围，针对不同的就业情况，有针对性地进行培训和轮训，特别是要针对农村劳动力文化程度普遍较低和转移就业的状况，加大文化知识和劳动技能培训力度，不断提高农村劳动者的文化水平和就业能力，特别是要培训和发展农民在市场化和社会化条件下的合作组织能力，以适应发展都市型现代农业、转移就业的需要。三是进一步强化农民就业服务和保护体系建设。尤其是要参照国际劳工组织的有关标准，加强和完善相关体制机制建设，确保农民工享有与城镇职工同等的就业机会、就业服务、就业待遇，保障农民工同工同酬，健全农民工劳动权利保护，实现农民工社会保障的可转移可接续，农民工失业后享受同等的失业保险。

在住房保障方面，以实现"住有所居"为目标，保障城乡居民的基本居住权益。一是要继续加大保障性住房建设力度，使廉租房、经济适用房、公共租赁房等建设满足中低收入群体的居住需要，确保城镇低收入家庭享有保障而又体面的居住权益。二是将农村困难家庭纳入住房保障制度体系之中，在资金扶持、金融贷款、住房补贴、住房救助和住房保障等方面享有与城镇居民同等的待遇，要在城乡住房保障制度建设上，率先将城乡结合部地区农村困难家庭纳入住房保障制度。三是大力发展公共租赁房，重点保障外来流动人口的居住权益。要切实调整和完善外来流动人口的居住政策，将外来流动人口的住房保障作为保障性住房制度建设的重中之重，纳入公共政策议程。特别是在外来流动人口居住比较集中的城乡结合部地区，要明确将公共租赁房建设作为城市化和城乡一体化建设的重点加以推进。

（三）形成以基本公共服务均等化为导向的财政支出结构

让全体社会成员共享改革发展的成果，就要以基本公共服务均等化为导向，不断深化公共财政体制改革。

一是进一步突出民生财政支出的重点。在加强农村基础设施等公共服务"硬件"建设的同时，进一步加大基础教育、公共卫生、基本医疗、社会保障、就业服务、环境保护等公共服务"软件"的建设，继续扩大公共财政在农村的覆盖范围，实现城乡基本公共服务的均衡配置。要将财政支出用于基础教育、公共卫生、基本医疗、社会保障、就业服务、环境保护等基本公共服务的支出比例逐年提高作为财政预算的一项重要原则。同时应建立法定的实现基本公共服务均等化的财政支出制度。

二是完善转移支付制度，强化转移支付对基本公共服务均等化的保障作用。规范的政府间财政转移制度由均等化转移支付制度和专项转移支付制度构成，两者相辅相成，分别支持两项基本的政策目标，即均等化和鼓励下级政府提供具有利益外溢性质的公共服务。均等化转移支付的理论基础在于，一国范围内的所有公民都有权利享受大体均等的基本公共服务，对于那些由于经济水平相对落后因而缺乏足够自有财力的下级政府，上级政府应向其提供转移支付以确保它们也有能力提供与富裕辖区大体均等的基本公共服务。专项转移支付的理论基础在于，对于那些利益超出本辖区范围而外溢到其他辖区的公共服务，例如密云县维护和管理好密云水库产生的利益"外溢"到整个北京市，或者某个区县保护好当地的文物带来的利益远远超越本辖区，上级政府应通过专项转移支付，鼓励下级政府提供这些服务。据此，要建立健全市级政府对区县政府的均等化和专项转移相结合的两类转移支付制度。均等化转移支付以标准收支取代实际收支，作为测算市对区县转移支付的基本依据；专项转移（专款）则将公共服务或设施是否具有明显的利益外溢，作为确定市对区县转移支付和配套比率的依据。总的原则是，自有财力不足的区县，均等化转移的力度应大于经济实力和自有财力相对较好的区县；利益外溢程度较高的公共服务或设施，专项转移支付的力度应大于利益很少外溢的公共服务或设施。

三是增强基层政府提供公共服务的能力。要从实际情况出发，对不同的乡镇实行差异化的财政管理体制。按照县乡两级预算的不同，实行不同的财政体制模式。（1）相对规范的分税制模式。对于经济基础较强、财政收入能力有较大潜力的地方，尤其是那些基本属于优先或者重点开发范围的地区，实行"分级管理、职责明确、收入清晰、责权统一"的相对规范的分税制，即按照"事权框定、财权激励、财力补助"相协调、相一致的精神，确保乡镇政府有相对稳定的财力来履行其公共服务职能。（2）有限统筹的财政体制模式。对于经济发展水平有一定的基础、财政能力一般，属于限制开发范围的地方，应实行"划分服务范围，预算内收支统筹，预算外核定基数、超收奖励、节支留用"为基本内容的体制模式。在这种模式下，应该适当强化县级财政履行公共服务职责的主体地位，加强县乡公共收入的统筹力度，以确保县域公共服务水平大体均衡。在具体管理上，将预算内财政收入由县级财政统筹管理，预算外资金按照核定的收入基数、超收奖励、节支留用。预算外资金将会完全纳入预算内管理，因此这种"有限统筹"模式可以相应转化为"统筹税收收入、核定非税收入基数、超收奖励、节支留用"的模式，从而保持县乡基本收入（即税收收入）的统筹和非税收入的激励方式。（3）统收统支的财政体制模式。对于那些经济基础薄弱、资源和环境承载力弱、基本缺乏财政收入能力的地方，尤其是属于禁止开发范围的地方，要采取直接的"机构简化、任务指派、经费直拨、结余上缴、强化审核"的县乡财政统筹模式。通过深化财政体制改革，进一步增强基层政府提供公共服务的能力。

四是进一步降低行政成本，控制"三公"支出，提高财政用于基本公共服务的比重。2011年3月，温家宝总理在《政府工作报告》中提出："严格控制党政机关办公楼等楼堂馆所建设，出国（境）经费、车辆购置及运行费、公务接待费等支出原则上零增长，切实降低行政成本……加快实行财政预算公开，让人民知道政府花了多少钱，办了什么事。"2011 年 3 月 23 日温家宝总理主持召开国务院常务会议，会议决定 2011 年继续压缩中央部门"三公"经费预算，2011 年 6 月向全国人大常委会报告中央财政决算时，将中央本级"三公"经费支出情况纳入报告内容，并向社会公开。2010 年北京市 45 个政府部门首次公开预算，2011 年北京市政府 57 个部门首次全部公开部门预算。2011 年 3 月，北京市在全国率先首次公布公车数量，截至 2010 年底，北京市党政机关、全额拨款事业单位公务用车实有数为 62026 辆。其中，市级公务车 20288 辆。根据财政部的总体要求和北京市委、市政府统一部署，在 2011 年 7 月召开的北京市人大常委会会议上，北京市级"三公消费"情况将首次纳入 2010 年财政决算报告并将对社会公开。要通过预算公开、控制"三公"支出等一系列新的财政改革，进一步降低行政成本，提高民生财政支出比重，将行政支出占财政支出的比重降低到一个合理的范围，将财政用于基本公共服务支出比例提高到与中等发达国家相一致的水平。

（四）提高土地出让金收入用于基本公共服务的比重

土地出让收入已成为地方财政收入的重要来源。2010 年全国土地出让成交总价款高达 2.7 万亿元。

2006 年 12 月 17 日，国务院办公厅印发《关于规范国有土地使用权出让收支管理的通知》（国办发〔2006〕100 号），规定从 2007 年 1 月 1 日起，土地出让收入全额纳入地方基金预算管理，土地出让收入使用范围是：（1）征地和拆迁补偿支出，包括土地补偿费、安置补助费、地上附着物和青苗补偿费、拆迁补偿费；（2）土地开发支出，包括前期土地开发性支出以及按照财政部门规定与前期土地开发相关的费用等；（3）支农支出，包括计提农业土地开发资金、补助被征地农民社会保障支出、保持被征地农民原有生活水平补贴支出以及农村基础设施建设支出；（4）城市建设支出，包括完善国有土地使用功能的配套设施建设支出以及城市基础设施建设支出；（5）其他支出，包括土地出让业务费、缴纳新增建设用地土地有偿使用费、计提国有土地收益基金、城镇廉租住房保障支出、支付破产或改制国有企业职工安置费支出等。该通知强调土地出让收入的使用要重点向新农村建设倾斜，逐步提高用于农业土地开发和农村基础设施建设的比重。

2007 年 11 月 26 日，住房和城乡建设部等九部委联合发布《廉租住房保

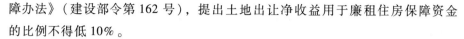

障办法》（建设部令第 162 号），提出土地出让净收益用于廉租住房保障资金的比例不得低 10%。

2010 年 10 月 18 日，中共十七届五中全会通过的《中共中央关于制定国民经济和社会发展第十二个五年规划的建议》提出"促进土地增值收益和农村存款主要用于农业农村"。2010 年 12 月 31 日，中共中央、国务院《关于加快水利改革发展的决定》（2011 年中央一号文件）提出"从土地出让收益中提取 10% 用于农田水利建设"。

近年来，北京市的土地出让收入增长较快，从 2007 年的 350 亿元增加到 2010 年的 1642 亿元，增长了 469%。

表 66　北京市土地出让收入

单位：亿元

年份	2007	2008	2009	2010
土地出让金	350.00	502.69	928.05	1642.40

资料来源：北京市土地储备整理中心。

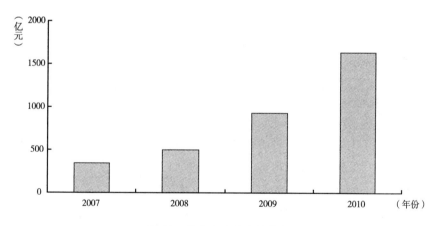

图 13　北京市土地出让收入

2009 年，北京市土地出让收入 928.05 亿元，财政实际入库收入 477.27 亿元，支出 342.99 亿元，其中征地和拆迁补偿 5.12 亿元、土地开发 87.52 亿元、支农支出 41.02 亿元、城市建设 138.62 亿元。在支农支出当中，农业土地开发 0.99 亿元、保持被征地农民原有生活水平补贴 0.6 亿元、农村基础设施建设 39.43 亿元。

表 67　2009 年北京市土地出让金支出情况

单位：亿元

项　　目	2009 年
土地出让金（土地储备整理中心数据）	928.05
土地出让金（财政专项收入）	477.27
土地出让金支出（财政专项支出）	342.99
其中:征地和拆迁补偿	5.12
土地开发	87.52
支农支出	41.02
农业土地开发	0.99
保持被征地农民原有生活水平补贴	0.6
农村基础设施建设	39.43
城市建设	138.62
其他	70.7
新增建设用地有偿使用费	22.92
计提国有土地收益基金	10
破产或改制企业职工安置	0.063
城镇廉租房保障	25.94
土地出让业务支出	1.47
其他	10.32
污染企业搬迁	2.51

资料来源：《北京财政年鉴（2010）》。

从表 67 可以发现，北京市 2009 年土地出让金支出重点是城市基础设施建设和土地开发，用于支农和廉租房的支出只占土地出让金财政专项收入的 8.5% 和 5.4%，征地和补偿费只占 1.07%。建议尽快改变目前土地出让收益的使用办法，大幅度提高土地出让金用于农村基础设施和改善民生的比例，重点是提高用于征地补偿、社会保障和保障性住房建设的比例。在国家有关政策明确规定土地出让净收益用于廉租住房保障资金的比例不得低于 10%、从土地出让收益中提取 10% 用于农田水利建设外，应按照土地增值收益主要用于农业农村的政策精神，明确土地增值收益用于农村基础设施建设和农民社会保障的比重。当前，应将解决历次被征地、占地农民的社会保障遗留问题作为一项重要工作，明确从土地出让收益中单列开支，用于补缴失地农民的社会保障费用，彻底解决全体失地农民的社会保障问题。

（五）实行多元化的基本公共服务提供方式

为百姓提供基本公共服务的过程，实质上也是国家培育现代公民和发展公民权的过程。保障公民获得公平而高质量的基本公共服务，尽管是政府的最终责任，但这并不意味着基本公共服务只能由政府充当唯一的供给主体。这就不仅需要政府转变职能，加快构建服务型政府，更需要推动社会建设。正如新公共服务理论倡导的那样，要通过社会的广泛参与，使百姓在获得基本公共服务的过程中，培育和塑造公民的自豪感和责任感。

目前，城乡各项基本公共服务的决策供给机制是"自上而下"型的，城乡居民大都是被动地接受政府提供的公共服务，而较少参与和评价公共服务供给的效率与质量。各项公共服务投入的规模、优先顺序也都是基于政府部门的考虑，这容易出现服务供给与民众需求之间的脱节，并使提供公共服务的过程成了政府单一的自上而下的行政活动，而不是政府与民众良性互动的社会建设过程。

公共服务是为社会公众提供的服务，没有公众的积极参与，不仅会因政府失灵造成效益损失，更会造成社会生态功能的失调。"十二五"时期，要让公众参与到公共服务的全过程中来，必须建立和完善政府、市场和社会的多元参与机制，以此推动社会建设。要通过具体的制度建设，确保公众对事关基本公共服务的公共政策的知情权、参与权、表达权和监督权，使城乡居民拥有畅通的渠道获得基本公共服务的决策信息、表达对基本公共服务内容和质量的诉求、参与对基本公共服务提供的监督。进一步强化政策激励，加强基本公共服务的法制建设，保障民间社会组织依法、有序参与基本公共服务均等化进程。

积极探索公共服务的市场化和社会化供给方式，这不是放弃政府保障基本公共服务的责任，而是改善公共服务的供给方式，逐步改变基本公共服务生产供给中的单一政府模式，充分利用市场主体的参与和市场化机制来提升公共服务的生产能力和供给效率。具体做法是政府通过公共决策确定公共服务的供给数量和质量标准，以市场机制为杠杆，通过多种方式调动私营部门、非营利部门等组织的参与，在竞争中完成公共服务的供给。公共服务市场化的制度安排，要从以政府独家提供公共服务为特征的单一格局，转向政府、市场、社会三者优势互补和良性互动的公共服务多元参与格局。

公共服务的提供，要求政府的购买职能与生产职能分开。政府的比较优势在于服务类别与数量的选择、服务标准的制定、服务价格和质量的监督。相比之下，在根据预先设定的标准来"生产"和交付这些服务方面，具有专业技能的供应商更具有比较优势，它们通常能以更低的成本和更高的效率生产和交付这些服务。公共服务市场化可以促使政府把具有比较劣势的生产与供应职能转交给独立的或半独立的服务供应商，而把主要精力集中在制定与监督服务标准上，以提高居民享有基本公共服务的水平。政府要继续扩大购买公共服务的范围，进一步推进非基本公共服务市场化改革，通过政策激励，吸引更多的国内外社会资源和民间资金投入公共服务领域。

"十二五"时期以及今后更长一段时期，要不断推动基本公共服务均等化的规范化、法制化、制度化建设，将基本公共服务纳入现代法治框架，以基本公共服务的均等化实现共享式发展，同时要与经济发展水平相协调，不断提高公共服务的整体水平，逐步将北京建设成人人共享、与世界城市发展目标相适应的现代公共服务之都。

参考文献

《中共中央关于推进农村改革发展若干重大问题的决定》，人民出版社，2008。

《中共中央关于制定国民经济和社会发展第十二个五年规划的建议》，人民出版社，2010。

《中华人民共和国国民经济和社会发展第十二个五年规划纲要》，人民出版社，2011。

《国家人权行动计划（2009～2010)》，《人民日报》2009年4月14日。

《中共北京市委关于率先形成城乡经济社会发展一体化新格局的意见》，《北京日报》2008年12月30日。

《中共北京市委关于制定北京市国民经济和社会发展第十二个五年规划的建议》，《北京日报》2010年12月6日。

《中共北京市委关于加强和创新社会管理全面推进社会建设的意见》，《北京日报》2011年6月8日。

世界银行：《2010年世界发展指标》，中国财政经济出版社，2010。

〔印度〕阿马蒂亚·森：《以自由看待发展》，任赜、于真译，中国人民大学出版社，2002。

〔美〕约翰·罗尔斯：《正义论》，何怀宏、何包钢、廖申白译，中国社会科学出版社，1988。

〔美〕珍尼特·V.登哈特、罗伯特·B.登哈特：《新公共服务：服务，而不是掌舵》，中国人民大学出版社，2010。

〔美〕杰弗里·萨克斯：《贫穷的终结——我们时代的经济可能》，邹光译，上海人民出版社，2007。

〔美〕罗伊·T. 梅耶斯等：《公共预算经典——面向绩效的新发展》，苟燕楠、董静译，上海财经大学出版社，2005。

《中国发展报告2010：促进人的发展的中国新型城市化战略》，人民出版社，2010。

中国（海南）改革发展研究院编《中国基本公共服务建设路线图》，世界知识出版社，2010。

迟福林、殷仲义主编《中国农村改革新起点——基本公共服务均等化与城乡一体化》，中国经济出版社，2009。

联合国开发计划署编《中国人类发展报告2007～2008：惠及13亿人基本公共服务》，中国对外翻译出版公司，2008。

中国发展研究基金会编《中国发展报告2008/09：构建全民共享的发展型社会福利体系》，中国发展出版社，2010。

中国（海南）改革发展研究院编《民生之路——惠及13亿人的基本公共服务》，中国经济出版社，2008。

中国（海南）改革发展研究院编《基本公共服务与中国人类发展》，中国经济出版社，2008。

中国（海南）改革发展研究院编《基本公共服务均等化：新农村建设之重》，中国经济出版社，2007。

中国（海南）改革发展研究院编《中国公共服务体制：中央与地方》，中国经济出版社，2006。

中国海南改革发展研究院编《百姓、民生、共享基本公共服100题》，中国经济出版社，2008。

陆学艺主编《北京社会建设60年》，科学出版社，2008。

丁元竹：《中国社会建设：战略思路与基本对策》，北京大学出版社，2008。

王莹、武少苓：《上海市基本公共服务均等化：路径选择与制度框架》，中国财政经济出版社，2010。

孙晓莉：《中外公共服务体制比较》，国家行政学院出版社，2007。

陈昌盛、蔡跃洲编《中国政府公共服务：体制变迁与地区综合评估》，中国社会科学出版社，2007。

陈锡文主编《中国农村公共财政制度：理论·政策·实证研究》，中国发展出版社，2005。

张耘主编《北京公共服务发展报告》（2008～2011年），社会科学文献出版社，2008～2011。

黄序主编《北京公共服务发展报告》（2008～2011年），社会科学文献出版社，2008～2011。

戴建中主编《北京社会发展报告》（2007～2011年），社会科学文献出版社，2007～2011。

王善迈、袁连生主编《中国地区教育发展报告》，北京师范大学出版社，2011。

国家教育发展研究中心编著《2009年中国教育绿皮书——中国教育政策分析报告》，教育科学出版社，2009。

胡务主编《社会救助概论》，北京大学出版社，2010。

马俊哲等：《北京郊区农村人力资源开发研究》，中国农业出版社，2010。

季雪：《北京中低收入阶层住房问题研究》，清华大学出版社，2010。

马红光、田一淋：《中国公共住房理论与实践研究》，中国建筑工业出版社，2010。

姚玲珍：《中国公共住房政策模式研究》，上海财经大学出版社，2009。

刘扬、马景义、甄峰、张忠元等：《北京市居民民生感知问题研究报告》，经济科学出版社，2010。

廉思主编《蚁族——大学毕业生聚居村实录》，广西师范大学出版社，2009。

王绍光：《安邦之道：国家转型的目标与途径》，生活·读书·新知三联书店，2007。

北京市统计局编《北京统计年鉴》（2005～2010），中国统计出版社，2005～2010。

魏飚：《北京市基本公共服务均等化研究——基于财政角度的分析》，首都经贸大学硕士学位论文，2010年5月。

胡洋：《北京市基本公共服务中的社会保障均等化研究》，首都经贸大学硕士学位论文，2010年5月。

高欣欣：《北京市住房保障制度研究》，首都经贸大学硕士学位论文，2008年5月。

毕冬梅：《住房保障问题研究——以莱芜统筹城乡住房保障为例》，山东大学硕士学位论文，2008年9月。

张传勇：《中国农村住房制度改革研究》，华东师范大学硕士学位论文，2009年4月。

北京市农村经济研究中心：《2009年北京市郊区农村劳动力就业情况分析及建议》，2010年6月。

北京市农村经济研究中心：《北京城镇居民基本医疗保险与"新农合"制度整合研究》，2011年2月。

刘尚希：《基本公共服务均等化：目标及政策路径》（上、下），载《中国经济时报》2007年6月12日、2007年6月14日。

常修泽：《逐步实现基本公共服务均等化》，《人民日报》2007年1月31日。

常修泽：《中国现阶段基本公共服务均等化研究》，《中共天津市委党校学报》2007年第2期。

陈昌盛：《基本公共服务均等化：中国行动路线图》，《财会研究》2008年第2期。

国家发展和改革委员会宏观经济研究院课题组：《促进我国的基本公共服务均等化》，《宏观经济研究》2008年第5期。

胡祖才：《推进基本公共服务均等化的内涵和路径》，载《人民日报》2010年10月

8 日。

项继权：《基本公共服务均等化：政策目标与制度保障》，载《华中师范大学学报》（人文社会科学版）2008 年第 1 期。

《中国城乡基本社会保障差距：基本社保体系重心仍在城镇》，载国公网，http：//www.21gwy.com/fz/shfzgc/a/7730/757730.html。

刘宏凯：《农村公共物品供给的制度缺陷与政府责任探析》，载《哈尔滨工业大学学报》（社会科学版）2008 年第 1 期。

刘义强：《建构农民需求导向的公共产品供给制度》，载《华中师范大学学报》（人文社会科学版）2006 年第 2 期。

吕炜：《公平增长与公共支出的政策安排》，载《经济社会体制比较》2004 年第 5 期。

王梦奎：《关于统筹城乡发展问题》，载《求是》2004 年第 3 期。

林万龙：《经济发展水平制约下的城乡公共产品统筹供给：理论分析及其实现含义》，载《中国农村观察》2005 年第 2 期。

马海涛、程岚、秦强：《论我国城乡基本公共服务均等化》，载《财经科学》2008 年第 12 期。

吕炜、王伟同：《我国基本公共服务提供均等化问题研究》，载《财政研究》2008 年第 5 期。

安体富、任强：《中国公共服务均等化水平指标体系的构建》，载《财贸经济》2008 年第 6 期。

陈钊、陆铭：《从分割到融合：城乡经济增长与社会和谐的政治经济学》，载《经济研究》2008 年第 1 期。

丁丽、杨振山：《城乡基本公共服务均等化国内研究现状分析》，载《新农村建设》2010 年第 4 期。

周黎鸿：《构建城乡基本公共服务均等化机制研究》，载《理论观察》2010 年第 4 期。

麻宝斌、董晓倩：《中国公共就业服务均等化问题研究》，载《东北师大学报》2009 年第 6 期。

庞江倩：《从北京市就业人口特征看促进就业的努力方向》，载《数据》2009 年第 3 期。

王伟同：《基本公共服务均等化的一般分析框架研究》，载《东北财经大学学报》2008 年第 5 期。

周建梁、卫国昌：《城市化进程中本地农民住房问题研究——以上海市为例》，载《上海房地》2009 年第 12 期。

张智：《北京市农民工住房选择行为及其影响因素分析》，载《建筑经济》2010 年第 1 期。

谷俊青：《2007～2009 年国家推出的保障性住房政策——2007～2009 年保障性住房

实施效果评价及政策建议》，载《中国建设信息》2010 年第 3 期。

杨文胜：《建立以租赁为主的住房保障体系》，载《中国财政》2010 年第 20 期。

周天勇：《中美财政支出结构和公共服务程度比较》，转引自中国价值网，http：//www. chinavalue. net/Article/Archive/2009/8/6/187204. html。

课题顾问：郭光磊　李玉国　张秋锦　吴志强

课题主持人：张英洪

课题组成员：熊文武　樊汝明　张英洪　童伟　杨明　周瑞

执笔：张英洪　童　伟　杨　明　周　瑞

2011 年 6 月

第四篇

北京市城乡基本公共服务达到中等发达国家水平研究

Part 4

建立健全城乡基本公共服务体系，提高基本公共服务水平，促进基本公共服务均等化，是深入贯彻落实科学发展观的重大举措，是构建社会主义和谐社会、维护社会公平正义的迫切需要，是城乡一体化发展和服务型政府建设的内在要求，对于全面建成小康社会具有十分重要的意义。

经过改革以来的快速发展，北京市的总体经济已经达到中上等富裕国家水平。2009 年北京市人均 GDP 为 10138.8 美元，首次突破 1 万美元大关，达到中等发达国家水平。① 2011 年北京市全年实现地区生产总值（GDP）16251.9 亿元，按可比价格计算，比上年增加 8.1%。按常住人口计算，北京市人均 GDP 为 80510.9 元，按年平均汇率折合 12463 美元。按世界银行划分各国贫富程度的标准，北京已经达到中上等富裕国家水平。②

2011 年，北京市常住人口 2018.6 万人，其中城镇人口 1740.7 万人，农村人口 277.9 万人，城市化率达 86.23%。2011 年，北京市实现财政收入 43590993 万元，人均财政收入 21594.7 元；财政支出 32452264 万元，人均财政支出 16076.6 元。经济发展本身不是目的，发展经济的目的是不断提高人民的生活水平，使人民生活得更加幸福。北京市的经济发展为提高基本公共服务水平和均等化程度奠定了坚实的基础。

2011 年 6 月 3 日，中共北京市委十届九次全会通过的《中共北京市委关于加强和创新社会管理全面推进社会建设的意见》明确提出："今后五年，北京基本公共服务水平居全国前列并达到中等发达国家水平。"

2012 年 7 月，国务院印发我国第一个有关基本公共服务的规划——《国家基本公共服务体系"十二五"规划》，该《规划》阐明了国家基本公共服务的制度安排，明确了基本范围、标准和工作重点，引导公共资源配置，是"十二五"乃至更长一段时期构建国家基本公共服务体系的综合性、基础性和指导性文件，是政府履行公共服务职责的重要依据。2012 年 11 月，党的十八大政治报告提出，到 2020 年全面建成小康社会时，基本公共服务均等化要总体实现。

本课题组对北京市城乡基本公共服务水平与中等发达国家公共服务水平

---

① 报告中数据除另注明出处外，均来自北京市区县统计年鉴、《北京统计年鉴》。

② 2010 年世界银行对不同国家收入水平有个分组标准：按人均 GNI（国民总收入）计算，1005 美元以下是低收入国家；1006 ~ 3975 美元是中等偏下水平；3976 ~ 12275 美元是中等偏上水平；12276 美元以上为富裕国家。世界银行是按 GNI 计算，我们是按 GDP 计算，国内外要素收入略有差别，但可用来大致衡量富裕程度。

进行了对比研究，提出了北京基本公共服务达到中等发达国家水平的政策建议。

一　基本公共服务分析框架

（一）公共服务

公共服务概念的界定有两种倾向。一是从产出形式的角度来定义公共服务。在经济学中，产出可以分为产品和服务两种形式。产品是有形的产出，而服务是无形的产出；产品的生产和消费可以在时间与空间上分离，而服务的生产与消费则是时空一体的。据此来定义，有些产出是有形的，包括公用设施、公共建筑，如道路、桥梁、车站、码头等，称为公共产品；有些产出是无形的，包括教育、医疗、卫生、保险等，称为公共服务。二是从产品的特性来定义公共服务。经济学理论根据物品是否具有消费的竞争性和受益的排他性，将产品划分为公共产品和私人产品。在我国，一般将公共产品和公共服务两个概念等同使用，政府公共部门为公众所提供的公共产品实质上指具有共同消费性质的服务，而不是"产品"本身。本研究报告中的公共服务是指向城乡居民提供的用于满足城乡居民共同需要的公共产品，包括产出形式上的"公共产品"和"公共服务"。

（二）基本公共服务

基本公共服务是指为满足城乡居民的基本生存和发展需要而提供的公共产品和公共服务，其目标是满足城乡居民的基本生存和发展需要，保障城乡居民基本的生存和发展权利。基本公共服务主要包括社会保障、基础教育、公共卫生与基本医疗、公共安全、公共文化、基础设施、就业、环境保护等内容。①

---

① 《国家基本公共服务体系"十二五"规划》中的基本公共服务一般包括保障基本民生需求的教育、就业、社会保障、医疗卫生、计划生育、住房保障、文化体育等领域的公共服务，广义上还包括与人民生活紧密关联的交通、通信、公用设施、环境保护等领域的公共服务，以及保障安全需要的公共安全、消费安全和国防安全等领域的公共服务。

（三）基本公共服务评价指标

公共服务能力的评价指标，包括投入指标、产出指标以及衡量产出和投入比的效率指标。具体数据分析指标，包括衡量数据集中程度、离散程度等的一系列指标。根据研究需要，报告主要采用算术平均值、最大值、最小值、全距、最大值与最小值之比等指标。

公共服务的发展水平可以从公共服务的数量和质量两个方面来衡量。对于公共服务水平，一是从全市平均值、区县最高值、最低值来考察北京市各区县公共服务能力，二是根据 2009 年、2010 年、2011 年相关财政支出占GDP 比重、占财政总支出比重、人均财政支出、公共服务人员、设施人均拥有量等指标的变化来考察公共服务能力及改善情况和公共服务均等化进展情况。

全距又称极差，用于测量公共服务发展水平最高区县的某一项指标与发展水平最低区县该项指标的绝对差异，反映的是绝对差异的极端情况。

二　北京市城乡基本公共服务现状

（一）北京市经济社会发展基本情况①

按照城市功能分区，北京市分为首都功能核心区、城市功能拓展区、城市发展新区和生态涵养发展区四大区。首都功能核心区属中心城区，包括东城区、西城区；城市功能拓展区，包括朝阳区、丰台区、石景山区、海淀区；城市发展新区属近郊区，包括房山区、通州区、顺义区、昌平区、大兴区、经济技术开发区，生态涵养发展区属远郊区和农村，包括门头沟区、怀柔区、平谷区、密云县、延庆县。

从 2011 年北京市各功能区和各区县人均地区生产总值看，首都功能核心区中的东城区、西城区和城市功能拓展区中的朝阳区、海淀区人均生产总值高于全市平均值，其他各功能区和各区县人均生产总值低于全市平均值。其中，

---

①　除注明之外，有关北京市的主要数据参见课题组专题报告《北京市城乡基本公共服务能力评价报告》（刘志昌、夏侠）。

人均生产总值最高的西城区达 29471.2 美元, 人均生产总值最低的延庆县仅有 3679.8 美元, 西城区是延庆县的 8 倍。

表 1　2009~2011 年北京市各区县生产总值情况

区　县	地区生产总值(亿元)			人均生产总值(美元)		
	2009 年	2010 年	2011 年	2009 年	2010 年	2011 年
北 京 市	12153.0	14113.6	16251.9	10138.8	10626.1	12463.0
东 城 区	1122.4	1223.6	1339.7	18997.4	19666.8	22789.8
西 城 区	1815.6	2057.7	2360.8	21334.0	24452.5	29471.2
朝 阳 区	2380.4	2804.2	3272.2	10963.1	11684.3	13847.0
丰 台 区	627.4	734.8	842.7	5038.6	5139.0	6011.3
石景山区	248.7	295.5	320.7	6017.7	7085.1	7829.3
海 淀 区	2446.9	2771.6	3179.8	11624.1	12477.7	14468.9
房 山 区	293.5	371.5	416.0	4711.5	5806.6	6658.9
通 州 区	278.9	344.8	400.2	3736.4	4301.3	4956.4
顺 义 区	690.2	867.9	1015.0	13804.8	14617.4	17171.6
昌 平 区	342.4	399.9	455.0	4909.8	3556.0	4052.7
大 兴 区	271.2	311.9	350.8	3425.7	3375.2	3800.5
门头沟区	74.8	86.4	103.7	3911.1	4402.1	5457.7
怀 柔 区	131.4	148.0	168.0	5064.4	5859.4	7043.5
平 谷 区	107.0	117.9	136.6	3668.4	4188.0	5060.1
密 云 县	119.5	141.5	162.0	3821.1	4464.7	5325.6
延 庆 县	61.5	67.7	75.8	3125.7	3153.2	3679.8

注: 人均生产总值按常住人口计算。报告中除另有说明外, 北京市数据均按常住人口计算。

　　从各区县城市化率和人口分布情况看, 人口主要分布在首都功能核心区、城市功能拓展区和城市发展新区, 这三个功能区人口共占全市总人口的 90.72%。核心区全部为城镇人口, 拓展区仅有少量农村人口。从核心区、拓展区、发展新区到生态涵养区, 城市化率呈从高到低的下降趋势, 核心区和拓展区城市化率高于全市平均值, 其他区则低于全市平均值。核心区人口密度最高, 达 23271 人/平方公里, 从核心区、拓展区、发展新区到生态涵养区, 人口密度呈从高到低的分布趋势, 核心区和拓展区人口密度高于全市平均值, 其他区则低于全市平均值。

表 2　2011 年北京市各区县人口分布情况

区　县	常住人口（万人）	其　中		常住人口密度（人/平方公里）	城市化率（%）
		城镇人口（万人）	乡村人口（万人）		
北 京 市	2018.6	1740.7	277.9	1230	86.23
东 城 区	91.0	91.0	—	21739	100.00
西 城 区	124.0	124.0	—	24540	100.00
朝 阳 区	365.8	364.6	1.2	8038	99.67
丰 台 区	217.0	215.7	1.3	7096	99.40
石景山区	63.4	63.4	—	7519	100.00
海 淀 区	340.2	333.3	6.9	7898	97.97
房 山 区	96.7	65.8	30.9	486	68.05
通 州 区	125.0	78.4	46.6	1379	62.72
顺 义 区	91.5	49.9	41.6	897	54.54
昌 平 区	173.8	138.9	34.9	1294	79.92
大 兴 区	142.9	101.0	41.9	1379	70.68
门头沟区	29.4	25.1	4.3	203	85.37
怀 柔 区	37.1	25.3	11.8	175	68.19
平 谷 区	41.8	22.6	19.2	440	54.07
密 云 县	47.1	26.0	21.1	211	55.20
延 庆 县	31.9	15.7	16.2	160	49.22

从 2011 年北京市区县人均财政收入看，只有西城区人均财政收入高于全市平均值，其他各区县人均财政收入低于全市平均值。其中，人均财政收入最高的西城区达 22697.7 元，人均财政收入最低的丰台区仅有 2873.9 元，西城区是丰台区的 7.9 倍。

从 2011 年北京市各功能区和各区县人均财政支出看，首都功能核心区中的西城区和生态涵养区中的怀柔区、门头沟区人均财政支出高于全市平均值，其他各功能区和各区县人均财政支出低于全市平均值。其中，人均财政支出最高的怀柔区达 18967.2 元，人均财政支出最低的昌平区仅有 4786.8 元，怀柔区是昌平区的 4 倍。

表3　北京市人均财政收入和支出情况

单位：元

区 县	人均财政收入			人均财政支出		
	2009	2010	2011	2009	2010	2011
北 京 市	12153.0	14113.6	16251.9	10138.8	10626.1	12463.0
东 城 区	10923.9	11296.1	13578.4	12646.3	12577.9	14931.3
西 城 区	15958.4	17299.1	22697.7	13734.1	18568.6	18641.5
朝 阳 区	5997.4	6608.3	8661.4	4413.0	4739.2	5879.8
丰 台 区	2183.5	2238.8	2873.9	4512.3	4003.6	4940.8
石景山区	3001.8	3095.4	3628.0	5527.6	6956.0	7234.6
海 淀 区	5347.3	5819.5	7106.3	5983.1	6586.1	7175.6
房 山 区	5781.2	17839.0	12146.8	8566.0	8489.7	12090.0
通 州 区	6046.3	14752.8	9789.1	6442.3	6268.9	6503.4
顺 义 区	11643.4	16613.8	12854.8	11177.7	10857.0	13607.7
昌 平 区	5088.9	8445.6	5558.6	6586.2	4430.2	4786.8
大 兴 区	7313.1	19021.6	13694.0	6656.9	5291.7	6366.2
门头沟区	5035.6	8726.1	14901.0	13307.9	15775.0	18693.9
怀 柔 区	5334.3	6271.3	8733.9	12905.2	16910.7	18967.2
平 谷 区	3197.3	9648.6	8354.7	11657.6	12578.5	13909.2
密 云 县	3255.9	5133.3	6596.8	12424.2	13190.4	14928.2
延 庆 县	2417.5	3128.0	3569.2	15024.1	13768.4	15989.8

（二）北京市基本公共服务现状

近年来，北京市公共服务供给能力和水平不断提高，公共服务体系日趋完善，基础教育、医疗卫生、文化体育、公共安全等服务资源人均拥有量和保障水平在全国领先，一些指标接近或达到发达国家水平。同时，北京市以推进基本公共服务均等化为目标，加快服务资源城乡一体化配置，集中力量实施了一批覆盖城乡的民生工程，城乡、区域和群体之间基本公共服务水平差距逐步缩小。建立了职工和居民社会保险制度体系，在全国率先实现了城乡居民社会保障制度全覆盖。整合了"一老一小"、无业居民大病医疗保险制度，形成了城镇居民基本医疗保险制度。建立了城乡统一的就业服务网络和政策扶持体系，实行了多项帮扶困难企业和帮助职工稳定就业的政策。义务教育"两免一补"政策扩面提标，经费保障机制进一步完善。公共服务空间布局逐步改善。中心城区优质社会公共服务资源进一步向郊区（县）、新城地区转移。

当然，北京市公共服务也存在供给总量不足、城乡区域间公共服务供给和分布不均衡、公共服务的质量和效率有待进一步提升等问题。

我们以基础教育、社会保险、基本医疗卫生为重点，考察和分析北京市基本公共服务能力和基本公共服务均等化进展情况。

1. 基础教育投入持续增加，教育发展区县间不平衡

从人均教育支出看，北京各区县不均衡也较明显。核心区最高，其次是生态涵养区，再次是拓展区，发展新区最低。从这种差距可以发现，区县间的不平衡既内含着城乡间的不均等，又不完全是城乡间的不均等。从小学和中学的生师比看，各区县仍存在一定的差距，反映出基础教育的不均衡状况。

（1）财政投入持续增加，教育差距仍然较大。

2009～2011年，北京各功能区、各区县教育财政支出占GDP的比重、占财政总支出比重以及人均教育支出均呈增长趋势。2011年，北京市教育财政支出占GDP的3.2%，占财政总支出的16.03%，人均教育支出为2576.43元。区县教育财政支出占GDP比重最大的是延庆县，为9.88%，最小的是海淀区，为1.4%，前者是后者的7.1倍；区县教育财政支出占财政总支出比重最大的是朝阳区，为21.88%，最小的是怀柔区，为12.14%，前者是后者的1.8倍；人均教育支出最多的是东城区，为3167.23元，最少的是昌平区，为721.80元，前者是后者的4.4倍。

2009年以来，北京市教育支出占GDP的比重、占财政支出比重以及人均教育支出逐步提高。2010年、2011年，教育支出占GDP的比重分别比上年增长0.18和0.01个百分点；教育支出占财政支出比重2010年比2009年增长0.8个百分点，2011年比2010年下降0.54个百分点；人均教育支出2010年比2009年增长211元，2011年比2010年增长282元。

表4　2009～2011年北京各区县教育财政支出情况

区　县	占GDP比重（%）			占财政支出比重（%）			常住人口人均支出（元）		
	2009年	2010年	2011年	2009年	2010年	2011年	2009年	2010年	2011年
全　　市	3.01	3.19	3.20	15.77	16.57	16.03	2083.58	2294.79	2576.43
东　城　区	2.10	2.04	2.15	21.51	21.59	21.21	2720.62	2715.26	3167.23
西　城　区	1.38	2.02	1.64	14.64	18.00	16.73	2010.20	3341.66	3119.21
朝　阳　区	1.32	1.35	1.44	22.45	22.56	21.88	990.60	1069.02	1286.31
丰　台　区	2.25	2.29	2.16	17.19	19.86	16.96	775.81	795.04	838.01
石景山区	2.13	2.15	2.22	15.80	14.84	15.53	873.49	1032.44	1123.28

区 县	占 GDP 比重（%）			占财政支出比重（%）			常住人口人均支出（元）		
	2009 年	2010 年	2011 年	2009 年	2010 年	2011 年	2009 年	2010 年	2011 年
海 淀 区	1.32	1.41	1.40	17.49	18.05	18.26	1046.20	1188.94	1310.44
房 山 区	4.01	4.18	3.66	15.07	19.36	13.02	1290.71	1643.22	1573.74
通 州 区	2.82	3.22	2.99	11.18	14.97	14.72	720.07	938.50	957.08
顺 义 区	1.47	1.67	1.58	12.40	15.22	12.88	1386.41	1652.59	1752.96
昌 平 区	2.70	2.40	2.76	13.73	13.05	15.08	904.36	578.10	721.80
大 兴 区	4.07	4.31	4.64	14.29	18.61	17.91	951.21	985.00	1140.15
门头沟区	6.37	6.69	7.01	12.79	12.64	13.22	1701.50	1993.93	2471.29
怀 柔 区	4.72	4.85	5.06	12.66	11.38	12.14	1633.63	1924.88	2302.61
平 谷 区	6.29	8.72	6.41	13.52	19.65	15.06	1575.57	2471.78	2094.04
密 云 县	5.96	5.98	5.44	12.51	13.69	12.55	1554.72	1806.24	1873.12
延 庆 县	9.62	10.92	9.88	13.67	16.93	14.70	2053.68	2331.55	2349.75
区县最大值	9.62	10.92	9.88	22.45	22.56	21.88	2720.62	3341.66	3167.21
区县最小值	1.32	1.35	1.40	11.18	11.38	12.14	720.07	578.10	721.80
最大值/最小值	7.3	8.1	7.1	2.0	2.0	1.8	3.8	5.8	4.4
全距	8.3	9.6	8.5	11.3	11.2	9.7	2000.6	2763.6	2445.4

（2）小学生师比呈增大趋势，区县差距较大。

北京市小学生师比 2009 年以来逐步增大，每千名学生拥有的学校数量逐步降低。主要原因是 2009 年以来小学数量、小学教师数量有所减少，而学生数量逐年增加。

2011 年，全市共有 1090 所小学，小学生师比为 14.9，每千名学生拥有小学 1.6 所。其中，小学数量最多的是朝阳区，为 134 所，最少的是怀柔区，为 26 所，前者是后者的 5.2 倍；小学生师比最高的是海淀区，为 19.8，最小的是平谷区，为 8.6，前者是后者的 2.3 倍；每千名学生拥有小学最多的是延庆县，为 3.5 所，最少的是海淀区，为 0.83 所，前者是后者的 4.2 倍。

北京市小学数量 2009 年以来逐年减少，从 2009 年的 1160 所减少到 2010 年的 1104 所、2011 年的 1090 所，分别比上年减少 56 所和 14 所；在校学生数量逐年增加，从 2009 年的 647101 人增加到 2010 年的 653255 人、2011 年的 680457 人，分别比上年增加 6154 人和 27202 人；小学专任教师数量逐步减少，从 2009 年的 49257 人增加到 2010 年的 49480 人，又减少到 2011 年的 45684 人，2011 年比 2009 年减少 3573 人。

表5 2009~2011年北京各区县小学教育基本情况

区 县	小学校数(所)			小学生师比			每千人拥有学校数(所)		
	2009年	2010年	2011年	2009年	2010年	2011年	2009年	2010年	2011年
北 京 市	1160	1104	1090	13.1	13.2	14.9	1.79	1.69	1.60
东 城 区	65	63	63	12.9	12.9	13.8	1.42	1.38	1.36
西 城 区	72	71	72	12.3	12.7	14.4	1.47	1.42	1.35
朝 阳 区	141	133	134	12.6	12.8	14.8	1.73	1.58	1.47
丰 台 区	93	88	86	16.6	16.1	17.0	1.44	1.37	1.29
石景山区	32	32	32	12.9	12.8	15.0	1.53	1.55	1.52
海 淀 区	106	105	106	17.4	17.0	19.8	0.89	0.87	0.83
房 山 区	112	110	106	12.0	12.0	13.5	2.99	2.96	2.78
通 州 区	89	85	81	14.5	14.6	17.3	1.94	1.77	1.59
顺 义 区	47	42	43	12.5	13.3	15.0	1.54	1.31	1.26
昌 平 区	85	85	85	11.1	11.2	14.8	2.53	2.43	2.33
大 兴 区	94	92	88	13.3	13.0	13.5	2.32	2.30	2.16
门头沟区	42	38	35	9.1	9.2	9.4	3.38	3.20	3.05
怀 柔 区	33	27	26	9.2	9.4	11.6	2.17	1.82	1.72
平 谷 区	60	49	49	8.9	9.1	8.6	3.58	3.08	3.14
密 云 县	44	40	40	12.0	11.9	12.9	2.16	2.04	2.04
延 庆 县	45	44	44	9.8	8.9	9.3	3.22	3.32	3.50
区县最大值	141	133	134	17.4	17.0	19.8	3.58	3.32	3.50
区县最小值	32	27	26	8.9	9.1	8.6	0.89	0.87	0.83
最大值/最小值	4.4	4.9	5.2	1.9	1.9	2.3	4.0	3.8	4.2
全距	109	106	108	8.4	7.9	11.2	2.7	2.5	2.7

注:自2011年起,教育部实行主体校统计原则,教职工数和专任教师数均统计在本校最高层次学校内,故2011年教职工数和专任教师数与2010年教职工数和专任教师数不可比。

(3)中学生师比呈减小趋势,区县差距较大。

北京市中学生师比2009年以来逐步减小,每千名学生拥有的学校数量逐步增加。在学校数量略有减少的情况下,学生数量逐年减少是生师比减小的重要原因。

2011年,全市共有632所中学,中学生师比为8.9,每千名学生拥有中学1.27所。其中,中学数量最多的是海淀区,为75所,最少的是门头沟区,为17所,前者是后者的4.4倍;中学生师比最高的是海淀区,为11.3,最小的是昌平区,为6.8,前者是后者的1.7倍;每千名学生拥有中学最多的是门头沟区,为2.24所,最少的是海淀区,为0.75所,前者是后者的3倍。

北京市中学数量 2009 年以来逐年减少，从 2009 年的 647 所减少到 2010 年的 634 所、2011 年的 632 所，分别比上年减少 13 所和 2 所；在校学生数量逐年减少，从 2009 年的 522351 人减少到 2010 年的 508327 人、2011 年的 497341 人，分别比上年减少 14024 人和 10986 人；中学专任教师数量增加，从 2009 年的 50237 人减少到 2010 年的 49873 人，又增加到 2011 年的 56039 人，2010 年比 2009 年减少 364 人，2011 年比 2010 年增加 6166 人。

表6   2009～2011 年北京各区县中学教育基本情况

区 县	普通中学校数（所）			中学生师比			每千人拥有学校数（所）		
	2009 年	2010 年	2011 年	2009 年	2010 年	2011 年	2009 年	2010 年	2011 年
北 京 市	647	634	632	10.4	10.2	8.9	1.24	1.25	1.27
东 城 区	44	44	44	10.5	10.3	9.7	0.93	0.97	1.00
西 城 区	51	51	51	9.7	9.6	9.4	0.92	0.95	0.96
朝 阳 区	74	74	77	10.9	10.3	7.7	1.46	1.48	1.48
丰 台 区	45	43	44	10.3	10.2	8.0	1.41	1.39	1.49
石景山区	25	25	25	9.8	9.7	8.2	1.70	1.72	1.74
海 淀 区	77	77	75	13.2	12.8	11.3	0.78	0.77	0.75
房 山 区	51	49	48	9.8	9.6	8.6	1.56	1.56	1.62
通 州 区	46	43	40	10.2	10.0	8.4	1.44	1.41	1.36
顺 义 区	41	42	41	10.4	10.1	9.1	1.31	1.38	1.39
昌 平 区	47	43	43	9.0	8.9	6.8	2.16	1.97	1.95
大 兴 区	38	38	41	8.7	8.7	7.3	1.30	1.33	1.53
门头沟区	18	18	17	8.7	8.3	8.1	2.04	2.20	2.24
怀 柔 区	23	23	22	9.7	9.2	7.6	1.57	1.66	1.70
平 谷 区	22	20	20	9.2	9.1	8.5	1.19	1.18	1.31
密 云 县	23	22	22	10.3	9.8	9.6	1.11	1.13	1.20
延 庆 县	22	22	22	9.5	9.4	8.7	1.66	1.73	1.79
区县最大值	77	77	75	13.2	12.8	11.3	2.16	2.20	2.24
区县最小值	18	18	17	8.7	8.3	6.8	0.78	0.77	0.75
最大值/最小值	4.3	4.3	4.4	1.5	1.5	1.7	2.8	2.8	3.0
全距	59	59	58	4.5	4.5	4.6	1.4	1.4	1.5

注：自 2011 年起，教育部实行主体校统计原则，教职工数和专任教师数均统计在本校最高层次学校内，故 2011 年教职工数和专任教师数与 2010 年教职工数和专任教师数不可比。

2. 社会保险覆盖率增加，区县间发展不平衡

"十一五"期间，北京市建立了职工和居民社会保险制度体系，在全国率先实现了城乡居民社会保障制度全覆盖。整合了"一老一小"、无业居民大病医疗保险制度，形成了城镇居民基本医疗保险制度。北京市社会保险自2009年以来，处于持续改善之中，养老保险、失业保障、医疗保险参加人数、覆盖率均逐年增长。同时，社会保险的区县差距明显，区县差距在一定程度上体现为城乡差距，核心区社会保险发展完备，而发展新区、生态涵养区等远郊区则相对落后。

2011年，北京市参加养老保险人数为8882116人，养老保险覆盖率为44%。其中，养老保险覆盖率最高的是东城区，为97.5%，最低的是延庆县，为17.1%，前者是后者的5.7倍；这一覆盖率差距与东城区城市人口比例最高、延庆县城市人口比例最低相关，这一差距也反映出城乡养老保险的体制差距。

2011年，北京市参加失业保险的人数为8810357人，失业保险覆盖率为43.6%。其中，失业保险覆盖率最高的是西城区，为102.8%，①最低的是昌平区，为15.8%，前者是后者的6.5倍；同样，这一覆盖率差距与西城区城市人口比例最高、昌平区城市人口比例较低相关（农民是没有失业保险的）。

2011年，北京市参加医疗保险的人数为9551917人，医疗保险覆盖率为47.3%。考虑到农村人口有新型农村合作医疗，因此，如果排除农村人口，参加医疗保险的职工人数与城镇人口比较，则医疗保险覆盖率为54.9%。其中，按常住人口计算，医疗保险覆盖率最高的是东城区，为115.1%，最低的是昌平区，为17%，前者是后者的6.8倍；如果按城镇人口计算，医疗保险覆盖率最高的是东城区，为115.1%，最低的是昌平区，为21.2%，前者是后者的5.4倍。同样，这一覆盖率差距与城市人口比例分布相关，更多体现的是区县间的差距，核心区医疗保险发展完备，而发展新区、生态涵养区等远郊区医疗保险相对落后。

北京市社会保险覆盖率逐年上升。养老保险从2009年的36.4%增加到2010年的40.1%、2011年的44%，分别比上年增长3.7%和3.9%；失业保险从2009年的38.5%增加到2010年的39.5%、2011年的43.6%，分别比上年增长1%和4.2%；医疗保险从2009年的42.5%增加到2010年的43.2%、2011年的47.3%，分别比上年增长0.7%和4.1%。

---

① 比例高于100%是因为参保人数的统计并不限于常住人口，下同。

表 7　北京各区县养老、失业保险情况

单位：%

区　县	养老保险覆盖率（常住人口）			失业保险覆盖率		
	2009 年	2010 年	2011 年	2009 年	2010 年	2011 年
北 京 市	36.4	40.1	44.0	38.5	39.5	43.6
东 城 区	76.3	86.0	94.9	83.9	88.9	97.9
西 城 区	77.1	92.4	101.1	84.2	93.4	102.8
朝 阳 区	41.0	44.4	50.2	43.5	44.7	50.7
丰 台 区	18.3	20.6	22.4	20.8	20.4	22.3
石景山区	30.3	34.4	36.2	28.6	31.8	33.9
海 淀 区	37.2	42.6	47.5	42.4	45.9	50.9
房 山 区	16.8	20.1	21.6	18.7	20.9	22.7
通 州 区	13.1	18.7	20.8	14.5	17.1	19.7
顺 义 区	30.2	35.7	39.2	31.9	32.9	37.2
昌 平 区	17.5	13.8	15.4	19.3	14.0	15.8
大 兴 区	14.1	19.0	21.1	15.5	16.2	18.4
门头沟区	35.7	38.1	41.3	36.7	39.3	42.8
怀 柔 区	18.8	31.2	35.5	21.3	32.1	36.8
平 谷 区	22.0	23.6	26.5	24.0	22.9	26.1
密 云 县	14.7	21.2	24.6	17.1	19.7	23.2
延 庆 县	13.5	16.2	18.0	14.4	14.9	16.8
区县最大值	77.1	92.4	50.2	84.2	93.4	102.8
区县最小值	13.1	13.8	18.0	14.4	14.0	15.8
最大值/最小值	5.9	6.7	2.8	5.9	6.7	6.5
全距	64	79	32	70	79	87

表 8　2009～2011 年北京市各区县医疗保险情况

单位：%

区　县	覆盖率（常住人口）			覆盖率（城镇人口）	
	2009 年	2010 年	2011 年	2010 年	2011 年
北 京 市	42.5	43.2	47.3	50.3	54.9
东 城 区	97.5	109.5	115.1	109.5	115.1
西 城 区	93.2	102.0	111.9	102.0	111.9
朝 阳 区	48.0	49.0	54.7	49.1	54.9
丰 台 区	24.7	23.6	26.9	23.7	27.1
石景山区	32.4	37.0	39.3	37.0	39.3
海 淀 区	46.3	48.4	54.3	49.5	55.4
房 山 区	17.6	21.2	22.7	31.5	33.4
通 州 区	19.3	20.9	22.2	34.1	35.4

续表

区　县	覆盖率(常住人口)			覆盖率(城镇人口)	
	2009 年	2010 年	2011 年	2010 年	2011 年
顺 义 区	39.3	39.2	42.3	72.9	77.5
昌 平 区	20.9	15.4	17.0	19.5	21.2
大 兴 区	21.1	21.3	23.8	30.2	33.6
门头沟区	37.4	42.1	45.2	49.0	53.0
怀 柔 区	26.7	34.0	38.8	50.2	57.0
平 谷 区	24.3	26.7	29.2	50.4	53.9
密 云 县	21.5	26.1	29.5	47.5	53.4
延 庆 县	17.1	20.8	22.7	42.8	46.1
区县最大值	97.5	109.5	115.1	109.5	115.1
区县最小值	17.1	15.4	17.0	19.5	21.2
最大值/最小值	5.7	7.1	6.8	5.6	5.4
全距	80	94	98	90	94

3. 基本医疗卫生取得新进展，新农合基本全面覆盖，人均医疗卫生财政支出差距扩大

自北京市推进新型农村合作医疗以来，参合人数、参合率快速增长。2011年，北京市共有 276.83 万人参加新型农村合作医疗，参合率达 97.70%。从各区县看，参合比率大多在 90% 以上，只有朝阳区、门头沟区参合比率不到 90%。

表 9　2011 年北京市参加新型农村合作医疗情况

区　县	参加新型农村合作医疗人数 （万人）	新型农村合作医疗参合率 （%）
北 京 市	276.83	97.70
朝 阳 区	12.09	85.66
丰 台 区	12.67	97.48
海 淀 区	8.23	90.05
房 山 区	40.64	100.00
通 州 区	33.27	99.49
顺 义 区	29.85	99.80
昌 平 区	19.94	96.52
大 兴 区	30.01	97.10
门头沟区	5.51	87.67
怀 柔 区	15.47	97.13
平 谷 区	23.44	99.86
密 云 县	27.55	99.99
延 庆 县	18.16	99.64

2011 年，北京市医疗卫生财政支出占 GDP 的 1.39%，占财政总支出的
6.95%，人均医疗卫生支出为 1117.04 元。其中，区县医疗卫生财政支出占
GDP 比重最大的是密云县，为 5.82%，最小的是海淀区，为 0.45%，前者是
后者的 13.1 倍；区县医疗卫生财政支出占财政总支出比重最大的是密云县，
为 13.42%，最小的是门头沟区，为 4.26%，前者是后者的 3.2 倍；人均医疗
卫生支出最多的是怀柔区，为 2160.51 元，最少的是昌平区，为 343.12 元，
前者是后者的 6.3 倍。

自 2009 年以来，北京市医疗卫生支出占 GDP 的比重略有提高，医疗卫生
支出占财政支出的比重略有下降，但医疗卫生人均支出仍逐年提高。2011 年，
医疗卫生支出占 GDP 的比重比 2009 年增长 0.02 个百分点，医疗卫生支出占
财政支出的比重比 2009 年下降 0.24 个百分点；人均医疗卫生支出 2010 年比
2009 年增长 368 元，2011 年比 2010 年增长 279 元。

值得注意的是，北京市人均医疗卫生财政支出费用全距从 2009 年的 793.1
元扩大到 2011 年的 1817.4 元，最大值与最小值之比从 2009 年的 3.5 倍扩大到
2011 年的 6.3 倍。这表明医疗卫生费用支出离均等化的目标越来越远而不是
越来越近。

表 10   2009～2011 年北京市各区县医疗卫生支出情况

区　县	占 GDP 的比重（%）			占财政支出的比重（%）			按常住人口人均支出（元/人）		
	2009 年	2010 年	2011 年	2009 年	2010 年	2011 年	2009 年	2010 年	2011 年
北 京 市	1.37	1.32	1.39	7.18	6.88	6.95	949.44	952.26	1117.04
东 城 区	0.86	0.90	0.64	8.81	9.56	6.31	1113.70	1202.34	942.40
西 城 区	0.71	0.69	0.51	7.53	6.19	5.16	1034.74	1149.69	962.65
朝 阳 区	0.49	0.50	0.57	8.30	8.26	8.73	366.13	391.68	513.35
丰 台 区	0.93	0.91	0.98	7.11	7.87	7.68	320.64	314.93	379.60
石景山区	1.37	0.80	0.86	10.17	5.49	6.01	562.15	381.75	434.67
海 淀 区	0.44	0.41	0.45	5.78	5.30	5.80	346.10	349.04	416.16
房 山 区	2.21	2.01	2.34	8.31	9.32	8.34	711.50	791.05	1008.67
通 州 区	1.72	1.72	1.77	6.80	7.99	8.74	438.25	501.20	568.18
顺 义 区	0.90	0.85	0.85	7.57	7.71	6.90	846.09	836.57	938.85
昌 平 区	1.32	1.54	1.31	6.74	8.37	7.17	444.16	370.98	343.12
大 兴 区	2.04	2.01	2.01	7.17	8.70	7.75	477.59	460.37	493.48
门头沟区	3.29	3.46	2.26	6.61	6.55	4.26	879.36	1032.62	795.65
怀 柔 区	2.73	3.15	4.75	7.32	7.39	11.39	945.21	1249.65	2160.51

续表

区　县	占 GDP 的比重(%)			占财政支出的比重(%)			按常住人口人均支出(元/人)		
	2009 年	2010 年	2011 年	2009 年	2010 年	2011 年	2009 年	2010 年	2011 年
平 谷 区	2.81	3.62	3.23	6.04	8.17	7.60	704.19	1027.55	1056.99
密 云 县	3.78	3.23	5.82	7.94	7.39	13.42	986.70	975.32	2003.59
延 庆 县	4.59	6.68	5.82	6.53	10.35	8.65	980.56	1424.98	1382.73
区县最大值	4.59	6.68	5.82	10.17	10.35	13.42	1113.70	1424.98	2160.51
区县最小值	0.44	0.41	0.45	5.78	5.30	4.26	320.64	314.93	343.12
最大值/最小值	10.5	16.2	13.1	1.8	2.0	3.2	3.5	4.5	6.3
全距	4.2	6.3	5.4	4.4	5.1	9.2	793.1	1110.1	1817.4

三　中等发达国家公共服务水平现状
——以韩国、新加坡为例

（一）中等发达国家的界定[①]

关于发达国家的界定，一般依据世界银行、国际货币基金组织、美国发布的《世界概况》中的标准。根据《世界概况》的认定，达到发达国家的指标，需要符合以下条件：经合组织（OECD）高所得会员国（HIEOECD）、OECD下属开发援助委员会会员国（DAC）、美国中央情报局界定的发达经济体（CIAAE）、国际货币基金组织界定的发达经济体（IMFAE）、世界银行界定的高收入经济体（WBHIE）、联合国开发计划署发布的人类发展指数极高（大于或等于 0.9）的经济体（HDI≥0.9）、生活质量前 30 名的国家（QoLTop30）。此外，全球发展中心也通过 CDI 指数对发达国家进行了界定。据统计，全球有 22 个国家和地区同时满足这些组织和机构提出的标准，有 45 个国家和地区满足其中的 1 至 7 项。

在发达国家当中，根据其发达程度，又包括高度发达国家、中等发达国家和新兴发达国家。高度发达国家拥有非常健全的社会、政治和经济体制，其国民拥有极高的福利水平和受到良好保护的生活环境，并且形成一种固定的发展模式。一般认为，高度发达国家包括美国、日本、澳大利亚、新西兰、加拿大

[①]　除注明之外，中等发达国家主要分析数据参见课题组专题报告《中等发达国家公共服务发展现状——以新加坡和韩国为例》（徐秀军、刘志昌）。

和英国、法国、德国、意大利等欧洲国家。

对于中等发达国家，一般认为其发达程度处于中等水平或处于发达国家的平均水平，在经济、政治、社会等方面与高度发达国家存在一定的差距，例如韩国、新加坡等国。其中，韩国全部符合所列的发达国家8项标准，但因其在法制、经济上尚存在改善空间，并且未形成一种持续的发展状态，发达程度尚有欠缺，因此属于中等发达国家。此外，还有一些国家刚刚步入发达国家行列，有些方面还不完善，可称为新兴发达国家。

（二）中等发达国家公共服务总体状况

对于中等发达国家而言，尽管其公共服务发展与最发达国家还存在一定差距，但相比广大发展中国家，仍处于较高水平，反映了发达国家的平均水平。并且，中等发达国家的公共服务也处于不断发展的过程中，公共服务体系不断完善，公共服务设施不断改善，公共服务水平日益提高，促进居民生活水平不断提高。根据联合国开发计划署数据，1980～2011年发达国家人类发展指数维持了不断增长的态势，年均增长率为0.48%。其中，2000年发达国家人类发展指数的平均水平为0.858，2011年这一指数达到0.889，提高了0.031（见表11）。[①]

表11　人类发展指数及其增长率

人类发展指数类别	人类发展指数				年均增长率（%）		
	2000年	2005年	2010年	2011年	1980～2011年	1990～2011年	2000～2011年
非常高	0.858	0.876	0.888	0.889	0.48	0.44	0.33
高	0.687	0.716	0.739	0.741	0.61	0.64	0.70
中等	0.548	0.587	0.625	0.630	1.31	1.30	1.28
低	0.383	0.422	0.453	0.456	1.19	1.31	1.59
世界	0.634	0.660	0.679	0.682	0.65	0.66	0.66

资料来源：United Nations Development Programme, *Human Development Report* 2011, New York: UNDP, http://www.undp.org/content/undp/en/home.html。

[①] 考虑到统计数据的来源，关于中等发达国家公共服务的现状分析主要基于各组织对这一概念的界定。为此，尽管部分数据来源不同，但并不影响分析结果，基本都能反映所要考察的问题。

从公共服务的各个具体领域看，中等发达国家在公共服务建设上的优势也非常明显。在教育方面，发达国家公共教育发展处于较高水平。根据联合国开发计划署数据，从入学率看，发达国家的小学与中学入学率的平均水平分别为102.7%和99.7%，而人类发展指数低的国家仅分别为96.5%和35.0%，两类国家群体分别相差6.2和64.7个百分点（见表12）。

表 12　识字率与入学率

单位：%

人类发展指数类别	15 岁及以上人群识字率	入学率		
		小学	中学	大学
	2005～2010 年	2001～2010 年	2001～2010 年	2001～2010 年
非常高	—	102.7	99.7	72.9
高	93.2	110.3	90.4	49.3
中等	81.9	113.3	69.7	20.5
低	59.8	96.5	35.0	6.2
世界	80.9	106.9	68.4	27.6

注：在所列年限范围内获取的最新数据；入学率指不同层次入学人数（不分年龄）占适龄入学人数之比，因此比例可超过100%。

资料来源：United Nations Development Programme, *Human Development Report* 2011, New York: UNDP, http：//www. undp. org/content/undp/en/home. html。

从小学生师比看，2010 年高收入国家平均水平为14.0，比2000 年下降1.8，与同期中等收入和低收入国家生师比相比，分别低10.2 和29.2；比世界平均水平24.2 低10.2。

表 13　小学生师比例

类别＼年份	2000	2001	2002	2003	2004	2005	2006	2007	2008	2009	2010
高收入国家	15.8	15.7	15.4	15.3	15.1	14.8	14.6	14.4	14.3	14.2	14.0
中等收入国家	27.4	26.9	25.9	26.4	26.1	25.7	25.7	25.4	25.0	24.5	24.2
中高收入国家	23.5	22.7	21.1	21.7	20.9	20.1	19.9	19.5	19.2	18.9	18.6
中低收入国家	33.0	32.7	32.6	32.5	32.4	32.6	32.8	32.4	31.7	31.0	30.5
低收入国家	45.0	45.2	46.5	46.9	46.3	46.4	45.7	45.4	45.2	44.6	43.2
世界	26.4	26.1	25.4	25.9	25.6	25.4	25.3	25.1	24.9	24.5	24.2

注：小学生师比例为小学注册学生数除以小学教师数量（无论教师从事何种教学）。

资料来源：世界银行数据库。

从教育投入看，根据世界银行数据，2000～2009 年高收入国家公共教育开支占 GDP 的平均比例达到 5.25%，其中 2009 年公共教育开支占 GDP 的比例为 5.26%，比 2000 年提高 0.3 个百分点（见表 14）；高收入国家教育支出占 GDP 的比例呈先升后降趋势，中等收入国家教育支出占 GDP 的比例呈逐步上升趋势。2000～2009 年公共教育支出占政府支出的平均比例为 12.55%，其中 2009 年为 11.6%，比 2000 年下降 0.9 个百分点（见表 15）。

表 14　公共教育开支总额占 GDP 的比例

单位：%

年份 类别	2000	2001	2002	2003	2004	2005	2006	2007	2008	2009	2010
高收入国家	4.96	5.09	5.27	5.38	5.42	5.35	5.42	5.19	5.15	5.26	—
中等收入国家	3.96	4.12	4.05	4.18	3.93	4.10	4.04	4.03	4.39	—	—
中高收入国家	4.01	4.35	4.09	4.29	4.01	4.23	4.34	4.67	4.61	5.29	—
中低收入国家	3.89	—	—	3.59	3.63	—	3.80	—	4.03	—	—
低收入国家	3.19	3.65	3.15	3.27	3.22	—	—	—	3.78	—	4.45
世　界	3.97	4.29	4.25	4.37	4.33	4.43	4.53	4.44	4.56	—	—

注：公共教育开支由教育方面的公共经常性支出和资本支出构成，包括政府在教育机构（公立和私立）、教育管理以及私人实体（学生/家庭和其他私人实体）补贴方面的支出。

资料来源：世界银行数据库。

表 15　公共教育支出占政府支出的比例

单位：%

年份 类别	2000	2001	2002	2003	2004	2005	2006	2007	2008	2009
高收入国家	12.5	12.7	12.6	12.7	12.8	12.6	12.7	12.5	12.7	11.6
中等收入国家	—	—	16.1	—	15.5	—	—	—	—	—
中高收入国家	14.7	16.0	15.9	—	15.6	—	14.2	14.0	16.2	—
低收入国家	15.2	—	—	—	—	—	—	—	18.1	—
世　界	14.1	13.8	14.4	15.1	14.3	14.6	14.8	14.4	15.6	—

资料来源：世界银行数据库。

在公共医疗方面，中等发达国家的公共医疗支出相对于医疗总支出和 GDP 总量来说，都处于较高水平。根据世界银行数据，2010 年高收入国家平均公共医疗支出占医疗总支出的比例为 65.1%，比 1995 年提高了 1.6 个百分点，而同期低收入国家的平均水平仅为 38.8%（见表 16）。从医疗支出相对于 GDP 水平看，2010 年高收入国家平均医疗总支出占 GDP 的比例为 12.5%，比

1995 年提高了 2.9 个百分点，其中公共医疗支出占 GDP 的比例为 8.1%，比
1995 年提高了 2.0 个百分点（见表 17）。

表 16　公共医疗支出占医疗总支出的比例

单位：%

年份 类别	1995	1996	1997	1998	1999	2000	2001	2002	2003	2004	2005	2006	2007	2008	2009	2010
高收入国家	63.5	62.9	61.3	60.1	60.0	59.3	59.2	58.9	59.7	60.3	60.3	60.2	60.7	61.7	62.8	65.1
中等收入国家	48.9	48.0	48.7	47.4	46.8	45.7	45.3	45.2	45.5	46.3	46.2	47.3	49.7	51.4	52.0	52.0
中高收入国家	51.5	50.4	51.4	49.8	49.3	47.4	47.4	47.9	48.3	49.1	48.7	52.2	53.9	54.4	54.4	54.4
中低收入国家	35.9	35.9	34.8	34.7	34.9	34.5	34.7	33.3	33.4	33.5	34.1	35.9	37.6	38.7	39.1	39.5
低收入国家	38.4	37.2	38.4	38.0	35.6	36.8	37.9	37.3	38.9	38.3	38.5	38.1	38.5	38.0	39.0	38.8
世界	62.1	61.3	59.8	58.7	58.5	57.8	57.7	57.6	58.2	58.8	58.6	58.5	59.1	60.1	61.0	62.8

注：公共医疗卫生支出由政府（中央和地方）预算中的经常性支出和资本支出、外部借款和赠
款（包括国际机构和非政府组织的捐赠）以及社会（或强制）医疗保险基金构成。医疗卫生总支出
为公共医疗卫生支出与私营医疗卫生支出之和，涵盖医疗卫生服务（预防和治疗）、计划生育、营
养项目、紧急医疗救助，但是不包括饮用水和卫生设施提供。

资料来源：世界银行数据库。

表 17　医疗总支出占 GDP 比例

单位：%

年份 类别	1995	1996	1997	1998	1999	2000	2001	2002	2003	2004	2005	2006	2007	2008	2009	2010
高收入国家	9.6	9.7	9.7	10.0	10.0	10.1	10.6	11.0	11.0	10.9	10.9	11.3	11.3	11.5	12.6	12.5
中等收入国家	5.0	5.0	5.3	5.4	5.4	5.3	5.5	5.3	5.4	5.3	5.4	5.4	5.4	5.4	5.8	5.7
中高收入国家	5.3	5.4	5.6	5.7	5.8	5.6	5.6	5.6	5.6	5.8	5.7	5.7	5.7	5.7	6.2	6.1
中低收入国家	3.9	3.8	4.0	4.5	4.3	4.2	4.5	4.4	4.6	4.3	4.3	4.2	4.3	4.3	4.4	4.3
低收入国家	4.0	4.0	3.8	3.9	3.9	4.0	4.2	4.5	4.6	4.7	4.8	5.3	5.1	5.0	5.3	5.3
世界	8.8	8.9	8.9	9.1	9.2	9.2	9.6	10.0	9.9	9.8	9.7	9.9	9.8	9.8	10.6	10.4

资料来源：世界银行数据库，http://data.worldbank.org.cn/indicator/SH.XPD.PUBL。

（三）新加坡公共服务发展状况

新加坡的公共服务具有两个突出的特点：一是服务项目和内容多，建立了以中央公积金为核心的社会保障体系。经过多年发展，它已由简单的养老制度发展为包括养老、住房、医疗等在内的综合社会保障制度。二是注重政府责任。政府集中力量重点救助最困难的社会群体，强调政府在扶贫解困中的主导作用。新加坡公共服务业以高效、廉洁、透明而闻名于世。新加坡政府通过制定和实施各种公共服务政策推动社会的全面发展。公共服务业致力于发展领导才能和培养个人能力，并注重提升公共服务的质量。[①] 在公共服务的各领域中，近年来新加坡政府十分重视公共交通、基础教育、基本社会服务、基本医疗和公共卫生、城市环境和住房保障等方面服务质量与水平的提升。

2006 年新加坡出租车和公共汽车数量分别为 23334 辆和 14120 辆，2011年出租车和公共汽车数量分别为 27051 辆和 17046 辆，分别增加 3717 辆和2926 辆。由于人口的增加，每万人出租车数量由 2006 年的 53.0 辆下降到2011 年 52.2 辆；但每万人公共汽车数仍保持上升态势，从 2006 年每万人拥有32.1 辆上升到 2011 年的 32.9 辆。在道路建设上，2006 年新加坡公路总里程为 3262 公里，2011 年仅增加 150 公里，因此每万人公路里程由 2006 年的 7.4公里下降到 2011 年 6.6 公里（见表 18）。

表 18　新加坡公共交通状况

项　　目　＼＼年　份	2006	2007	2008	2009	2010	2011
出租车数量（辆）	23334	24446	24300	24702	26073	27051
每万人出租车数量（辆）	53.0	53.3	50.2	49.5	51.4	52.2
公共汽车数量（辆）	14120	14530	15327	16023	16309	17046
每万人公共汽车数量（辆）	32.1	31.7	31.7	32.1	32.1	32.9
公路里程（公里）	3262	3297	3325	3356	3377	3412
每万人公路里程（公里）	7.4	7.2	6.9	6.7	6.7	6.6

资料来源：根据新加坡统计局数据整理计算。

新加坡的基础教育发达，教育资源丰富。2011 年新加坡拥有小学 174 所，每千名学生拥有小学 0.69 所；中学 154 所，每千名中学生拥有学校 0.81 所。

---

① 顾丽梅：《英、美、新加坡公共服务模式比较研究——理论、模式及其变迁》，载《浙江学刊》2008 年第 5 期，第 107～112 页。

2011 年共有小学生约 25.1 万名，中学生约 19.0 万名；小学教师 1.36 万名，中学教师约 1.29 万名；小学和中学生师比分别达到 18.5 和 14.7（见表 19）。近年来，新加坡公共教育开支总额占 GDP 比例不断上升，2008 年公共教育开支总额占 GDP 的比例为 2.63%，2010 年这一比例上升到 3.26%，增加 0.63 个百分点。而 2008 年公共教育支出占政府支出的比例为 15.3%，2010 年下降为 10.3%（见表 20）。公共教育支出占政府支出比例下降的主要原因是金融危机后由于政府的刺激计划导致政府支出大幅上升。

表 19　2011 年新加坡基础教育学校、学生和教师情况

	学校数（所）		学生数（人）			教师数（人）			生师比
	总数	每千学生学校数	总数	男生	女生	总数	男教师	女教师	
小学	174	0.69	251165	130107	121058	13586	2508	11078	18.5
中学	154	0.81	189735	96849	92886	12936	4453	8483	14.7
总计	328	0.74	440900	226956	213944	26522	6961	19561	16.6

资料来源：The Singapore Department of Statistics, *Yearbook of Statistics Singapore*, 2012。

表 20　新加坡公共教育开支状况

项目　　年份	2008	2009	2010
公共教育开支总额占 GDP 的比例（%）	2.63	3.08	3.26
公共教育支出占政府支出的比例（%）	15.3	11.6	10.3

资料来源：世界银行数据库，http://data.worldbank.org.cn/indicator/SH.XPD.PUBL。

近 15 年中，新加坡的公共医疗投入出现一定程度的波动。从公共医疗支出占 GDP 比例看，1998 年达到最高点，占 GDP 的比例达到 1.73%，此后逐步下滑，2007 年达到最低，为 0.95%，到 2009 年又回到 1.48% 的较高水平，目前仍维持在 1.4% 以上。从公共医疗支出占政府总支出的比例看，其波动情况与前者较为一致，在 1995 年至 2010 年期间，最低为 2001 的 5.6%，经过几次波动后，近年重新回到 8% 左右的水平（见图 1）。

进入 21 世纪以来，新加坡公共医疗支出占医疗总支出的比例出现下滑，尽管从 2009 年起有一定程度的回升，但截至 2010 年仍只达到 36.3%，与 1998 年 54.1% 的水平相比相差 17.8 个百分点。但是，社会医疗保险支出占公共医疗支出的比例 2003 年以来提升较快，截至 2010 年达到 15.6%，比 2001 年提高了 11.6 个百分点（见图 2）。

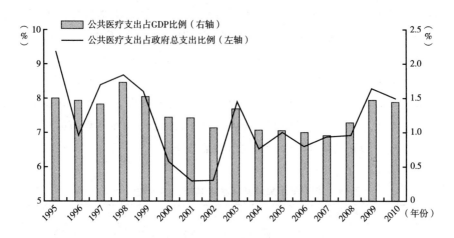

图 1　新加坡公共医疗支出情况

资料来源：世界卫生组织，http：//www. who. int/research/en/。

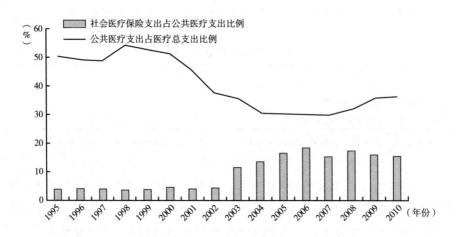

图 2　新加坡公共医疗与社会医疗保险支出情况

资料来源：世界卫生组织，http：//www. who. int/research/en/。

从人均公共医疗卫生支出看，新加坡近年增长较快。2004 年新加坡按市场汇率计算的人均公共医疗卫生支出为 283 美元，到 2010 年增长到 629 美元，在短短 6 年中增长了 1. 2 倍；2004 年新加坡按购买力平价计算的人均公共医疗卫生支出为 426 国际美元，到 2010 年增长到 825 国际美元，增加了 0. 9 倍（见表 21）。

表21　新加坡人均公共医疗卫生支出状况

年　份	2000	2001	2002	2003	2004	2005	2006	2007	2008	2009	2010
人均公共医疗支出（市场汇率，美元）	298	273	241	320	283	302	323	367	458	553	629
人均公共医疗支出（购买力平价，国际美元）	422	417	379	503	426	466	483	503	610	762	825

资料来源：世界卫生组织，http://www.who.int/research/en/。

尽管近年新加坡公共医疗投入增加，但在硬件建设上进展不大。截至2011年，新加坡拥有30所医院（包括公立和私立），约1.14万个床位；每万人口拥有0.058所医院和21.98个床位。与2006年相比，均有不同程度的下滑（见表22）。

表22　新加坡医院与床位情况

年　份	2006	2007	2008	2009	2010	2011
医院数	30	30	29	29	30	30
床位数	11527	11547	11580	11564	11421	11394
每万人口医院数	0.068	0.065	0.060	0.058	0.059	0.058
每万人口床位数	26.19	25.16	23.93	23.19	22.50	21.98

资料来源：根据新加坡统计局数据整理计算。

新加坡在保障性住房建设上成效突出。1960年，新加坡建立组屋制度（组屋即组合房屋，是由新加坡建屋发展局承担建筑的楼房，最小的是一房式，最大的是六房式）。经过40多年的努力，组屋覆盖人群由1959年的8.8%提高到2011年的82.6%（见表23）。2008年，新加坡的"居者有其屋"计划获得联合国公共服务奖。新加坡的住房政策是政府以强大的财力建设组屋，使超过80%的人口居住在公共组屋里，同时又以高效的机制进行管理。

表23　新加坡居民居住类型构成

单位：%

年份	总计	新加坡建屋发展局住宅					共管公寓与私人公寓	有地房产
		总计	1~2室	3室	4室	5室与公寓式组屋		
2000	100.0	87.7	5.0	25.8	33.1	23.5	6.3	5.1
2001	100.0	86.3	4.5	25.0	32.3	24.2	6.5	6.1
2002	100.0	85.6	4.3	23.4	32.8	24.8	6.8	6.6

续表

年份	总计	新加坡建屋发展局住宅					共管公寓与私人公寓	有地房产
		总计	1~2室	3室	4室	5室与公寓式组屋		
2003	100.0	84.5	4.5	22.8	32.2	24.7	8.0	6.7
2004	100.0	83.7	4.1	22.4	31.5	25.4	9.8	5.6
2005	100.0	84.4	4.3	20.7	32.5	26.6	9.7	5.4
2006	100.0	82.9	4.4	21.8	31.7	24.8	10.5	5.7
2007	100.0	83.1	4.2	20.6	32.1	26.1	10.9	5.4
2008	100.0	82.7	3.9	20.4	32.0	26.2	10.8	5.7
2009	100.0	83.5	4.2	20.2	32.0	26.6	10.4	5.5
2010	100.0	82.4	4.6	20.0	31.9	25.6	11.2	5.7
2011	100.0	82.6	4.6	20.4	32.1	25.5	11.0	5.8

资料来源：The Singapore Department of Statistics，*Yearbook of Statistics Singapore*，2012。

为了确保组屋计划的实行，新加坡政府采取了一系列措施：首先是政府颁布法令授权建屋发展局依法征用土地，而土地征用费和居民搬迁由政府负责给付和安排；其次是通过提供低息贷款，给予建屋发展局充足的资金支撑；再次是允许居民动用公积金缴付住房首付款。

新加坡政府坚持行政干预为主、市场调节为辅的原则，牢牢控制了房地产市场的主动权，其住房政策的核心就是保障居民的居住权，以实施保障房政策为重点建立多层次的住房供应体系。为了提高组屋分配的有效性和针对性，新加坡政府对购买者的资格进行严格的审查，规定了严格的准入条件。近年来由于新加坡居民居住需求发生变化，从以普通居住的保障性住房需求为主向多层次住房需求转变，组屋建造的重点也从单间、两房向四、五居室转变。①

在全球公共服务改革的推动下，1995 年新加坡政府推行了"21 世纪公共服务计划"，旨在培养一种良好的服务态度，以高质量、礼貌待人、迅速的回应来满足公众的需求；通过运用现代管理工具和技术，适应持续变化的环境，以提高工作效率和效能。该计划实施后，政府在提高服务标准、改善服务提供方式和扩大民众建言的渠道等方面都得到了不同程度的改善，提高了政府公共服务效率，提供了无缝隙的公共服务平台，改善了政府工作水平。②

---

① 贾俐贞：《新加坡住房制度的五大特点》，《中国党政干部论坛》2011 年第 11 期。
② 崔晶、张梦中：《公共服务视角下的新加坡政府改革》，《中国行政管理》2011 年第 2 期。

（四）韩国公共服务发展状况

第二次世界大战后，韩国不断完善公共服务体系，提高公共服务水平，保证了经济持续较快增长，维护了社会总体稳定。韩国作为新兴工业化国家，高度重视公共服务体系建设，社会保障制度对保障社会稳定、促进经济发展起到了重要作用，国民经济自1963年以来连续30多年平均增长率超过8%，使韩国从一个贫穷落后的农业国一跃成为亚洲新兴经济强国。与此同时，韩国政府用于教育、社会服务、医疗卫生保健、社会保障等方面的支出占联邦政府总支出的比重由1963年的47%上升到2006年的63%。韩国公共服务体系建设具有明确的指导思想，即避免由于过高的政治承诺而导致财政负担过重，影响经济发展。韩国政府重点抓基本收入、基本医疗、基本教育和基本居住四个方面的保障。在这四个领域，全民皆享有，没有城乡差别，国民安居乐业有了保障。

在基本教育方面，经过半个多世纪的发展，韩国已建立了相对成熟的基本教育服务体系。1951年3月20日，韩国政府修改教育法后，正式实施"6.3.3.4"基本学制，即小学六年，初中三年，高中三年，大学四年。其中，韩国的基础教育包括小学6年，初中3年，高中3年共12年。近年来，韩国基础教育投入不断增加。世界银行数据显示，2000年韩国小学生师比为32.1∶1。2010年，生师比水平达到20.9∶1，处于世界前列（见图3）。公共教育投入也处于较高水平。2001年，韩国公共教育开支总额占GDP的比例为4.12%，2009年这一比例上升到5.05%，增加了0.93个百分点（见表24）。

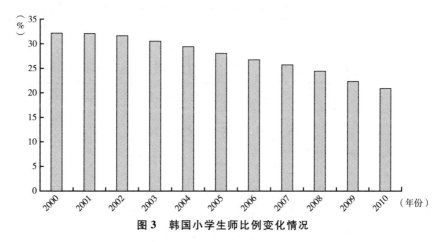

图3　韩国小学生师比例变化情况

资料来源：世界银行数据库，http：//data. worldbank. org. cn/indicator/SH. XPD. PUBL。

表 24　韩国公共教育开支状况

单位：%

年　份	2001	2002	2003	2004	2005	2006	2007	2008	2009
公共教育开支总额占 GDP 的比例	4.12	4.01	4.37	4.36	4.15	4.22	4.23	4.80	5.05
公共教育支出占政府支出的比例	14.7	15.5	15.0	16.5	15.3	15.2	14.8	15.8	—

资料来源：世界银行数据库，http：//data.worldbank.org.cn/indicator/SH.XPD.PUBL。

在公共医疗方面，韩国政府投入总体处于上升趋势。世界卫生组织数据显示，1995 年韩国公共医疗支出占 GDP 的比例为 2.3%，公共医疗支出占政府总支出比例为 7.1%；而 2010 年公共医疗支出占 GDP 比例上升到 2.8%，提高 0.5 个百分点，公共医疗支出占政府总支出比例为 12.4%，提高 5.3 个百分点（见图 4）。1995 年韩国公共医疗占医疗总支出的比例为 38.5%，2010 年这一比例上升至 59.0%，提高 20.5 个百分点。同时，1995～2010 年韩国社会医疗保险支出占公共医疗支出比例一直维持在 76% 以上（见图 5）。

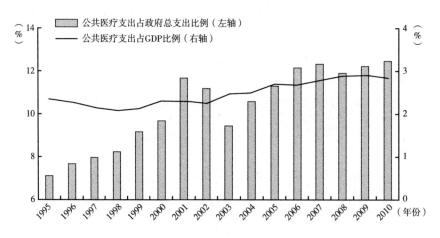

图 4　韩国公共医疗支出情况

资料来源：世界卫生组织，http：//www.who.int/research/en/。

人均公共医疗支出也能反映韩国政府公共医疗投入的快速增长。1995～2010 年，韩国人均公共医疗支出按市场汇率换算从 170 美元上升到 848 美元，增长近 4 倍，除受 1997 年亚洲金融危机和 2008 年国际金融危机影响出现短暂波动外，总体上维持上升趋势。如果按购买力平价换算，韩国人均公共医疗支

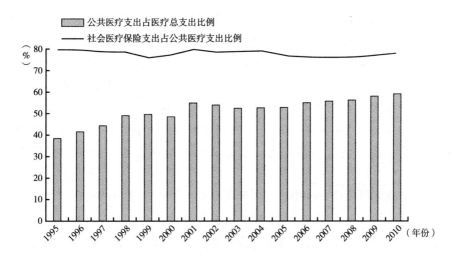

图5 韩国公共医疗与社会医疗保险支出情况

资料来源：世界卫生组织，http：//www. who. int/research/en/。

出则呈逐年增加态势，从 1995 年的 185 国际美元逐步上升至 2010 年的 1193
国际美元，增加了 5.4 倍（见表 25）。

表25 韩国人均公共医疗支出情况

年　　份	1995	1996	1997	1998	1999	2000	2001	2002
人均公共医疗支出（市场汇率,美元）	170	206	202	153	212	247	296	319
人均公共医疗支出（购买力平价,国际美元）	185	227	257	278	334	375	504	519
年　　份	2003	2004	2005	2006	2007	2008	2009	2010
人均公共医疗支出（市场汇率,美元）	365	415	526	659	762	692	689	848
人均公共医疗支出（购买力平价,国际美元）	548	597	683	812	921	971	1093	1193

资料来源：世界卫生组织，http：//www. who. int/research/en/。

在保障性住房上，韩国采取"政府引导，融资支持，企业运作，定向
供应"的原则，公共租赁住房体系得到了快速的发展。"政府领导"指韩
国政府在公共租赁住房的开发建设方面给予了相应的土地、税收、金融政

策支持以降低住房租金水平。"融资支持"是以韩国国民住宅基金为主体的公共住房融资体系为公共租赁住房的开发建设提供长期稳定的融资渠道。国民住宅基金的融资渠道包括国家住宅债券、住宅预购储蓄、住宅彩票、国债管理基金预收金、利息收入等。"企业运作"是指在韩国的公共住房建设中,韩国住宅公社和民营企业发挥主体作用,同时提供公共住宅的管理和维护服务。"定向供应"是指韩国政府强制实行住房合同预购账户制度和一户一宅的住房档案制度,确保公共租赁住房切实供应给中低收入家庭。

韩国住宅公社作为住房建设领域的国有企业专门承担公共住宅建设和城市环境改善等任务,开发资金主要来自国民住宅基金、政府财政支持、企业债券和商业利润,并拥有取得国民住宅基金低息贷款的优先权。住宅公社在公共租赁住房开发建设中发挥着主导作用,在为中低收入家庭建设住宅时公社还有征用土地的权利。近年来,随着住房短缺问题在一定程度上得到解决,韩国政府逐步减少了新建公租房,转而通过租金补贴、低息贷款和减免税收等方式向低收入阶层提供支持,以保证低收入家庭也能够达到合理的居住标准,并逐步拥有住房。亚洲金融危机以后,为稳定房地产市场和减轻低收入承租人的住房负担,国民住宅基金推出了两种针对低收入承租人的租房押金贷款。一是对城市低收入家庭的押金贷款。二是针对无房的低收入劳工的贷款计划。低收入无房家庭在购买小型住房时,韩国政府为其提高贷款额度,适当降低贷款利率,而且低收入家庭使用住房储蓄购买住房时,将同时扣减高比例的住房购置税和交易登记税。[①]

韩国许多基本公共服务通过市场化和社会化运作方式供给,而政府仅直接提供小部分最基本的公共服务,在基本公共服务供给过程中更多地充当决策者、规划者和监督者的角色,发挥决策、引导和监督作用。韩国政府通过创建现代公共服务体系,把美国、英国等发达国家的公共服务经验进行了亚洲式的处理,取得了良好的效果。一是设立政府书刊阅览和发售系统。二是推行大办公室制与窗口服务制。三是倡导亲切服务。四是提供全方位的便利服务。[②]

---

① 付诚:《国内外保障性住房建设的经验及启示》,民建中央网站 http://www.cndca.org.cn/。

② 吴刚:《新型公共服务体系的六个关节点——韩国创建服务型政府的经验借鉴》,《经济管理文摘》2006 年第 1 期。

四　北京市与中等发达国家基本公共服务的比较

（一）基础教育

从小、中学生师比看，北京市相关指标超过中等发达国家，但与发达国家特别是韩国相比，北京市教育投入占 GDP 比重偏低。

北京市小、中学生师比低于中等收入国家和高收国家，生师比呈下降趋势。北京市小学生师比小于中等收入国家，也小于高收入国家。2010 年，北京市小学生师比为 13.2∶1，比中等收入国家低 11，比高收入国家低 0.8，比韩国低 7.7；2011 年，北京市小学生师比比新加坡低 3.6。北京市中学生师比2010 年为 10.2∶1，2011 年为 8.9∶1，2011 年比新加坡低 5.8。

表 26　2009～2011 年小、中学生师比

类　　别	小学生师比			中学生师比		
	2009 年	2010 年	2011 年	2009 年	2010 年	2011 年
高收入国家	14.2	14.0				
中等收入国家	24.5	24.2				
新加坡			18.5			14.7
韩国		20.9				
北京市	13.1	13.2	14.9	10.4	10.2	8.9

注：小、中学生师比例为注册学生数除以教师数（无论教师从事何种教学）。北京市 2011 年小学生师比增长、中学生师比下降，原因之一是自 2011 年，教育部实行主体校统计原则，教职工数和专任教师数均统计在本校最高层次学校内，故 2011 年教职工数和专任教师数与 2010 年教职工数和专任教师数不可比。

数据显示，北京市公共教育支出占 GDP 比重偏低，占公共财政总支出比重较高。从教育投入看，北京市公共教育支出占 GDP 的比重低于高收入国家、中等收入国家、韩国和新加坡；从 2009 年数据看，北京市比韩国低 2.04 个百分点。2008 年，北京市公共教育支出占政府财政支出的比重低于中高收入国家，2008～2010 年，北京市公共教育支出占政府财政支出的比重高于高收入国家、新加坡（见表 27）。

表 27   2009～2011 年公共教育财政支出情况

类　别	占 GDP 比重(%)				占财政支出比重(%)			
	2008 年	2009 年	2010 年	2011 年	2008 年	2009 年	2010 年	2011 年
高收入国家	5.15	5.26	—	—	12.7	11.6	—	—
中等收入国家	4.39	—	—	—	—	—	—	—
中高收入国家	4.61	5.29	—	—	16.2	—	—	—
新加坡	2.63	3.08	3.26	—	15.3	11.6	10.3	—
韩　国	4.80	5.05	—	—	15.8	—	—	—
北京市	2.85	3.01	3.19	3.20	16.14	15.77	16.57	16.03

注：其他国家公共教育支出由教育方面的公共经常性支出和资本支出构成，包括政府在教育机构（公立和私立）、教育管理以及私人实体（学生/家庭和其他私人实体）补贴方面的支出。

资料来源：世界银行数据库，北京市统计局。

（二）医疗卫生

北京市医疗卫生总费用与韩国接近，高于中等收入国家，但公共医疗卫生投入偏低，远远低于韩国、中等收入国家。

从卫生总费用[①]占 GDP 比重看，北京市与韩国接近，高于中等收入国家（见表 28）。北京市卫生局、北京市财政局、总后卫生部、武警总队以及北京市政府相关委办局组成的项目组研究数据显示，北京地区卫生总费用的核算包括中央在京、部队、高校、厂矿等各级各类医疗机构。扣除财政对军队卫生机构的投入，2007～2009 年北京地区卫生费用筹资总额分别为 554.7 亿元、705.9 亿元、733.6 亿元。北京市卫生总费用占 GDP 比重 2007～2009 年分别为 5.6%、6.4%、6.0%，中国卫生总费用占 GDP 比重 2009 年为 5.15%，韩国 2008 年为 6.5%。中等发达国家 2007～2009 年卫生总费用分别为 5.4%、5.4%、5.8%。[②]

---

① 卫生总费用是以货币形式作为综合计量手段，全面反映一个国家或地区在一定时期内（通常指一年），全社会在医疗卫生服务上所消耗的资金总额。卫生费用核算结果及其基础数据，不仅为政府调整和制定卫生经济政策提供宏观经济信息，同时也是评价社会对人类健康重视程度，分析卫生保健体制公平与效率的重要依据。

② 卫生部卫生发展研究中心：《中国卫生总费用研究报告 2010》，第 51、85 页。

表 28　医疗总支出占 GDP 的比例

单位：%

类别＼年份	1995	1996	1997	1998	1999	2000	2001	2002
高收入国家	9.6	9.7	9.7	10.0	10.0	10.1	10.6	11.0
中等收入国家	5.0	5.0	5.3	5.4	5.4	5.3	5.5	5.3
中高收入国家	5.3	5.4	5.6	5.7	5.8	5.7	5.7	5.6
中低收入国家	3.9	3.8	4.0	4.5	4.3	4.2	4.5	4.4
低收入国家	4.0	4.0	3.8	3.9	3.9	4.0	4.2	4.5
世　界	8.8	8.9	8.9	9.1	9.2	9.2	9.6	10.0
韩　国	3.9	—	—	—	—	4.8	—	5.1
北京市	—	—	—	—	—	—	—	—

类别＼年份	2003	2004	2005	2006	2007	2008	2009	2010
高收入国家	11.0	10.9	10.9	11.3	11.3	11.5	12.6	12.5
中等收入国家	5.4	5.3	5.4	5.4	5.4	5.4	5.8	5.7
中高收入国家	5.7	5.6	5.8	5.7	5.7	5.7	6.2	6.1
中低收入国家	4.6	4.3	4.3	4.2	4.3	4.3	4.4	4.3
低收入国家	4.6	4.7	4.8	5.3	5.1	5.0	5.3	5.3
世　界	9.9	9.8	9.7	9.9	9.8	9.8	10.6	10.4
韩　国	5.4	5.4	5.7	6.1	6.3	6.5	—	—
北京市	—	—	—	—	5.6	6.4	6.0	—

　　资料来源：世界银行数据库，北京市数据来源于由北京市卫生局、北京市财政局、总后卫生部、武警总队以及北京市政府相关委办局组成的项目组研究数据。韩国数据来源于卫生部卫生发展研究中心：《中国卫生总费用研究报告 2010》，第 85 页。

　　从公共医疗支出看，北京市投入偏低。2009 年，北京地区卫生总费用筹资中，政府、社会、个人筹资分别为 29.1%、44.7%、26.2%，也就是说，北京市公共医疗投入占医疗卫生总费用的 29.1%，中等收入国家占 52.0%，韩国占 58.2%，新加坡占 36.1%。同时，中等收入国家公共医疗卫生投入比重呈缓慢增长趋势（见表 29）。

表 29　公共医疗支出占医疗总支出的比例

单位：%

类别＼年份	1995	1996	1997	1998	1999	2000	2001	2002
高收入国家	63.5	62.9	61.3	60.1	60.0	59.3	59.2	58.9
中等收入国家	48.9	48.0	48.7	47.4	46.8	45.7	45.3	45.2
中高收入国家	51.5	50.4	51.4	49.8	49.3	47.9	47.4	47.9

续表

类别＼年份	1995	1996	1997	1998	1999	2000	2001	2002
中低收入国家	35.9	35.9	34.8	34.7	34.9	34.5	34.7	33.3
低收入国家	38.4	37.2	38.4	38.0	35.6	36.8	37.9	37.3
世　界	62.1	61.3	59.8	58.7	58.5	57.8	57.7	57.6
新加坡	50.5	49	48.5	54.1	52.5	51.4	45.1	37.2
韩　国	38.5	41.7	44.4	49	50.2	48.6	54.9	53.7
北京市								

类别＼年份	2003	2004	2005	2006	2007	2008	2009	2010
高收入国家	59.7	60.3	60.3	60.2	60.7	61.7	62.8	65.1
中等收入国家	45.5	46.3	46.2	47.3	49.7	51.4	52.0	52.0
中高收入国家	48.3	49.1	48.7	49.7	52.2	53.9	54.4	54.4
中低收入国家	33.4	33.5	34.1	35.9	37.6	38.7	39.1	39.5
低收入国家	38.9	38.3	38.5	38.1	38.5	38.0	39.0	38.8
世　界	58.2	58.8	58.6	58.5	59.1	60.1	61.0	62.8
新加坡	35.7	30.7	30.4	30.1	29.8	31.9	36.1	36.3
韩　国	52.4	52.6	52.9	55.3	55.8	55.9	58.2	59
北京市							29.1	

注：公共医疗卫生支出由政府（中央和地方）预算中的经常性支出和资本支出、外部借款和赠款（包括国际机构和非政府组织的捐赠）以及社会（或强制）医疗保险基金构成。医疗卫生总支出为公共医疗卫生支出与私营医疗卫生支出之和，涵盖医疗卫生服务（预防和治疗）、计划生育、营养项目、紧急医疗救助，但是不包括饮用水和卫生设施提供。

资料来源：世界银行数据库，http：//data.worldbank.org.cn/indicator/SH.XPD.PUBL。北京市数据来源于卫生部卫生发展研究中心《中国卫生总费用研究报告 2010》。

（三）社会保险

北京市建立了职工和居民社会保险制度体系，包括城镇居民养老保险、医疗保险、失业保险、工伤保险、生育保险和农村居民新型农村合作医疗，在全国率先实现了城乡居民社会保障制度全覆盖。2011 年，北京市参加养老保险人数为 8882116 人，养老保障覆盖率为 44%；参加失业保险人数为 8810357人，失业保险覆盖率为 43.6%；参加医疗保险人数为 9551917 人，医疗保险覆盖率为 54.9%。北京市共有 2768300 人参加新型农村合作医疗，参合率高达97.7%。

韩国社会养老体系带有明显的先增长、后福利的"生产主义"特征。直到 20 世纪 80 年代，在韩国经济发展达到较高水平并进入了快速增长通道之后，韩国政府才着手建立覆盖城乡居民的社会养老保障制度体系。韩国将全体国民分为五个部分，公务员、军人、私立学校教师和农林牧副渔业劳动者以及其他18～60岁的城乡国民。韩国是逐渐将各种劳动者群体纳入社会养老体系的，最早进入的是公务员，直到1999年，农村居民才得以进入国民年金体系。在国民年金制度发展过程中，形成了不同类型的职业群体的公共养老金体系，没有建立一致的社会养老保险缴费标准和待遇。[①]

韩国自1977年开始着手建立社会医疗保险制度，遵循立法先行、分步实施、全民覆盖等原则，于1989年建立了比较完善的社会医疗保险制度。在全民医疗保障制度的建立过程中，根据经济发展变化不断扩大覆盖面。2002年前，韩国的社会医疗保险按职业和居住地的不同分为单位医疗保险、地域医疗保险和公教医疗保险。单位医疗保险对象为雇用5人以上的企事业单位；地域医疗保险对象分为农村地区和城市地区，雇用5人以下的小企业的工人亦加入该保险；公教医疗保险对象为公务员（包括国立学校教职员）和私立学校教职员。2002年，韩国将这三大社会医疗保险子系统合并成统一的制度。

韩国社会医疗保险制度由于制度分立，群体分割，存在制度之间不公平、管理效率低下、不同制度的运行结果差距很大、医疗费用上涨等问题。面对这些问题，韩国政府最终决定进行"制度合并"改革。从1998年开始，到2003年7月，韩国完成合并的全部工作。目前此项改革成效初显，如管理成本占基金的比例已从1999年的8.8%，下降到2000年的7.3%、2001年的4.5%和2002年的4.0%；截至2002年，医疗保险基金工作人员削减5199人，削减近1/3。[②]

（四）公共交通

从每万人公共汽车、出租汽车数量看，北京市远低于新加坡。从每万人公路里程看，北京市高于新加坡。同时，北京市与新加坡在公共汽车、出租汽车数量上的差距呈扩大趋势，在公路里程上的优势呈减少趋势。每万人公共汽车数量的差距从2009年的19.7辆扩大到2011年的22.2辆，每万人出租汽车数量差距从2009年的11.5辆扩大到2011年的19.2辆；每万人公路里程的优势

---

① 肖喜生、张士斌：《韩国社会养老保险体制改革及对中国的启示》，《开放导报》2011年第4期。
② 郭金龙、段家喜：《韩国社会医疗保险制度的特点及改革措施》，《红旗文稿》2007年第21期。

则呈减少趋势，从 2009 年的 5.1 公里减少到 2011 年的 3.98 公里。

2009～2011 年，北京市出租汽车数量均为 66646 辆，公共汽车数量分别为 21716、21548、21628 辆，三年内公共汽车数量减少 88 辆。由于常住人口的增加，每万人出租车数量由 2009 年的 38 辆下降到 2011 年 33 辆；每万人公共汽车数量由 2009 年的 12.4 辆下降到 2011 年 10.7 辆。在道路建设上，2009～2011 年北京市公路总里程分别为 1755、1961.9、2018.6 公里，2011 年比 2009 年增加 263.6 公里，每万人公路里程由 2009 年的 11.8 公里下降到 2011 年 10.58 公里。

2006 年新加坡出租车和公共汽车数量分别为 23334 辆和 14120 辆，2011 年出租车和公共汽车数量分别为 27051 辆和 17046 辆，分别增加 3717 辆和 2926 辆。由于人口的增加，每万人出租车数量由 2006 年的 53.0 辆下降到 2011 年 52.2 辆；但每万人公共汽车数仍保持上升态势，从 2006 年每万人拥有 32.1 辆公共汽车上升到 2011 年的 32.9 辆。在道路建设上，2006 年新加坡公路总里程为 3262 公里，2011 年仅增加 150 公里，因此每万人公路里程由 2006 年的 7.4 公里下降到 2011 年 6.6 公里。

表 30　公共交通状况

项　目	国家和地区	2007 年	2008 年	2009 年	2010 年	2011 年
每万人公共汽车数（辆）	新加坡	31.7	31.7	32.1	32.1	32.9
	北京市			12.4	11.0	10.7
	二者差距			19.7	21.1	22.2
每万人出租车数（辆）	新加坡	53.3	50.2	49.5	51.4	52.2
	北京市			38.0	34.0	33.0
	二者差距		·	11.5	17.4	19.2
每万人公路里程（公里）	新加坡	7.2	6.9	6.7	6.7	6.6
	北京市			11.8	10.76	10.58
	二者差距			5.1	4.06	3.98

资料来源：根据新加坡统计局数据和北京市交通委统计数据整理计算，北京市按常住人口计算。

（五）财政支出结构[①]

2010 年，北京市一般预算支出从多到少的前四位项目为教育、城乡社区

[①] 除注明之外，财政分析主要数据参见课题专题报告《北京市公共财政支出结构与俄罗斯比较分析》（童伟）。

事务、社会保障和就业、一般公共服务，分别占财政总支出的 16.6%、
10.8%、10.2%、8.8%；其后依次为医疗卫生、科学技术、交通运输、农林
水事务、文化体育与传媒以及环境保护（见表 31）。

表 31　2006～2010 年北京市财政支出结构

单位：亿元

年　份	2006	2007	2008	2009	2010
一般预算支出	1296.84	1649.50	1959.29	2319.37	2717.32
一般公共服务	159.96	179.56	196.27	212.21	239.57
教　育	209.21	263.00	316.30	365.67	450.22
科学技术	70.14	90.74	112.19	126.31	178.92
文化体育与传媒	40.51	53.62	61.11	74.75	79.36
社会保障和就业	149.22	179.28	209.33	234.29	275.90
医疗卫生	100.95	118.95	145.05	166.63	186.82
环境保护	20.14	29.27	35.47	54.05	60.85
交通运输	7.05	33.09	80.35	147.07	154.99
城乡社区事务	153.26	187.43	199.84	347.82	294.30
农林水事务	88.62	102.51	121.77	142.01	158.64

资料来源：北京市统计局。

2006～2010 年，北京市财政支出总额不断提高，由 1411.30 亿元提高到
4064.97 亿元，财政支出占 GDP 比重逐年增加，由 17.4% 提高到 28.8%，有
效促进了基本公共服务等的发展。从支出规模的绝对增长值看，增长规模最大
的项目依次为：教育，增长了 241.01 亿元；城乡社区事务，增长了 141.04 亿元；
社会保障和就业，增长了 126.68 亿元；科学技术，增长了 108.78 亿元。从支出
增长幅度看，增幅最大的支出项目依次为：交通运输，增长了近 21 倍；环境保
护，增长了 2.02 倍；科学技术，增长了 1.55 倍；教育，增长了 1.15 倍。

2006～2010 年，北京市交通运输增长幅度明显，占一般预算支出的比重
由 0.54% 上升到 5.7%；教育支出占一般预算支出比重有所上升，由 16.13%
增长到 16.57%；科研技术支出有一定幅度的提高，由 5.41% 上升到 6.58%。
北京市财政支出最突出的变化是一般公共服务即政府行政管理支出占财政支出
的比重快速下降，由 12.33% 下降到 8.81%（见表 32）。这表明，北京市政府
已有效抑制了政府行政管理支出过快增长的状况，使稀缺的财政资源能够更多
地用于提供公共服务。

表32　北京市一般预算支出结构变化

单位：%

	2010 年	2006 年	2010 年与 2006 年相比
一般预算支出	100	100	0.00
一般公共服务	8.81	12.33	- 3.52
教　育	16.57	16.13	0.44
科学技术	6.58	5.41	1.17
文化体育与传媒	2.92	3.12	- 0.20
社会保障和就业	10.15	11.51	- 1.36
医疗卫生	6.88	7.78	- 0.90
交通运输	5.70	0.54	5.16
环境保护	2.24	1.55	0.69
城乡社区事务	10.83	11.82	- 0.99
农林水事务	5.84	6.83	- 0.99

资料来源：北京市统计局。

同时，北京市基本公共服务支出逐步提高。2010 年，北京市包含上述基本公共服务项目的支出占一般预算总支出的比重为 61.13%，比 2006 年的 59.28% 增长了 1.85 个百分点。基本公共服务支出规模的持续增加，为北京市政府扩大基本公共服务领域、提高基本公共服务保障水平等创造了可能。

俄罗斯[①]地方预算支出的主要方向有：全国性问题（即政府财政管理支出）、国防、国家安全和执法、国民经济、住房和公共设施、环境保护、教育、文化影视传媒、医疗卫生体育、社会政策和转移支付。

俄罗斯地方财政支出结构与联邦政府的财政支出结构有比较大的差异。在联邦政府的支出结构中，居于主要地位的是社会文化支出、国民经济、国防及国家安全支出。2011 年，在俄罗斯地方财政支出中，支出比重从多到少分别是教育、医疗卫生体育、社会政策[②]、住房及公用事业，分别占地方财政支出的 22.5%、17.4%、17.1%、15.5%、12.6%。其中，教育、卫生、文化、就业、社会保障、生态环境、公共基础设施和社会治安等基本公共服务支出占地

[①]　俄罗斯属发展中经济体，但其财政支出结构对北京市仍具有借鉴意义。

[②]　社会政策支出包括养老保障、居民社会服务、居民社会保障、家庭和儿童保护等方面的支出。医疗卫生支出包括病人护理，日间护理，医疗保健，急救，疗养康复护理，血液制品的采集、加工、储存和提供，流行病防治等方面的支出。

方财政支出的75.5%。以行政管理支出为主要内容的全国性问题支出占地方财政支出比重较低，且呈不断下降态势，由2006年的7.7%下降到2011年的6.1%。

2006～2011年，在俄罗斯地方财政支出中，增长速度最快的支出项目为社会政策，增长了178.0%，其次为医疗卫生体育，增长了122.3%。从增长规模看，增长数额最多的支出项目是教育，增长了9177亿卢布，其次为社会政策，增长了7631亿卢布，居于第三位的是医疗卫生体育，增长了7361亿卢布（见表33）。

表33　俄罗斯地方财政支出结构

单位：亿卢布

项　目　年　份	2006	2007	2008	2009	2010	2011
全国性问题*	2834	3486	4441	4552	4815	4688
国　防	15	21	27	30	32	35
国家安全和执法	1678	1975	2565	2414	2541	2821
国民经济	6045	8678	12335	11313	11035	13164
住房和公共设施	5787	8064	10237	8545	8365	9687
环境保护	165	183	211	165	148	219
教　育	8107	10375	12922	13459	14509	17284
文化、影视和大众传媒工具	1335	1762	2217	2127	2278	2690
医疗、卫生和体育	6018	7607	7845	7589	7967	13379
社会政策	4286	5681	7625	9584	11673	11917
转移支付	355	202	2106	2778	3003	153
总　　计	36589	48033	62531	62557	66369	76793

注：所谓全国性问题支出是指行政管理支出。

资料来源：俄罗斯财政部，http://www1.minfin.ru/。

除地方财政支出大力向基本公共服务倾斜外，俄罗斯联邦政府同样将民生服务视为国家战略重心及政策优先发展的方向，在财政支出上予以优先照顾和重点倾斜。2006年，俄罗斯联邦政府兴建四大国家优先发展项目，试图以一种非传统的财政支出方式解决俄罗斯面临的最严重的社会阶层分化问题，将与民众生活息息相关的教育、医疗、住房和农业列为国家优先发展项目，以切实提高俄罗斯公民的生活质量，有效发展人力资源。为此还成立了专门的总统委员会，监督这些项目的落实和推广。

以教育为例，其主要支出方向为：对积极推进教育创新规划的中小学和大学，给予国家支持；每年给全国 10000 名优秀中小学教师每人 10 万卢布的奖励；鼓励利用现代信息教学技术；构建本国高校体系，培养综合性人才，建立新型商业学校体系，培养世界水平的管理人才；对有创新思想、有特殊才能和天才的年轻人给予国家支持；为应征服役和按合同服役的现役军人兴建 100 所教育中心（初级职业教育）；为班主任每月发放额外津贴。

五　研究结论与对策建议

近年来，随着北京市 GDP 的逐年增长，特别是随着财政收入和财政支出的逐步增长，北京市基本公共服务支出比重逐步上升，基本公共服务供给能力和水平不断提高，公共服务体系日趋完善，基本公共服务均等化进程不断推进，公共服务的空间布局结构进一步优化。虽然一些指标接近或达到中等发达国家水平，但总体上仍存在一定的差距，北京市基本公共服务水平和均等化程度需要进一步提高。

（一）北京市基本公共服务取得的主要成效

1. 北京市公共服务供给能力和水平不断提高

北京市公共服务体系日趋完善，基础教育、医疗卫生、文化体育、公共安全等服务资源人均拥有量和保障水平全国领先，一些指标接近或达到发达国家水平。以基础教育为例，尽管北京市教育支出占 GDP 比例低于高收入国家、中等收入国家、韩国和新加坡，但教育支出占财政支出比例高于高收入国家，也高于新加坡；北京市中小学生师比低于中等收入国家和高收国家。

2. 北京市基本公共服务均等化不断推进

北京市以推进基本公共服务均等化为目标，加快服务资源城乡一体化配置，集中力量实施了一批覆盖城乡的民生工程，城乡、区域和群体之间基本公共服务水平差距不断缩小。公共服务空间布局结构逐步改善。中心城区优质社会公共服务资源进一步向郊区（县）、新城地区转移。

3. 北京市基本公共服务政策和制度建设进一步完善

北京市建立了职工和居民社会保险制度体系，在全国率先实现了城乡居民社会保障制度全覆盖。整合了"一老一小"、无业居民大病医疗保险制度，形成了城镇居民基本医疗保险制度。建立了城乡统一的就业服务网络和政策扶持体系。义务教育"两免一补"政策扩面提标，经费保障机制进一步完善。实行了社区卫生机构药品零差率销售和收支两条线管理、大医院对口支援等制度。居家养老（助残）服务"九养"政策全面推行，惠及 226 万老年人。以最低生活保障为基础，专项救助相配套，临时救助和社会互助为补充的城乡社会救助体系不断完善。

（二）北京市基本公共服务存在的主要问题

与发达国家相比，北京市基本公共服务存在供给总量不足、城乡区域间公共服务供给和分布不均衡、公共服务的质量和效率有待进一步提升、公共服务体制机制仍需进一步完善、基本公共服务财政投入仍需加大等问题。

1. 基本公共服务总量供给不足

随着城市化进程的进一步推进，城市人口的持续增长，居民生活水平的不断提高，全市经济社会发展的转型升级，公共服务需求将会快速增长，公共服务的供需矛盾也将会长期存在。优质教育资源不足，入园难、"名校入学难"矛盾突出。"看病难"问题依然存在，基层医疗卫生服务能力尚需进一步提高。社会保障总投入占 GDP 的比重还比较低，城乡待遇差别较大。

2. 基本公共服务供给不均衡

尽管北京市各项基本公共服务的平均指标在国内处于领先水平，但是基本公共服务的区县、城乡差距仍然很大。公共服务资源空间布局还不适应城市建设、产业发展和人口分布变化的需要。优质资源主要集中在中心城区，新城、城南地区、城乡结合部、边远山区、大型居住区、产业功能区等区域配置相对不足，基层和农村地区社会公共服务设施水平和服务能力仍然偏低。公共服务资源尚未覆盖全部流动人口，推进基本公共服务均等化依然任重道远。

3. 基本公共服务的供给体制仍须改革

基本公共服务和非基本公共服务的边界划分还不清晰，满足基本需要与满足高端需要混同，基本公共服务供给渠道相对单一，政府投入在尚不能完全满足基本需要的同时，又承担了一些可以通过社会力量和产业发展解决的任务。管办不分，条块分割，多头管理依然存在，资源配置缺乏有效的协调和联通。超标配置和不达标现象并存，存量资源利用效率较低与增量投入不足并存。

4. 基本公共服务财政投入仍须加大

与俄罗斯地方财政支出相比，北京市基本公共服务支出规模偏小，比重偏低。2010 年，俄罗斯教育、医疗卫生、文化体育、就业、社会保障、生态环境和社会治安等基本公共服务支出占地方财政支出的 75.5%，而北京市这一比重为 67.7%，比俄罗斯低 7.8 个百分点。

（三）对策建议

1. 制定科学的基本公共服务发展规划和实施方案

要根据北京市基本公共服务达到中等发达国家水平的总体要求，进一步制定更加详细的基本公共服务发展规划，出台具体的基本公共服务发展实施方案，明确每年基本公共服务的发展任务和工作目标，有步骤地提高基本公共服务水平和均等化程度。

2. 进一步加大公共财政对基本公共服务的投入力度

加大财政投入是提高基本公共服务水平的关键。与其他国家相比，北京市基本公共服务支出规模偏小，比重偏低。要进一步改革财政体制，优化财政支出结构，加大民生财政投入力度，降低行政成本，建立健全以提高基本公共服务水平和均等化程度为目标的公共财政体制。特别是要改革土地出让金收支管理，将土地出让收支全部纳入财政预算管理，大幅度提高土地出让收益用于城乡基本公共服务的比重。

3. 把推进城乡基本公共服务均等化作为重中之重

基本公共服务的城乡差距仍然是当前经济社会发展的突出问题。京郊农村地区如果享受不到公平的基本公共服务，就很难真正实现基本公共服务达到中等发达国家水平的目标。要在不断提高基本公共服务水平的同时，加大力度实现城乡基本公共服务均等化，加快消除基本公共服务的城乡差距、区县差距、群体差距，建立健全覆盖城乡居民的基本公共服务供给体系，确保城乡居民在公共就业、基础教育、医疗保险、社会保障等方面享受公平的基本公共服务。

4. 将农民工等外来流动人口全面纳入基本公共服务体系

党的十八大明确提出："加快改革户籍制度，有序推进农业转移人口市民化，努力实现城镇基本公共服务常住人口全覆盖。"北京市要建设中国特色世界城市，必然要把向包括农民工在内的全部常住人口提供公平的基本公共服务作为重大任务。要改变以户籍人口配置公共服务的传统做法，树立全面的城乡一体化发展观念，加快破除城市内部的二元结构，以全部常住人口为依据，公平配置公共资源，使外来人口以新市民的身份平等享有基本公共服务。如果占北京三分之一以上的外来人口不能享受基本公共服务，就很难说北京的基本公共服务将达到中等发达国家水平。

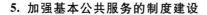

5. 加强基本公共服务的制度建设

要按照党的十八大提出的"权利公平、机会公平、规则公平"的要求，加强城乡基本公共服务的制度建设，不断完善体制机制，保障全体市民共享改革发展成果。一是要加强法制建设，将基本公共服务的相关政策上升到法制的层面，明确政府在基本公共服务上的法定职责，保障基本公共服务的法制化、制度化。二是完善体制机制，确保城乡之间、不同社会群体之间的基本公共服务能够顺畅地转移和接续。三是鼓励、引导和规范社会力量广泛参与公共服务的提供与建设。

课题负责人：张秋锦

课题主持人：张英洪

课题组成员： 樊汝明　张英洪　刘志昌　夏　侠

徐秀军　童　伟　林子果

执笔：刘志昌　张英洪　徐秀军　童　伟

2012 年 12 月 1 日

225

第五篇

北京市外来农民工基本公共服务政策

Part 5 ←

根据 2010 年第六次人口普查结果，北京市外来人口为 704.5 万人，占常住人口的 35.9%。其中，外省市来京农民工约为 380 万人，比 5 年前的第五次人口普查时净增了 100 万人，占北京市外来人口的 53.9%，占北京全部常住人口的 19.4%。2012 年 11 月，党的十八大明确提出要"有序推进农业转移人口市民化，努力实现城镇基本公共服务常住人口全覆盖"。① 近些年来，北京市在为外来人口提供基本公共服务上已经做出了诸多努力，但与党的十八大提出的"实现城镇基本公共服务常住人口全覆盖"的目标要求还有不少的差距。作为市常住人口的外来农民工，如何平等享有基本公共服务，是首都改革发展面临的现实课题。

一　基本公共服务的概念与内容

（一）概念界定

学术界对基本公共服务的概念界定主要有两种，一是最小范围的公共服务。孟春等（2004），陈昌盛、蔡跃洲（2006）将基本公共服务规定为一定发展阶段公共服务应覆盖的最小范围和边界，并认为基本公共服务是建立在一定社会共识基础上，根据一国经济社会发展阶段和总体水平，为维持本国经济社会的稳定、基本的社会正义和凝聚力，保护个人最基本的生存权和发展权，所必须提供的公共服务，比如基本的公共教育、公共卫生、社会保障、基础设施、公共安全等。二是最基本、核心的公共服务。薛元（2010）认为基本公共服务是公共服务中最基础、最核心的部分，与群众最关心、最直接、最现实的切身利益密切相关，是政府公共服务职能的底线，由政府负最终责任。虽然这两种观点对基本公共服务的核心观点不同，但都认为基本公共服务的范围和标准是动态的，随着经济发展水平和政府保障能力的提高，其范围应逐步扩大，标准应不断调整。

2012 年国务院印发的《国家基本公共服务体系"十二五"规划》（国发〔2012〕29 号）中将基本公共服务定义为"指建立在一定社会共识基础上，由政府主导提供的，与经济社会发展水平和阶段相适应，旨在保障全体公民生存和发展基本需求的公共服务"。

---

① 胡锦涛：《坚定不移沿着中国特色社会主义道路前进，为全面建成小康社会而奋斗——在中国共产党第十八次全国代表大会上的报告》，人民出版社，2012，第 23 页。

（二）内容界定

从内容上看，迟福林（2007）认为基本公共服务包括义务教育、基础卫生医疗、就业和社会保障等。薛元（2010）根据其对基本公共服务概念的解读，将基本公共服务内容细化为四个方面：底线生存服务，包括公共就业服务、社会保障、基本住房保障等；基本发展服务，包括教育、医疗、卫生、文化、体育、民政等社会事业中的公益性领域；基本环境服务，包括公共交通、公共通信、公用设施和环境保护等；基本安全服务，包括公共安全、消费安全和国防安全等。常修泽（2006）认为应从中国依然处于初级阶段的国情出发，实事求是，既要尽力而为，又要量力而行。根据这一原则，他认为基本公共服务包括四个方面：提供就业服务和基本社会保障等基本民生性服务；义务教育、公共卫生和基本医疗、公共文化等公共事业性服务；公益性基础设施和生态环境保护等公益基础性服务；生产安全、消费安全、社会安全、国防安全等公共安全性服务。

《国家基本公共服务体系"十二五"规划》（国发〔2012〕29 号）规定，基本公共服务范围，一般包括保障基本民生需求的教育、就业、社会保障、医疗卫生、计划生育、住房保障、文化体育等领域的公共服务，广义上还包括与人民生活环境紧密关联的交通、通信、公用设施、环境保护等领域的公共服务，以及保障安全需要的公共安全、消费安全和国防安全等领域的公共服务。

（三）本文的界定

以上基本公共服务的概念和内容虽然说法不一，但在目前中国主要是指政府主导的，与中国国情、各地发展水平相符的社会性的生存和基本发展公共服务，讲求范围的适中和标准的适度。内容主要包括社会保障、劳动就业、义务教育、住房保障、基础卫生医疗等基础性的公共服务。

二　北京市外来农民工公共服务基本情况

（一）劳动就业政策及成效

1. 促进就业方面

2002 年以来，北京市认真落实"公平对待，合理引导，完善管理，搞好服务"的方针，不断出台完善就业政策，强化农民工就业服务，确保劳动者

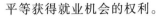

平等获得就业机会的权利。

"十五"期间，北京市逐步清理和取消了20世纪90年代出台的多项外来农民工就业管理限制、收费和歧视性政策。2002年3月，北京市修改了《北京市外地来京务工经商人员管理条例》的部分条款，删除了原《条例》中"务工经商人员应当向基层外来人员管理机构或者劳动行政管理机关缴纳管理服务费"的条款。2003年7月《关于加强外地来京务工人员就业服务工作的通知》（京劳社就发〔2003〕121号），取消了用人单位使用外地来京务工人员计划审批和岗位（工种）限制。2004年5月，北京市人大常委会第十二次会议取消了"外来人员就业证"；北京市政府第24次常务会议废止了《北京市外地来京人员务工管理规定》。2005年3月，北京市十二届人大常委会第十九次会议审议废止了《北京市外地来京务工经商人员管理条例》。在此基础上，以"输入有基地、岗前有培训、劳动有合同、工作有保险、维权有保障"的目标，以促进农民工有序流动为重点，不断健全职业培训、就业服务、劳动维权三位一体的工作机制，通过开展"春风行动"等专项服务活动，为农民工提供岗位信息、就业推荐、职业指导、政策咨询、招聘洽谈等免费就业服务，大力促进农民工就业。北京市加强北京务工人员流动情况监测，及时了解掌握春节前后外来农民工进出京情况，搭建农民工求职绿色通道，在农民工进出京的火车站、长途汽车站设立就业服务站，为外地来京务工人员第一时间送上服务并及时引导，利用宣传海报、公交站台广告、移动传媒、广播电视等媒介，广泛宣传农民工求职务工常识、岗位信息以及劳动维权知识等内容。同时，大规模开展清理拖欠农民工工资行动，建立了最低工资制度、最低工资标准正常调整机制和农民工工资支付保障机制，切实维护农民工合法权益。据调查，北京市外来农民工合同签订率达到69%，基本实现"无拖欠工资"目标。

近年来，北京市家政服务业快速发展，吸引了大量劳动力特别是外来农民工就业。在40万从业人员中，90%是外来农民工（主要来自甘肃、四川、安徽、山东及河北等地）①。为促进全市家政服务企业健康发展，2011年，北京市出台《关于鼓励发展家政服务业的意见》（京政办发〔2011〕23号）（简称"家七条"），分别从鼓励实行员工制管理、加大扶持力度、维护从业人员合法权益等七个方面提出了政策和鼓励措施。对符合条件的员工制家政服务企业，

---

① 《北京市关于鼓励发展家政服务业的意见》新闻发布会，http://roll.sohu.com/20110526/n308618404.shtml，2011年5月26日。

给予必要的资金扶持、税收减免优惠、培训补贴和社会保险补贴；完善政府间劳务协作机制，通过政府间签订协议、给予适当支持的方式，在全国劳动力主要输出省份和北京市对口援助地区，建立一批家政服务员输入基地；同时，建立了家政服务员持证上岗制度，提高家政服务员服务水平；采取多种措施，加强家政服务员权益维护。为切实加大对家政服务人员的权益维护力度，推动企业为家政服务人员"签合同、上保险、保工资"，2012 年，北京市人力资源和社会保障局出台《关于鼓励家政服务企业实行员工制管理的试点意见》，择优认定一批具有典型示范作用的家政服务企业作为员工制家政服务试点企业，进一步加大对员工制家政服务企业支持力度。比如，加大社会保险补贴力度，第一年为全额补贴，此后逐年降低，分别为 80%、60%、50%、50%；优先为员工制企业开展免费的职业技能培训和鉴定；与企业共建劳务输出基地；建立"绿色通道"，提供政策咨询、人才引进、技能鉴定、职称评审等全方位的上门服务；加大对员工制服务企业的宣传推荐力度等，鼓励员工制家政服务企业做大做强。

2. 职业培训方面

1995 年北京市《关于对外地来京务工经商、从事家庭服务工作人员进行职业技能培训和就业资格认定的通知》（京劳培发〔1995〕208 号）提出"在本市允许使用外地人员的行业、工种范围内，从事技术性工种岗位的务工人员、家庭服务员均需经过相应专业（工种）的职业技能培训，取得《北京市就业转业训练结业证书》后，方可办理《北京市外来人员就业证》"。2001 年《关于大力推进社区就业培训有关问题的通知》（京劳社培发〔2001〕111 号）要求"建立社区服务从业人员持证上岗制度，凡从事社区服务的失业人员、下岗职工、本市其他从业人员以及外地来京务工人员，均须接受社区就业培训，实行持证上岗"。2003 年《关于做好外地进京务工人员职业培训服务工作的通知》（京劳社培发〔2003〕137 号）要求"企业、事业单位已招用的未取得国家《职业资格证书》的农民工，用人单位应利用本单位、本行业的职业培训机构或委托经劳动保障部门资质认定的职业技能培训机构对使用的农民工进行职业技能培训，取得相应《职业资格证书》后，方可上岗"。

2006 年，北京市印发《关于加强外来农民工职业技能培训工作有关问题的通知》（京劳社培发〔2006〕117 号），正式启动外来农民工技能提升培训工程，利用中央财政补助资金，建立外来农民工职业技能培训补贴制度。2007 年，印发《关于加强外来农民工职业技能培训工作有关问题的补充通知》（京劳社培发〔2007〕56号），从培训机构资质认定、培训层次、工作标准、补贴标准、享受补贴的条件、资金申请等各环节上提出要求。2009年，印发《关于实施外来农民工职业技能特别培训计划的通知》（京人社办发〔2009〕16号），在家政、护理等行业启动外来农民工职业技能特别培训计划。此后，不断提高培训补贴标准，按《关于调整本市城镇失业人员、农村劳动力职业技能培训补贴标准的通知》（京人社能发〔2011〕253号），初级培训1500元/人，中级1800元/人；岗前培训，家政服务员为650元/人，护理员为900元/人。

表1　北京市外来农民工职业培训补贴政策及标准

出台时间	政策名称	适用人员范围	补贴标准	资金来源
2006年	《关于加强外来农民工职业技能培训工作有关问题的通知》（京劳社培发〔2006〕117号）	外来农民工	高级:600元/人 中级:500元/人 初级:400元/人	中央财政资金
2007年	关于加强外来农民工职业技能培训工作有关问题的补充通知（京劳社培发〔2007〕56号）	外来农民工	高级:600元/人 中级:500元/人 初级:400元/人	中央财政资金
2009年	关于实施外来农民工职业技能特别培训计划的通知（京人社办发〔2009〕16号）	外来农民工（家政服务员、护理员）	岗前培训:400元/人 资格培训:800元/人	中央财政资金
2010年	关于印发北京市职业培训补贴资金管理办法（试行）的通知（京人社能发〔2010〕233号）	本市城镇失业人员、农村转移就业劳动力、外来农民工	A类:1200元/人 B类:1000元/人 C类:800元/人 非等级:400元/人	失业保险金 中央财政资金
2010年	关于做好职业培训补贴资金管理有关工作的通知（京人社能发〔2010〕267号）	本市城镇失业人员、农村转移就业劳动力、外来农民工	A类:1200元/人 B类:1000元/人 C类:800元/人 非等级:400元/人	失业保险金 中央财政资金
2011年	关于调整本市城镇失业人员、农村劳动力职业技能培训补贴标准的通知（京人社能发〔2011〕253号）	本市城镇失业人员、农村转移就业劳动力、外来农民工	初级:1500元/人 中级:1800元/人	失业保险金 中央财政资金

同时，积极探索家政服务培训工作的新模式。员工制企业与非员工制企业的政策主要区别如下。

表2 外来农民工家政服务培训政策

区别	普惠政策	员工制政策
人员范围	外来农民工	外省市来京务工人员
培训机构认定	区县认定	市级认定
培训机构范围	各级各类职业院校、职业技能培训机构	各级各类职业院校、职业技能培训机构、员工制家政企业
鉴定机构认定	社会化鉴定	市级认定（2所、24所）
培训类型	岗前、等级（初、中级）	员工制培训（初、中级）
补贴标准	岗前650元/人、初级1500元/人、中级1800元/人	初级1500元/人、中级1800元/人
考核标准	合格率90%，全额补	取证全额补，未取证70%补
培训补贴申请	学校垫付，学校申请	员工制家政企业申请
鉴定补贴申请	学校垫付，学校申请	鉴定机构申请
教材、证书	国家统一教材、结业证书、职业资格证书	员工制家政培训教材、《北京市家政服务员资格证书》

通过开展职业培训，外来农民工的就业技能和薪酬水平得到有效提升。根据调查，取得职业资格证书的外来农民工月均收入为3894元，没有相关证书的仅为2752元，两者差距千元以上。职业技能对薪酬的显著影响带动了农民工参加各类培训。

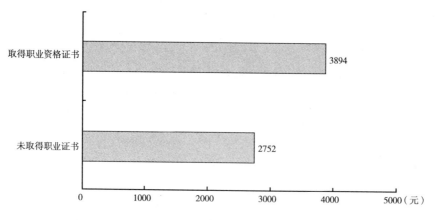

图1 不同类型外来农民工月均收入

（二）社会保障政策及成效

北京市在外来农民工社会保障方面，主要按照"低门槛、低缴费、保大病、保当期"的原则，采取优先推进工伤保险和医疗保险的政策，并在此基础上，逐步消除保险待遇差别，使农民工享受与城镇职工同等的待遇水平。特别是 2011 年 7 月 1 日起施行《社会保险法》后，为落实打破"身份、户籍、地域"界限的要求，北京市稳步推进外来农民工参保工作，目前除失业保险外，外来农民工其他各项社会保险都已经实现了与本市城镇职工平等待遇。整体而言，北京市农民工的社会保障政策经历了从无到有、从自愿参保到强制参保、从制度单设到城乡一体的转变。

在养老保险方面。1998 年，北京市发布的《北京市企业城镇劳动者养老保险规定》（北京市人民政府令 1998 年第 2 号），没有对农民工参保做出规定。1999 年，北京建立农民工养老保险制度①，农民工以上年本市职工最低工资标准为缴费基数，按照城镇职工的缴费比例（28%）缴纳养老保险费，但只享受一次性养老待遇。待遇由两部分组成，第一部分是把个人账户储存额及利息一次性支付给本人；第二部分是按缴费年限，每满一个缴费年限，发给一个月相应缴费年份的本市职工最低工资。其特点为：低门槛进入、低待遇享受。

2010 年 1 月，北京市根据《城镇企业职工基本养老保险关系转移接续暂行办法》（国办发〔2009〕66 号）文件），出台《关于农民工养老保险参保有

---

① 1999 年北京市出台《农民合同制职工参加北京市养老、失业保险暂行办法的通知》（京劳险发〔1999〕99 号）。针对 99 号文在执行过程中出现的问题，2001 年 8 月出台《北京市农民工养老保险暂行办法》（京劳社养发〔2001〕125 号），取消了个人账户可提前领取的规定，重新规定只有在农民工达到养老年龄时，才能领取个人账户存储额；若回到农村，则将其个人账户封存，待重新就业后启用。同时，对农民工享受的一次性养老待遇组成部分中的第二部分进行了修订，提高了这部分待遇水平，除个人账户存储额及利息一次性全额支付给本人外，按其累计缴费年限，累计缴费满 12 个月（第 1 个缴费年度），发给 1 个月相应缴费年度的本市职工最低工资的平均数，以后累计缴费年限每满一年（按满 12 个月计），以此为基数，增发 0.1 个月相应缴费年度的本市职工最低工资的平均数。125 号文出台不到两个月，又发布了《关于〈北京市农民工养老保险暂行办法〉的补充通知》（京劳社养发〔2001〕156 号），156 号文只补充了一处说明："农民工参加本市养老保险社会统筹后，与用人单位终止、解决劳动关系时，经本人申请，单位同意，可以一次性领取养老保险费，终止其养老保险关系。今后再次参加本市养老保险社会统筹的，按新参加人员办理。"156 号文的出台，又放开了个人账户存储额提前领取的条件，允许提前领取。

关问题的补充通知》，对农民工参加养老保险做出强制性规定，统一了农民工与城镇职工的参保政策，通知规定农民工自 2010 年 1 月起按照城镇企业养老保险规定缴费，本市基本养老保险最低缴费基数为上一年本市职工月平均工资的 60%，为平稳过渡，最低缴费基数的调整实行五年过渡，目前为本市上一年社平工资的 40%（1490 元），上限为本市上一年社平工资的 300%（目前为11178 元）。这意味着社会保险首次打破了职工的城乡身份界限，实现了城乡职工"同保险、同待遇"。

《社会保险法》实施后，北京市大力推进农民工参保的扩面工作，截至 2012 年 9 月底，北京市已有 172.3 万农民工纳入本市城镇职工养老保险体系，其中外来农民工 127.3 万人。

表 3　北京市历年外来农民工社会保险政策

时间	名称	主要内容
养老保险		
2001 年	《北京市农民工养老保险暂行办法》	农民工以上年本市职工最低工资标准为缴费基数，按照城镇职工的缴费比例(28%)缴纳养老保险费,但只享受一次性养老待遇。特点为低门槛进入、低待遇享受
2009 年	《城镇企业职工基本养老保险关系转移接续暂行办法》	规定了城镇企业职工基本养老保险关系转移接续办法,适用于农民工
2010 年	《关于农民工养老保险参保有关问题的补充通知》	将农民工纳入城镇企业职工养老保险范围,规定本市基本养老保险最低缴费基数为上一年本市职工月平均工资的 60%,为平稳过渡,最低缴费基数的调整实行五年过渡,目前为本市上一年社平工资的 40%(1490 元),上限为本市上一年社平工资的 300%(目前为 11178 元)
医疗保险		
2004 年	《北京市外地农民工参加基本医疗保险暂行办法》	建立了农民工大病医疗保险制度,要求外地农民工参加基本医疗保险和大额医疗互助保险。用人单位以上年本市职工月平均工资 60% 为缴费基数,按 2% 的比例缴纳保险费,其中 1.8% 划入基本医疗保险统筹基金,0.2% 划入大额医疗互助资金,外地农民工个人不缴费,不建个人账户

续表

时间	名称	主要内容
医疗保险		
2012 年	《关于本市职工基本医疗保险有关问题的通知》	规定自 2012 年 4 月 1 日起,按照《北京市外地农民工参加基本医疗保险暂行办法》(京劳社办发〔2004〕101 号)参加医疗保险的农民工,统一按照城镇职工缴费标准缴费。即医疗保险费由用人单位和个人共同缴纳,其中用人单位按全部职工缴费工资基数之和的 10% 缴纳;农民工个人按本人上一年月平均工资的 2% 和每人每月 3 元缴纳
	《关于农民工参加基本医疗保险有关问题的通知》	
工伤保险		
2004 年	《北京市外地农民工工伤保险暂行办法》	用人单位以农民工上年度平均工资为缴费基数,按照一定费率缴费,农民工个人不缴费,工伤待遇享受与城镇职工完全相同

在医疗保险方面。2004 年,北京市颁布《北京市外地农民工参加基本医疗保险暂行办法》(京劳社办发〔2004〕101 号),按照"低门槛、保大病、保当期"的原则,在全国率先建立了农民工大病医疗保险制度,要求外地农民工参加基本医疗保险和大额医疗互助保险。用人单位以上年本市职工月平均工资 60% 为缴费基数,按 2%①的比例缴纳保险费,其中 1.8% 划入基本医疗保险统筹基金,0.2% 划入大额医疗互助资金,外地农民工个人不缴费,不建个人账户。报销范围是住院治疗的医疗费用和恶性肿瘤放射治疗和化学治疗、肾透析、肾移植后服抗排异药的门诊医疗费用;在起付标准 1300 元以上的医疗费用,由统筹基金和农民工按比例分担,超过统筹基金最高支付限额 5 万元的医疗费用,由大额医疗互助基金负担 70%,农民工负担 30%;大额医疗互助基金最高支付限额为 10 万元。外地农民工就医,可以选择四家本市基本医疗保险定点医疗机构作为本人就医的定点医疗机构,另外还可以直接到本市定点中医医疗机构和定点专科医疗机构就医。

2012 年,为落实《社会保险法》的要求,北京市出台《关于本市职工基本医疗保险有关问题的通知》(京人社医发〔2012〕48 号)和《关于农民工

---

① 为应对国际金融危机的影响,2009 年起,北京市劳动和社会保障局实施"一升一降,一统一分,一抓一放"六大措施,其中"一降"指为五项社保费率集体减负,农民工大病医疗保险费率由 2% 调整到 1%。

参加基本医疗保险有关问题的通知》（京社保发〔2012〕17号），规定，自2012年4月1日起，按照《北京市外地农民工参加基本医疗保险暂行办法》（京劳社办发〔2004〕101号）参加医疗保险的农民工，统一按照城镇职工缴费标准缴费，即医疗保险费由用人单位和个人共同缴纳，其中用人单位按全部职工缴费工资基数之和的10%缴纳；农民工个人按本人上一年月平均工资的2%和每人每月3元缴纳。将农民工大病医保制度与城镇职工医保制度相统一，实现了农民工与城镇职工在缴费标准、个人账户、计算年限、享受待遇等方面的统一。截至2012年9月底，北京市按12%比例缴费（单位9%＋1%，个人2%＋3元）的农民工达到178.6万人，其中外地农民工132.8万人。

在工伤保险方面。1999年，北京市政府颁布了《北京市企业劳动者工伤保险规定》（市政府令第48号），自2000年4月1日起进行工伤保险制度改革，建立企业职工工伤保险费用社会统筹制度。2004年7月，颁布《北京市外地农民工工伤保险暂行办法》，将外地农民工纳入工伤保险体系。用人单位以农民工上年度平均工资为缴费基数，按照一定费率缴费，农民工个人不缴费，工伤待遇与城镇职工完全相同。2007年以来新开工建设项目的农民工已经全部参加了工伤保险。截至2012年9月底，农民工参加工伤保险178.1万人，其中外地农民工132.3万人。

在失业保险方面。根据国家《失业保险条例》的原则要求，1999年11月施行的《北京市失业保险规定》，将农民工纳入失业保险范围，农民工本人无须缴纳失业保险费，但其失业保险待遇则由一次性补助替代按月领取的失业保险金，其标准为本市职工最低工资的40%。截至2012年9月底，农民工参加失业保险164.6万人，其中外地农民工120.9万人。

表4　2012年北京市各类参保人员社会保险缴费基数及标准

缴费人员类别	参加险种	缴费工资基数	缴费比例	
			单位缴费比例	个人缴费比例
城镇户口及外国籍人员（不含港澳台）	养老保险	1869～14016元	20%	8%
	失业保险		1%	0.2%
	工伤保险	2803～14016元	按行业性质确定缴费比例	不缴费
	生育保险		0.8%	不缴费
	医疗保险		9%＋1%	2%＋3元
农业户口	养老保险	1869～14016元	20%	8%

（三）子女教育政策及成效

2002年《北京市对流动人口中适龄儿童少年实施义务教育的暂行办法》首次对农民工子女教育做出正式规定。该办法规定"流动儿童少年中凡在户籍所在地有监护条件的，应当回户籍所在地接受义务教育；户籍所在地没有监护条件，且其父母在北京居住半年以上并已取得暂住证的，可以申请在本市中小学借读，接受义务教育"，"流动儿童少年可持在京借读批准书和原就读学校出具的学籍证明，到暂住地附近学校联系借读，经学校同意后即可入学"，"流动儿童少年在本市公办中小学借读，学校可按照有关规定向其收取借读费和相应的杂费"。

2004年北京市教委、市发展改革委等10所单位共同发布《关于贯彻国务院办公厅进一步做好进城务工就业农民子女义务教育工作文件的意见》，免除了全市实施义务教育的公办小学和初中对符合来京务工就业农民子女条件的借读生收取的借读费，同时规定各区县政府负责保证公办中小学办学所需正常经费，区县财政要按学校实际在校学生人数和定额标准划拨生均经费。这较2002年的《暂行办法》有了一些改变，但农民工仍需自己到暂住地附近的公办小学、初中或经批准的民办学校联系子女就读事宜，这意味着决定权仍然掌握在所联系的学校手里，农民工子女虽然名义上有学上，实质上却可能没学校收。

针对这些不足，2008年《北京市教育委员会北京市财政局关于进一步做好来京务工人员随迁子女在京接受义务教育工作的意见》着重明确了对农民工子女接受义务教育工作的管理责任和投入力度，一是规定坚持"属地管理"和"公办学校接收"两为主的原则，进一步强化了区县政府对农民工子女接受义务教育负主要责任，同时规定将富余且安全的公办学校校舍，优先用于接收农民工子女就读。二是切实保障按公办学校实际在校人数核拨公用经费和核定教师编制，并规定在年度预算中安排专项经费对接收农民工子女比较集中的区县给予重点倾斜，调动公办学校接收农民工子女就读的积极性。2009年《北京市人民政府办公厅关于贯彻国务院做好免除城市义务教育阶段学生学杂费工作文件精神的意见》中进一步规定免除民办学校、审批合格的自办学校中持有相关证明材料的农民工子女的学杂费和借读费。2010年北京市下发《北京市教育委员会关于认真做好来京务工人员随迁子女入学登记和宣传工作的通知》，要求各区县教委做好《来京务工人员随迁子女在京接受义务教育政策宣传卡》和《来京务工人员随迁子女入学登记卡》的组织填写工作，登记卡编号与《来京务工人员随迁子女临时学籍登记表》中编号一致。登记卡编号为8位，其中前两位为区县代码，按照北京市教育事业统计规定的区县代码编排，后6位按照自然顺序依次排列。登记卡编号即学生编号（临时学籍卡号），编号具有唯一性，学生在本区县内学校间转学，编号不变。跨区县转学，须在新转入区县的学校按照该区学生自然顺序重新编号，原号码作废。

《北京市中长期教育改革和发展规划纲要（2010～2020）》进一步阐述了今后10年北京市政府将如何增强农民工子女接受教育的能力，包括将农民工子女接受义务教育工作纳入公共财政体系保障范畴，加强农民工子女融入首都生活的教育，注重他们的学习能力、心理素质、生活习惯的培养等。

在子女升学方面，2010年北京市教委发布小升初及小学入学政策，规定本市户籍学生和来京务工人员随迁子女均按照"免试、就近入学"原则，并要求各区县负责解决外来务工人员子女入学。2012年《北京市随迁子女升学考试工作方案》将其扩展到初中毕业后的升学及后续学习问题，其中规定了近期实行的过渡期升学考试措施，可谓新的突破。该方案规定，自2013年起，凡进城务工人员持有有效北京市居住证明，有合法稳定的住所，合法稳定职业已满3年，在京连续缴纳社会保险已满3年，其随迁子女具有本市学籍且已在京连续就读初中3年学习年限的，可以参加北京市中等职业学校的考试录取；自2014年起，凡进城务工人员持有有效北京市居住证明，有合法稳定的住所，合法稳定职业已满6年，在京连续缴纳社会保险已满6年，其随迁子女具有本市学籍且已在京连续就读高中阶段教育3年学习年限的，可以在北京参加高等职业学校的考试录取；学生从高等职业学校毕业后，可以参加优秀应届毕业生升入本科阶段学习的推荐与考试录取。自2014年起，凡进城务工人员持有有效北京市居住证明，具有合法稳定职业及合法稳定住所，其随迁子女具有本市学籍且已在京连续就读高中阶段教育3年学习年限的，可选在京借考高考，北京市按教育部相关文件规定、经学生户籍所在省同意后为学生提供高考文化课在京借考服务，学生回户籍所在省参加高校招生录取。

专栏一：北京义务教育阶段随迁子女已达约47.8万人（节选）

海淀区把随迁子女纳入"电脑派位"，开展自办学校教师课堂教学竞赛和"优秀教师""优秀学生"评选。在安置因城乡一体化进程中腾退自办校学生的过程中，坚持分流到公办中小学就读。

丰台区积极挖掘公办学校潜力接收随迁子女，公办学校接收比例达到76%。通州区专门指定永顺小学、司空小学、南关小学、北关小学、东关小学、民族小学（均为公办学校）接收随迁子女。

朝阳区结合城市化建设推进，在来京务工人员相对聚集的东坝乡、金盏乡、崔各庄乡等地区通过整合公办资源，采取政府主导下的委托民办的模式，选派有办学经验的优秀退休干部担任校长，政府无偿提供校舍，并按全区统一标准拨付生均经费。此外，教委还给予50%的保险补贴以及报销取暖费等经费支持。

石景山区所有学校均接收外来务工人员子女就读，为保证入学效果，还确定4所公办中小学重点接收外来务工人员子女接受义务教育。

大兴区合理调配教育资源，最大限度地扩大公办学校的接收能力，2011年，公办小学一年级新生共7473人，其中随迁子女3267人，占一年级新生总数的43.7%。在来京务工人员子女较多的黄村镇、西红门镇、瀛海镇、旧宫镇、亦庄镇等城乡结合部地区，公办学校学生总数中来京务工人员随迁子女占75%，个别学校达到了85%。

昌平区采取"批办一批、保留扶持一批（待批）、撤销一批和建专门学校"等四项措施，大力扶持流动人口子女学校发展。截止到目前，全区已经审批自办学校16所，累计投资4523.22万元，用于昌平区流动人口学校办学条件的改善。

资料来源：《中国广播网》，http：//news. cnr. cn/gnxw/201111/t20111107 508740682. shtml，2011年11月7日。

（四）住房保障政策及成效

北京市建委2011年10月正式公布《关于加强本市公共租赁住房建设和管理的通知》，通知规定外来人员持续稳定工作一定年限无住房可申请公租房。首先对于流动人口主要是解决他们的暂时居住问题，故无租金补贴政策。其次，没有设定统一收入标准和工作时限，由各区县确定。各区县实际情况不同，如旧城区本身就要疏散人口，标准可能会定高一些；新城由于有产业园区，希望吸引外来人才，标准可能会宽一些。这样各自制定标准会更符合实际要求①。2012 年 8 月，石景山区首次正式受理外地人租房申请，但保障对象规定为在石景山行政区域内连续稳定工作 5 年以上，或经相关部门认定的专业人才，并符合北京市公共租赁住房标准的家庭。实际上这一规定将一大批层次较低的从事体力劳动的农民工排除在外，且到目前为止，除石景山区仍无其他区给出农民工等外来人口申请公租房的具体政策。

2012 年北京市民政局等六部门发布的《关于推进城乡社区自治组织全覆盖的指导意见》中提出，流动人口聚居区，指居住一年以上的流动人口占全体居民 20% 以上的新建住宅区。1000 户以上的流动人口聚居区，应及时设立社区居委会。居委会下可增设流动人口管理服务委员会，加强对流动人口信息的采集和更新，在治安管理、计划生育、医疗卫生等方面为流动人口提供便捷优质的服务；同时还有责任鼓励和引导流动人口参与社区的建设和管理。

专栏二：北京石景山率先出台外地人申请公租房细则（节选）

＞＞准入条件

3 口之家年收入须低于 10 万

…………

根据准入标准，主申请人需具有完全民事行为能力，在石景山行政区域内原则上连续稳定工作 5 年以上，或相关部门引进的专业人才，能够提供同期暂住证明、缴纳公积金证明、社会保险证明和纳税证明；公租房申请家庭成员包括申请人、配偶、未成年子女及已成年单身子女；家庭年可支配收入：3 口及以下家庭年收入 10 万元（含）以下、4 口及以上家庭年收入 13 万元（含）以下；此外，申请人及申请家庭成员在北京应均无住房。

＞＞申请、审核、轮候及配租

配租家庭不享受公共租赁补贴

…………

根据房源情况，每年年初制定外省市来石景山区工作人员申请公共租赁住房的摇号配租计划，配租采取单独摇号的方式进行。配租家庭不享受本市公共租赁住房补贴政策。

---

① 新浪房产专题：http://bj.house.sina.com.cn/zhuanti/wlrysqgzf/；腾讯房产专题：http://house.qq.com/zt2011/gongzufang/。

＞＞后期管理

拒不退出记入信用档案

后期管理工作参照 25 号文件执行，外省市到石景山区工作人员配租公共租赁住房后如租赁合同期满不在石景山区继续工作，需按程序退出所承租的公共租赁住房。

…………

如承租家庭已不在石景山区工作或虽在石景山区工作但已不符合准入标准的，租赁合同期满后不再续租，如暂时不能腾退承租住房的，租赁合同期满后给予两个月过渡期，过渡期内按同类地段类似房屋市场租金收取租金。

过渡期届满后承租家庭仍不退出承租住房的，按房屋产权单位规定的标准收取租金，具体在租赁合同中约定；拒不退出行为记入信用档案。

资料来源：《京华时报》2012 年 8 月 9 日。

三　北京市外来农民工公共服务存在的主要问题

（一）相关就业服务与本地城镇户籍人口和本地农民工差距较大

北京市自 2003 年取消用人单位使用外地来京务工人员计划审批和岗位（工种）限制后，只在 2011 年和 2012 年为发展北京市的家政服务业出台了鼓励实行员工制管理、维护外地农民工合法权益的政策和措施。而对于本地农民工，自 1998 年至今，北京市下发的促进就业及就业失业管理援助的文件共计12 份，包括建立农村富余劳动力就业登记制度，形成区县、乡镇、村三级就业服务组织管理网络，将绿化隔离、矿山关闭、保护性限制地区农村劳动力纳入困难群体援助范围，建立"零就业家庭"就业援助制度，建立"纯农就业家庭"转移就业援助制度，将建设征地、土地储备或腾退、整建制农转非、山区搬迁、绿化隔离建设等地区的农村劳动力纳入城镇失业登记范围，享受城镇促进就业帮扶政策，鼓励用人单位招用农村就业困难人员的相关优惠政策等。同时城镇就业困难人员还享受社会保险补贴以及特困人员的托底安置服务。可以看出，北京市对外来农民工和当地城镇户籍人口、本地农民工在就业服务理念上存在差别，对后两者是从保护其生存权和发展权出发的，对外来农民工则是从北京市经济发展与行业繁荣角度出发的培训与使用。

（二）外来农民工参保率低，缴费标准低，缺乏失业保险

首先，外来农民工的参保率、缴费标准较低。从参保率来看，外来农民工养老、医疗、工伤保险的参保率在 35% 左右，其中养老保险参保率最低，相比较而言，本地农民工的养老、医疗、工伤保险参保率均超过 90%，差距明显。外来农民工参保率低的原因主要有四个。一是用人单位不愿为农民工参保。北京市的外来农民工所在单位多为民营、外资、乡镇企业或个体工商户，主要集中在建筑、餐饮、服装等技术含量较低的劳动密集型行业。这些用人单位为追求利润，千方百计减少人工成本，主观上不愿为农民工参加社会保险。二是流动性高给农民工参保造成障碍。对于就业稳定性不高的农民工而言，由于从事工作技能要求不高，工资低、劳动强度大，且受到不平等对待，为寻找更好工作机会，多数人频繁流动，不能被有效纳入社会保障中。三是农民工对现行社会保险制度缺乏信任。由于现行养老保险制度规定按月享受基本养老金的最低缴费年限为 15 年，而农民工流动频繁，如果不能及时有效转移接续，多数很难达到该年限标准。所以农民工在离开参保地时普遍不愿将钱放在社保机构，一般都选择退保。四是政策宣传投入不到位。由于对于相关政策的宣传投入不足，宣传的形式、范围缺乏广泛性、针对性和现实性，宣传的效果也不够理想。目前，在农民工中并没有形成一个参加社会保险的舆论氛围，不利于各有关方面和农民工自身运用法律手段和相关的政策规定进行维权。

从缴费标准来看，虽然目前北京市在养老、医疗、工伤和生育保险上已经实现了农民工与城镇职工的统筹，但在缴费标准上仍然存在较大差距。以养老保险为例，2012 年北京市各类参保人员养老保险缴费系数下限是 1869 元，上限是 14016 元，而与养老保险缴费额密切相关的是达到法定退休年龄后领取养老保险的金额，这在一定程度上决定了农民工与城镇职工在老年生活保障上的差距。

其次，北京市的失业保险制度未实现统一。目前，北京市农民工失业保险制度与城镇职工失业保险制度还未实现统一，养老、医疗、工伤、生育等其他"四险"都是同城待遇，唯独农民工不能享受到与城镇职工同等的待遇，主要原因是受《失业保险条例》限制。1990 年颁布的《失业保险条例》规定农民工参加失业保险由单位缴费，农民工个人不缴费，其失业保险待遇由一次性补助替代按月领取的失业保险金，该条例一直沿用至今。

（三）外来农民工被排除在北京市社会救助体系外

社会救助是居民生存权的基本保障，生存权和发展权是现代社会公民的基本权利，获取社会救助是公民的一项基本权利。社会救助是基本公共服务的内容之一，它在社会保障体系中发挥着重要的兜底作用。

根据北京市政府 2013 年 8 月下发的《关于进一步加强和改进社会救助工作的意见》，北京市将在"十二五"期间实现低保与医疗、教育等专项救助制度的有机衔接，贫困无业家庭无力参加社会保险可以获得资助，同时北京将推动社会救助从生存型向发展型转变，切实维护困难群众基本生活权益。"十二五"末期，北京市城乡最低生活保障标准将实现一体化。其中，北京市社会救助体系包括生活困难补助、临时救助、最低生活保障、住房救助、教育救助、灾民救助、医疗救助以及社会互动等 8 项内容。但查看《意见》内容，其仍是基于户籍制度，并未提到流动人口或外来农民工。可以说，从北京市的社会救助体系建设来看，外来农民工由于没有北京市户籍而完全被排除在体系之外。

（四）农民工子女实际上没有与北京孩子平等的就学条件

主要体现在四个方面。一是学校仍掌握着农民工子女能否就学的决定权。虽然北京市在农民工子女教育方面出台多项政策，并在不断更新政府的服务管理思路，改善农民工子女的就学环境，包括免收借读费、学杂费，并将随迁子女接受义务教育纳入公共财政保障等。但从根本上来讲，2002 年出台的《北京市对流动人口中适龄儿童少年实施义务教育的暂行办法》中"流动儿童少年可持在京借读批准书和原就读学校出具的学籍证明，到暂住地附近学校联系借读，经学校同意后即可入学"的政策并未动摇，也就是说，农民工子女是否可以到所联系学校就读的决定权仍掌握在学校手中，农民工子女有的只是就学的权利，但没有平等选择的机会，也即农民工子女与北京孩子享受的就学机会并不完全平等。

二是农民工子女学习环境相对较差、教学质量不高，尤其是就读于民办学校和打工子弟学校的孩子。2012 年北京市义务教育阶段来京务工人员随迁子女 49 万人，其中公办学校接收比例达到 74.7%。北京市各区县在积极采取措施，挖掘公办学校资源，扩大公办学校接收数量，这些举措及所取得效果均走在全国前列。但不可忽视的是，来京务工人员所处的社会地位低、拥有的社会资源少，因此其随迁子女公办学校接收比例这一总的数字可能与农民工子女的公办学校就学率相去甚远（目前尚没有农民工子女就学率的确切数字）。同时，北京的大多数农民工都居住在城乡结合部，工作地点经常发生变化，因此子女的流动性也较大，子女符合借读条件的所占比例较低，而且这些地区的公办教育资源与市区相比数量少且落后，民办学校或打工子弟学校教学设施简陋、质量参差不齐、教师队伍流动性很大。对农民工子女尤其是外地农民工子女来说，与教育机会不平等相伴而生的是教育资源的不均衡。

三是农民工子女学前教育质量低，安全隐患多。学前教育是基础教育的基础，对于孩子一生的成长有着至关重要的作用，但由于其不属于义务教育范畴，且北京市公立幼儿园目前严重供不应求，北京市学前教育相关文件中几乎没有提及农民工子女。一般来说，公办幼儿园或教学条件较好的私立幼儿园与北京城镇户籍、经济条件好的家庭挂钩，农民工子女多数就读在价格低廉的私立幼儿园。这些幼儿园大多教育质量较差、条件简陋，存在安全隐患。

四是农民工子女异地升高中问题仍无解决。2010 年北京市教委发布了小升初及小学入学政策，规定本市户籍学生和来京务工人员随迁子女均按"免试、就近入学"原则开展，统一了城乡儿童义务教育阶段的就学方式。但农民工子女异地高考即在京参加高考的问题并没有解决。2012 年《北京市随迁子女升学考试工作方案》规定了符合条件的农民工子女可以参加中等职业学校、高等职业学校的考试录取，但仍不可升高中，也不能参加北京市高考。

（五）农民工居住条件差、环境恶劣，缺乏托底保障

针对北京市农民工的调查数据显示，外来农民工目前仍主要住在集体宿舍或自己租房，由于目前住房租赁市场的不健全以及农民工的省钱心理，自己租房的农民工往往选择最便宜的房子，包括地下室、工棚、隔断间等，居住条件差、环境恶劣，安全性差。调查中，他们回答在住房上最期望获得的帮助是"提供廉租房"的占到48.4%，期望"稳定房租"的占到27.7%。

就实际情况来看，目前北京市虽然已出台政策允许外来农民工参与申请公租房，但只有石景山区出台细则允许符合条件的农民工参与摇号，且租金不享受政府补贴。此外，北京市的出租房屋租金持续上涨，这无疑加大了外来农民工的生存压力，而目前的住房政策并没有将农民工纳入住房补贴范围。近年来引起社会高度关注的"蚁族""蜗居""胶囊公寓"等社会现象，正是外来农民工等流动人口群体缺乏居住保障的现实反映。

四　完善北京市外来农民工基本公共服务的对策建议

北京市要实现城镇基本公共服务常住人口全覆盖的目标，必须将农民工全面、平等纳入城镇基本公共服务保障范围，不应有任何政策、制度上的歧视。

（一）不断完善外来农民工平等就业政策

首先，在就业政策方面。应改变对外地农民工的"用人观念"，坚持以人为本，保障公民权利，从促进和帮助外地农民工更好就业、提高收入的角度逐步完善针对外地农民工的就业政策，在公平的基础上追求效率。

其次，在就业服务方面。一是建立健全农民工就业培训工作网络，完善公共就业服务的信息化手段，动态掌握农民工就业信息，促进农民工就业培训制度化。二是充分利用社会现有教育资源，委托具有一定资格条件的各类职业培训机构开展培训工作。三是引进和培育高等技术人才、稀缺岗位人才，在对高端人才的使用和管理过程中，发挥人才示范效应，进而带动农民工素质的整体提高。四是加大公共财政用于农民工培训的比例，将农民工培训全面纳入城镇职工培训体系。

再次，在提供农民工就业信息服务方面。一是要进一步拓宽农民工就业信息的渠道，建立健全农民工求职信息系统，并在农民工较为集中的区域建立职业中介园区，引导农民工合理流动。二是政府部门要进一步完善管理服务，既要为农民工从事非正规就业做好服务工作，又要加强对非正规就业用人单位和雇主的管理和监督，运用行政、法律手段规范劳资关系，杜绝对农民工各种侵权事件的发生。特别是要按照国际劳工组织的普遍做法，全方位保护农民工的各项合法权益。三是推行和完善新型劳务用人机制，引导和规范农民工与企业的双向自主选择权。

（二）将农民工平等纳入城镇社会保障体系，实现社会保险制度的跨省转移接续

目前由于社会保险没有实现全国统筹，在跨省转移接续不顺畅的前提下，农民工群体工作不稳定、流动性强的特点决定了农民工入保意愿低、用人单位逃避责任空间大。要提高外地农民工社会保险覆盖率，前提是实现社会保险的

跨省转移接续、全国统筹。据此，中央政府要积极承担社会保障责任，尽快从全国层面统筹谋划，加强社会保障制度建设，提高社会保险统筹层次，由人力资源和社会保障部实行统一收缴、管理、运营、结算和发放，使各省市、城乡间社会保险的转移接续顺畅有序；进一步完善公共财政制度，中央财政要对在全国跨省级行政区流动迁移人员的社会保障给予相应补贴，减轻流入地的财政压力。

此外，北京市应进一步完善社会保障政策和制度，全面实现农民工享有平等的参加社会保险的权利。要加强对用人单位缴纳职工社会保险的监管力度，加大基本养老保险扩面力度，扩大"三险一金"覆盖范围，继续从制度全覆盖向人群全覆盖努力，逐步提高缴费标准；积极探讨建立失业保险的城乡统筹，进一步健全和完善城乡统一的社会保险体系。

（三）将外来农民工平等纳入社会救助体系

社会救助是基本公共服务的重要组成部分，在社会保障体系中起"兜底"作用。外来农民工属于社会中下阶层群体，他们所从事的多为脏、累、重、险的工作，工作条件相对比较恶劣，职业病发生率都较高，且大部分属于非正规就业，没有与用人单位签订正式的劳动合同，这种弱势地位使其极容易陷入贫困，因此对社会救济有着迫切需要。

北京市不能漠视或故意忽视外来农民工的这一迫切需求，而应正视问题并解决之。第一步应通过部门联动，确定处于北京市最低生活保障线以下的外来农民工的数量、人口学特征、需求。在摸底排查结束后，可根据农民工数量、特征、需求，从失业救助、医疗救助、住房救助等专项救助着手，按照"先专项，后低保"的原则，分群体、分步骤、分阶段将稳定就业的外来农民工纳入北京市社会救助体系，为外来农民工提供有效率的"兜底"保障，以保障农民工最基本的生存权利，减少社会不稳定因素。

（四）确保农民工子女享受平等的受教育权利

首先，农民工子女的义务教育政策应以公平为首要的价值目标，农民工子女应与北京孩子享受平等的就学机会和资源，就学的自主选择权应由学生和家长掌握，而非学校。

其次，加快推进基础教育均衡发展。通过资金投入、硬件设施和教师配置等，不断提升农民工子女就学的公办学校质量，进一步完善政策和制度。农民工子女一般集中在城乡结合部的公办学校，对于这些学校必须增加市一级的财政投入，帮助其达到城市学校的标准化水平。在师资方面，应通过提高待遇等方式吸引优秀教师，实行教师在城乡学校之间的正常轮岗交流。

最后，积极鼓励社会力量办学。要降低民办学校的办学门槛，鼓励社会力量参与创办多种形式的民办学校，包括社区学校、教会学校、打工子弟学校等，以接纳更多的农民工子女上学，不断提升这类学校的教育能力，制定优惠政策扶持民办学校的正常发展。

要适应城市化和人口流动的现实需要，从维护公民受教育权和实现公平正义的角度，积极探索，解决农民工子女学前教育问题，规范私立幼儿园的办学标准，把关办学质量。探索进行农民工子女参加北京市中考、高考的制度改革。北京不应建立一座特大的特权城市，而应建立基于公平正义的更具包容性的现代文明城市。北京精神中的包容，需要具体的政策制度来体现。

（五）将农民工平等纳入城镇住房保障体系

为农民工提供基本而体面的住房保障，是政府保障农民工居住权的重要职责。要实现城镇基本公共服务常住人口全覆盖，必须将为农民工提供住房保障作为城镇住房政策的重中之重。

首先，逐步将农民工全面纳入公租房保障范围。要从根本上转变公租房建设的指导思想，明确将农民工作为公租房保障的主要对象。对于无住房的本地农民工和在北京市稳定就业的外地农民工，只要签订正式劳动就业合同，就可以申请公租房，给予市民同等待遇。

鉴于农民工聚居区以城乡结合部为主，应当加大农村集体建设用地发展租赁住房的试点范围和推广政策力度，进一步改革土地制度，创新集体建设用地利用方式，规范集体建设用地建设租赁住房政策，加强和完善相关管理制度。在投资形式上可借鉴浙江省公租房建设经验，鼓励和引导民间资本参与，尤其是引导用工单位、村集体等各类投资主体参与公租房建设，出台鼓励公共租赁住房建设和运营的相关优惠政策，将用工单位、村集体等各类主体参与建设的公租房统一纳入北京市公共租赁住房管理，优先向出资用工单位符合条件的职工出租。同时要在农民工聚居的公租房区域按照实际需求和健康标准建设生活服务配套设施，使公租房环境达到改善农民工居住环境、提高生活质量的目的。

其次，应扩大公积金制度覆盖面，将农民工全面纳入其中。充分发挥住房公积金制度的住房保障属性，所有正式用人单位，都必须将符合条件的农民工纳入住房公积金制度范围。

再次，规范农民工住房租赁市场，为农民工平等提供住房补贴。公租房等保障性住房起的是托底作用，对于北京市四百万农民工来说，绝大部分人住房问题的解决靠的是租赁市场。目前北京市的租赁市场仍处于发展初期，农民工租住的房屋往往环境恶劣，安全性差。有关部门应大力规范房屋租赁市场，积极落实《北京市人民政府办公厅关于进一步规范房屋租赁市场稳定房屋租金工作的意见》（京政办发〔2012〕）的有关规定，各区县成立国有房屋租赁经营机构，业务对象限定为农民工群体，业务内容以农村富余房屋集体出租、单位闲置房屋低价出租为主。同时，要将农民工全面纳入城镇住房补贴政策体系，使农民工与其他城镇职工一样公平享受住房政策补贴。

参考文献

孟春、陈昌盛、王婉飞：《在结构性改革中优化公共服务》，《国家行政学院学报》2004 年第 7 期。

陈昌盛、蔡跃洲：《中国公共服务综合评估》，《中国社会科学院报》2007 年第 6 期。

薛元：《"十二五"期间促进基本公共服务均等化的政策研究》，《中国经贸导刊》2010 年第 10 期。

迟福林：《理顺关系力促公共服务均等化》，《中国改革报》2007 年 2 月 8 日。

常修泽：《以人为本与基本公共服务均等化》，《中国经济时报》2006 年 1 月 13 日。

执笔： 张英洪、刘妮娜、赵金望、齐振家

2013 年 11 月 13 日

第六篇

京津沪渝城乡基本公共服务比较

Part 6

一 天津市整合城乡居民医保制度考察报告

统筹城乡医疗保险制度是破除城乡二元结构、形成城乡经济社会发展一体化新格局的重要内容。我国现行的基本医疗保障体系主要有城镇职工基本医疗保险、城镇居民基本医疗保险、新型农村合作医疗、医疗救助等四大块。近些年来，各地按照统筹城乡发展的要求，加快推进城乡医疗保障制度一体化，不少地方已经或正在将城镇居民医保与"新农合"制度实行整合，构建城乡一体化的基本医疗保险体系。2010 年 1 月 1 日，天津市正式实施城乡居民统一的医疗保险，完成了城镇居民医保和"新农合"制度的整合，实现了城乡居民基本医疗保险的一体化，成为全国 31 个省市中第一个实施城乡居民医疗统筹的省级单位。天津在全国省市中率先实现城乡居民医疗保险制度整合后，反响强烈，效果明显，其成功经验值得我们借鉴。

（一）天津统筹城乡居民医保的背景

天津市是我国四大直辖市之一，总面积 11917.3 平方公里，辖 15 个区、3 个县。2009 年，全市完成 GDP 7500.80 亿元，三次产业结构为 1.7∶54.8∶43.5。财政收入 1805 亿元。全市常住人口 1228.16 万人，其中外来人口 265.99 万人，占全市常住人口的 21.7%。全市户籍人口 979.84 万人，其中农业人口 381.31 万人，非农业人口 598.53 万人。城镇居民人均可支配收入 21430 元，农村居民人均收入 10675 元。

2001 年 11 月，根据《天津市城镇职工基本医疗保险规定》，实行全市统筹的城镇职工基本医疗保险制度，该制度覆盖国家机关、事业单位、社会团体、民办非企业单位、城镇企业及其职工和退休人员，原公费医疗并入城镇职工基本医疗保险。天津城镇职工基本医疗保险实行门（急）诊大额医疗费补助、大额医疗费救助、补充医疗保险和国家公务员医疗补助等办法。形成了"3 + 1"（城镇职工医保、城镇居民医保、新型农村合作医疗及医疗救助）医疗保障制度体系。

2003 年 1 月 16 日，国务院办公厅转发卫生部等部门《关于建立新型农村合作医疗制度的意见》，要求从 2003 年起，各省、自治区、直辖市至少选择 2 ~ 3 个县（市）先行试点，取得经验后逐步推开，到 2010 年在全国建立基本覆盖农村居民的新型农村合作医疗制度。根据这一精神，2003 年天津市开始在东丽区、北辰区、大港区、静海县4个区县进行"新农合"试点，2004年3月，天津市政府批转《天津市新型农村合作医疗管理办法》，2007年在全市12个涉农区县全面推开，实行区县统筹。新型农村合作医疗采取个人、集体和政府多方筹资，各区县人均筹资110～200元不等，人均筹资达到144.5元。其中：农民个人缴费30～60元/人，乡镇投入扶持资金5～50元/人，区县财政补助25～110元/人，市财政补助30～55元/人。个人平均缴费34.9元，乡镇平均投入13.7元/人，区县平均补助48.3元/人，市财政平均补助47.6元/人。"新农合"基金主要补助参合农民的住院医疗费用，住院起付标准各区县不同，按医院级别，一般最低为200元，最高为2000元。最高支付限额，一般为4万元左右，最高10万元。各区县均实行分段报销的办法，一般报销30%，最高报销75%。2009年，全市参合人数368万人，参保率达99.02%，覆盖了全市12个涉农区县、162个涉农乡镇（街）、3859个自然村，各区县人均筹资150～240元不等，人均筹资173元，年筹资6.37亿元，基金支出6.18亿元，其中住院支出5.5亿元，门诊家庭账户及其他支出0.5亿元，享受住院补偿40万人次，住院次均补偿1400元，实际报销比例为36.61%。到2009年，基金累计收入18亿元，支出17亿元，结余1亿元。在基金支出中，住院支出14亿元，门诊家庭账户及其他支出3亿元，住院报销累计达到100万人次。"新农合"制度覆盖了全体农村居民，大大缓解了农民看病难、看病贵问题。

2007年7月10日，国务院发布《关于开展城镇居民基本医疗保险试点的指导意见》，决定从2007年起开展城镇居民基本医疗保险试点，要求有条件的省份选择2～3个城市启动试点，2008年扩大试点，争取2009年试点城市达到80%以上，2010年在全国全面推广，逐步覆盖全体城镇非从业居民。2007年9月，天津市印发《天津市城镇居民基本医疗保险暂行规定》，自2008年1月1日起在全市推行以大病统筹为主的城镇居民基本医疗保险制度，该制度覆盖全市非农业户籍的学生、儿童和其他不属于城镇职工基本医疗保险制度覆盖范围的非从业成年居民。学生、儿童筹资标准为每人每年100元，个人缴纳60元，政府补助40元；非从业城镇成年居民筹资标准为每人每年560元，政府补助标准分三种情况（见表1）。除学生、儿童以外的其他参保城镇居民的补助资金，分别由市和区县政府各承担二分之一。当年参保人数91.57万人，其中成年居民13.29万人，占14.51%；学生、儿童（含新生儿）78.28万人，占85.49%。

表1　2008年天津市城镇居民基本医疗保险筹资标准

单位：元

	学生、儿童	重度残疾人、低保人员、特困人员、低收入家庭中60周岁以上老年人	70周岁以上的老年人	其他非从业城镇居民
筹资标准（每人每年）	100	560	560	560
个人缴费	60	0	120	330
政府补助	40	560	440	230

　　城镇居民基本医疗保险只有住院报销没有门诊报销待遇。学生、儿童发生的18万元以下的住院医疗费，其他城镇居民发生的10万元以下的住院医疗费，在三级医院住院发生的医疗费用，起付标准为500元，报销比例为50%；在二级医院住院发生的医疗费用，起付标准为300元，报销比例为55%；在一级医院（社区卫生服务中心）住院发生的医疗费用，报销比例为60%。学生、儿童住院治疗发生的医疗费报销比例在上述各级医院报销比例的基础上增加5个百分点；70周岁以上老年人住院治疗发生的医疗费报销比例，在二级和一级医院（社区卫生服务中心）报销比例的基础上增加5个百分点。城镇居民在一个年度内住院治疗2次以上的，从第二次住院治疗起，不再收取起付标准的费用（见表2）。

表2　2008年天津市城镇居民基本医疗保险待遇标准

类　别	医疗机构	住院医疗保障待遇		封顶线（万元）
		起付线（元）	报销比例（%）	
学生儿童	一级	0	60＋5	18
	二级	300	55＋5	
	三级	500	50＋5	
其他城镇居民	一级	0	60	10
	二级	300	55	
	三级	500	50	
70周岁以上老年人	一级	0	60＋5	
	二级	300	55＋5	
	三级	500	50	

　　由城镇职工基本医疗保险、城镇居民基本医疗保障、新型农村合作医疗以及由民政部门管理的医疗救助，共同构成了医疗保障体系的基本框架，实现了

基本医疗制度的全覆盖。但按不同人群和地域设计的基本医疗制度体系，具有人群分割和城乡分割等弊端，其业务管理部门、筹资标准、待遇水平、经办体制、服务方式等均不一致，存在个人重复参保、政府重复补贴等问题，社会公平性较差，群众就医不便，制度运行成本较高。为加快推进城乡一体化，实现人人享有基本医疗保障的目标，天津市在统筹城乡医疗保障制度上达成共识，决心率先实现城乡居民医疗保障制度的整合。

（二）天津整合城乡居民医保的主要做法

天津市在整合城镇居民基本医疗保险与"新农合"制度上，做了大量艰苦细致的工作，确保了两套制度整合的平稳过渡和有效运行。其主要做法可概括为以下八个统一。

一是统一管理部门。针对城镇居民医保由劳动保障部门管理、"新农合"由卫生部门管理的现状，天津市首先统一管理部门。2008 年 6 月，天津市政府发布《关于新型农村合作医疗制度管理职能划转有关问题的通知》，明确将原由市和区、县卫生部门管理的"新农合"工作划转交由市和区、县劳动保障部门管理，确立了积极稳妥、工作有序、基金先接、人随事走、原有统筹层次不变的移交原则，市劳动和社会保障局、市卫生局、市财政局制定了移交实施方案，确保交接工作期间"工作不断、队伍不乱、政策不变、待遇不减"。到 7 月底，两套管理机构和工作人员实行了合并，顺利实现了政策、基金、人员、财产和经办工作的平稳移交。

二是统一医保名称。2009 年 4 月，天津市政府印发《天津市城乡居民基本医疗保险规定》，将新型农村合作医疗和城镇居民基本医疗保险统一定名为城乡居民基本医疗保险，城乡居民基本医疗保险实行全市统筹，建立城乡居民基本医疗保险基金，纳入社会保障基金财政专户，统一管理。该《规定》自 2010 年 1 月 1 日起施行。至此，天津市实现了城乡居民基本医疗保险的制度统一。

三是统一筹资标准。学生、儿童每人每年 100 元，其中个人缴费 50 元，政府补助 50 元；重度残疾、享受低保待遇和特殊困难家庭的学生、儿童，个人不缴费，由政府全额补助。其他城乡居民筹资标准分为三档，一档为每人每年 560 元，其中个人缴纳 330 元，政府补助 230 元；二档为每人每年 350 元，其中个人缴纳 160 元，政府补助 190 元；三档为每人每年 220 元，其中个人缴纳 60 元，政府补助 160 元（见表 3）。重度残疾人、享受低保待遇的人员、特殊困难家庭人员和城镇低收入家庭中 60 周岁以上的老年人，个人不缴费，由政府按照 220 元缴费档次给予全额补助。

表3 2010年天津市城乡居民基本医疗保险筹资标准

单位：元

	学生、儿童	一档	二档	三档
筹资标准（每人每年）	100	560	350	220
个人缴费	50	330	160	60
政府补助	50	230	190	160

四是统一待遇水平。在一级医院和社区医疗机构就医发生的门急诊医疗费用，起付标准为800元，最高支付限额为3000元，按照缴费档次的高低，分别补助40%、35%和30%。在住院医疗保险待遇上，学生儿童最高支付限额为18万元，平均报销比例为60%。成年居民按照560元筹资标准缴费的，最高支付限额为11万元，平均报销比例为60%；按照350元筹资标准缴费的，最高支付限额为9万元，平均报销比例为55%；按照220元筹资标准缴费的，最高支付限额为7万元，平均报销比例为50%。一级医院（含社区医疗机构）不设起付标准，二级医院起付标准为300元，三级医院起付标准为500元（见表4）。

表4 2010年天津市城乡居民基本医疗保障待遇

档次	医疗机构	门（急）诊保障待遇			住院医疗保障待遇		
		起付线（元）	报销比例（%）	封顶线（元）	起付线（元）	报销比例（%）	封顶线（万元）
学生、儿童	一级		30		0	65	18
	二级				300	60	
	三级				500	55	
560元档	一级		40		0	65	11
	二级				300	60	
	三级				500	55	
350元档	一级	800	35	3000	0	60	9
	二级				300	55	
	三级				500	50	
220元档	一级		30		0	55	7
	二级				300	50	
	三级				500	45	

此外，参保的城乡居民还享受一级医院和社区医疗机构就医门（急）诊大额医疗费用补助、学生儿童意外伤害保险、生育补助以及医疗救助等医疗保

障待遇。

五是统一经办服务。成立市社会保障基金管理中心，统一负责基金管理、人员信息管理、联网医疗费用和城乡居民以及学生儿童医疗费用的报销工作。同时由新农合经办机构、劳动保障服务中心、学生医保服务中心、商业保险公司分别负责组织本区县居民和全市学生儿童的参保登记工作及学生意外伤害附加保险的参保工作。

六是统一医疗机构。在定点医院上，全市设立定点医院600家、定点零售药店130家，所有参保的居民均可自由选择到上述定点医院和定点药店就诊购药，实行持卡就医，联网结算。

七是统一信息系统。以市人力社保部门医疗保险信息资源为基础，通过扩容建设，将原"新农合"并入城乡居民基本医疗保险信息系统，实现全市医疗机构、参保人员信息、保险基金收缴、支付联网运行。同时与公安部门的身份证数据库进行了信息对接，确保信息的安全准确。

八是统一刷卡就医。全市参保人员统一发放社会保障卡，全面实现刷卡就医；同时实行医保、医疗救助、优抚补助、学生儿童以外伤害附加保险等多种政策补偿"一站式"捆绑服务。

在天津各级各类学校、托幼机构就读的非本市户籍全日制在校学生，港、澳、台和外国籍学生、儿童，以及具有天津市蓝印户籍的人员，凡未参加户籍地城、乡居民医疗保险的，均可参加天津市城乡居民基本医疗保险。天津对城乡医疗救助制度也实行了统一。在制度整合和运行中，天津市建立了城乡居民基本医疗保险诚信制度，加强统一监管。

（三）天津整合城乡居民医保制度的特点、成效与经验

天津市城乡居民基本医疗保险制度整合有四个主要特点。一是一个制度、全市统筹。凡是具有天津户籍的全部农村居民、城镇非从业居民、学生、儿童以及在天津就读的外地户籍和外国学生儿童，全部纳入保障范围，统一执行一个制度，实行市级统筹。二是多档选择、待遇挂钩。根据城乡居民收入水平的不同，制定了三个参保档次，由城乡居民自主选择缴费，缴费多的待遇相对较高，缴费少的待遇相对较低。三是坚持社区导向，门急诊补助。新的制度明确参保人员在一级医院和社区卫生服务中心住院就医不设起付标准，报销比例高于二、三级医院，引导参保人员在社区医疗机构就医。四是统一管理和经办。各项政策和管理标准统一由人力社保行政部门会同有关部门制定，经办服务按

照人员类别和经办服务流程，分别由相关部门负责。

天津市实行城乡居民医保整合以来，制度运行良好，成效显著。2010年9月，全市城乡居民参保人数达到486万人，参保率92%。全年总筹资8.75亿元，其中个人缴费2.76亿元，占总筹资的32%；政府补助5.99亿元，占总筹资的68%。一是减少了重复参保，避免了政府重复补助。天津市原来有40万农村居民在参加"新农合"的同时也参加了城镇职工医保和农民工医保，另有近4万人跨区县重复参保。整合后，全市统一组织参保，有效整合了参保资源。二是避免了经办管理系统的重复投入。天津市在原医疗保险经办网络的基础上，投入2000万元对经办系统软硬件进行提升改造，比新建一套"新农合"信息系统节省资金3500多万元。

与"新农合"比较，整合后的城乡居民基本医疗保险制度明显呈现六大优势。一是就医"点"多"目"宽。城乡居民就医定点医院范围、用药药品目录、诊疗项目目录和服务设施目录（简称"三目"）实现了与职工医保资源共享，可选择的定点医院达到600家，药品目录药品达到8000余种。二是结算快捷省事。全市所有医保定点医院实现了刷卡就医、联网结算，无论是住院、门特和门急诊就医，患者不再受区域地域限制。三是门特病种增多。城乡居民门特病种与城镇职工范围相同，特殊病达到12种，比"新农合"制度增加10种，截至2010年6月底，门特病就诊已达17.09万人次，是2009年"新农合"全年9106人次的19倍。四是同享多项医保待遇。城乡居民医保制度不仅保障了居民门急诊、住院、门诊特殊病等基本医疗，增强了个人和家庭抗疾病风险能力，而且还建立了学生、儿童意外伤害附加险，对符合计划生育政策的参保居民给予生育补助等。与"新农合"制度相比，实现了居民医疗保险的统一性、完整性。五是一站式就医保障服务。针对城乡居民中的困难群体，实施了医疗救助和优抚对象补助两项就医补助制度，使城乡居民医保制度与城乡居民医疗救助、优抚对象补助制度共同推进，实现联网结算、一站式服务，简化了报销程序，缩短了报销周期，提高了报销效率。六是报销比例更加科学。城乡居民住院报销比例达到45.63%，比"新农合"时期的36.61%提高了9.02个百分点。

天津市整合城乡居民基本医疗保险制度的基本经验包括以下几点。一是体制顺畅。人力社保部门代表政府实施统一行政管理，以社会保险经办机构为主经办，由涉农区县新农合经办机构、区县各级劳动保障服务机构、市人力社保部门与市教育部门联合成立的学生医保服务中心、商业保险公司分别负责组织本区县居民和协助全市学校、托幼机构组织学生、儿童参保。由社会保障基金管理中心，统一负责基金管理、人员信息管理、联网医疗费用和城乡居民以及学生、儿童医疗费用的报销工作。既保持了医疗保险管理的连续性，又充分利用了医疗保险系统现有资源。二是政策合理。城镇居民医保启动晚于"新农合"，但筹资标准和待遇水平高于"新农合"，拉平差距则意味着不是降低城镇居民的筹资标准，就是提高农民的筹资标准，为解决这个问题，天津除了学生、儿童，设计了三个档次，照顾不同收入人群的实际情况，基本满足参保人员的医疗保障需求，增强了政策的合理性和吸引力。三是信息公开。在整合过程中，天津市及时公布和宣传城乡居民医保的相关政策，发布工作动态，使城乡居民了解各项政策规定，充分保障城乡居民的知情权。四是经办高效。天津在理顺经办管理体制的基础上，重点抓参保信息网络系统建设、定点医院联网和社会保障卡发放三个关键环节，提高了经办效率，方便了城乡居民就医。

（四）推进北京城乡居民医保整合的几点建议

加快推进城乡居民基本医疗保障制度整合，是北京率先形成城乡一体化新格局的必然要求，是北京深化医药卫生体制改革、保障居民健康权益的重要内容。北京在借鉴天津经验的同时要结合自身实际，力争尽快实现城乡居民医保的有效整合。我们提出以下建议。

1. 基本思路

北京现行的医疗保障体系由城镇职工医保、公费医疗、城镇居民医疗、新型农村合作医疗以及医疗救助构成，这种过度分割的医保制度造成社会的不公平和低效率。将城镇居民医保与"新农合"制度整合为城乡居民医保，将公费医疗并入城镇职工医疗，再将城镇职工医疗与城乡居民医保并轨，实行统一的国民健康保险制度，辅之以医疗救助，这是整个医疗体制改革的大趋势。整合城镇居民医保与"新农合"制度只是实现医疗保障制度一体化的一个重要环节，早整合比晚整合的制度成本要低。整合城镇居民医保与"新农合"制度的基本要求是按照建立城乡居民基本医疗保险一体化的目标，实行全市统筹，实现城镇居民医保与"新农合"的管理体制统一、经办服务统一、政策制度统一。

2. 实施步骤

可分三步走，第一步实行管理体制的统一。将"新农合"工作的管理职责由卫生部门移交给人力社保部门，由人力社保部门统一管理城镇居民医保和"新农合"工作，按照人随事走的原则，将"新农合"工作人员划归人力社保部门统一管理。第二步实行经办服务的统一。各级成立统一的城乡居民医疗保险经办服务机构，统一参保缴费时间，整合参保信息资源，统一办理参保、报销等相关手续，加强城乡居民医保信息资源整合利用。第三步实行政策制度统一。制定城乡居民基本医疗保险办法，实行全市统筹，统一缴费和政府补助标准，统一医疗保障待遇。针对各区县及人群的不同情况，设立不同档次的缴费标准及待遇标准。打破区县、城乡界限，所有定点医院对所有参保人员开放，城乡居民统一持卡就医、即时结算。

3. 财政保障

为居民提供健全、安全、可及的医疗卫生服务，是公共财政的重要职能。整合城乡居民医疗保险是一项重大的民生工程，离不开公共财政的支持。应进一步明确财政投入的职责，在整合城乡居民基本医疗保险制度中，管理和经办机构及人员的调整、参保人员筹资标准及报销水平的提高、信息系统的改造建设以及特殊困难人群的财政补助等，都需要相应的财政投入。通过科学测算，核定财政投入比重，合理划分市与区县事权与财政投入职责。

4. 组织领导

整合城乡居民医疗保险制度涉及各区县和卫生、人力社保、财政、农委等多个职能部门，事关广大城乡居民的切身利益。建议成立由市分管领导挂帅、有关部门参加的领导小组及办公室，统一组织领导，综合协调部署，统筹有序安排。要对整合城乡居民医疗保险进行深入细致的调研，制定科学合理的城乡居民基本医疗保险相关政策和制度，确保城乡居民医疗保险制度整合的顺利进行。

执笔：张英洪　樊汝明

2010 年 10 月 9 日

二　京津沪渝城乡居民基本医疗保险政策比较

建立城乡统一的居民基本医疗保险制度，使城乡居民病有所医，切实保障和实现城乡居民的健康权益，是统筹城乡发展、加快实现城乡基本公共服务均等化的重要内容。1998 年国务院提出建立城镇职工基本医疗保险制度，2003年国务院提出开展新型农村合作医疗试点，2007 年国务院提出建立城镇居民医疗保险试点。2009 年 3 月中共中央、国务院印发《关于深化医药卫生体制改革的意见》，推出新医改，提出把基本医疗卫生制度作为公共产品向全民提供。2010 年 10 月 28 日，十一届全国人大常委会第十七次会议通过《中华人民共和国社会保险法》，为建立和完善基本养老保险、基本医疗保险、工伤保险、失业保险、生育保险等社会保险制度提供了法律保障。我们新型城市化发展路径研究课题组就京、津、沪、渝四个直辖市的城乡居民基本医疗保险政策做些简要比较分析，供参考。

（一）北京城乡居民医疗保险政策

2002 年，北京市在大兴、怀柔开展新农合医疗试点。2003 年 6 月 27 日，北京市政府办公厅转发《北京市建立新型农村合作医疗制度的实施意见》，在全市推行新型农村合作医疗制度，实行区县统筹。到 2010 年，北京市 13 个涉农区县中有 11 个区县的人均筹资标准为 520 元，海淀区为 670 元，朝阳区达到 720 元。

表 5　2010 年北京市各区县"新农合"人均筹资标准

单位：元

区　县	人均筹资	其　中				
		市级财政	区县财政	乡镇财政	村集体	个人
朝　阳	720	100	280	115	105	120
海　淀	670	100	450	—	120	
丰　台	520	105	165/185	70/60	70/60	110
通　州	520	175	140	140	—	65
顺　义	520	175	165	115	5	60
大　兴	520	175	285	—	—	60
昌　平	520	225	205	30	—	60
房　山	520	225	190	55	—	50
怀　柔	520	135	201	134	—	50
密　云	520	225	160	85	—	50
门头沟	520	225	225	20	50	
平　谷	520	225	185	70	—	40
延　庆	520	225	260	—	—	35

2010 年，北京各区县"新农合"的门诊报销与住院报销政策，见表 6、表 7。

表6　2010年北京市各区县"新农合"门诊报销政策

区县	村卫生站、卫生室			乡镇卫生院、社区医疗卫生服务中心			二级医院			三级医院		
	起付线(元)	报销比例(%)	封顶线(元)	起付线(元)	报销比例(%)	封顶线(元)	起付线(元)	报销比例(%)	封顶线(元)	起付线(元)	报销比例(%)	封顶线(元)
丰台	0	40	220	0	40	220	0	40	220	0	40	220
通州	0	40	3000	0	40	3000	0	35	3000	0	35	3000
顺义	0	50	3000	0	50	3000	300	35	3000	300	35	3000
大兴	0	50	$150 \times N$	0	50	$150 \times N$	0	50	$150 \times N$	0	50	$150 \times N$
昌平	0	50	3000	0	50	3000	1000	40	10000	1000	35	10000
房山		55		100	55	3000	400	45	6000	1000	35	10000
怀柔		40		0	40	600	0	40	600	0	40	600
密云	0	35		0	4项100 6项50 药费35		0	2项50 4项40		0	40	
门头沟												
平谷	0	45	3500	0	50	200	300	50	200	300	50	200
延庆	300	45		300	45	3500	0	30	3500	0	30	45
朝阳	各乡镇制定政策，19个乡镇15种政策											
海淀	各乡镇制定政策，7个乡镇9种政策											

注：大兴封顶线为家庭参合人数（N）乘以150元。

表7 2010 年北京市各区县"新农合"住院报销政策

区 县	乡镇卫生院、社区医疗卫生服务中心		二级医院		三级医院		封顶线（元）
	起付线（元）	报销比例（%）	起付线（元）	报销比例（%）	起付线（元）	报销比例（%）	
朝阳	0～5万	60	3000～5万	60	3000～5万	60	17 万
	5万以上	70	5万以上	70	5万以上	70	
海淀	1300	60	1300	60	1300	55	18 万
丰台	0	70	500	60	1300	45	18 万
通州	0～5000	65	300～5000	50	1000～5000	40	18 万
	5001～3万	75	5001～3万	60	5001～3万	45	
	3万以上	80	3万以上	65	3万以上	50	
顺义	300	72	800～2万	65	1300－2万	55	18 万
			2万～5万	70	2万～5万	60	
			5万以上	77	5万以上	67	
大兴	0	80	500－1万	70	2000－1万	40	18 万
			1万～4万	75	1万～4万	50	
			4万以上	80	4万以上	55	
昌平	200	75	600	65	1000	50	18 万
房山	200～5000	75	500～1万	55	1000～2万	45	18 万/25 万
	5000以上	80	1万～2万		2万～3万	50	
			2万以上	65	3万以上	55	
怀柔	0	70	0	60	0	50	18 万
密云	0	75	500～1万	65	1000～1万	55	18 万
			1万～3万	70	1万～3万	65	
			3万以上	85	3万以上	75	
门头沟			500	60	1300	40	18 万
平谷	0～2000	65	651～5000	60	1301～1万	50	18 万
	2001～1万	75	5001～2万	70	1万～3万	60	
	1万以上	90	2万以上	80	3万以上	70	
延庆	0～5000	75	0～5000	60	0～5000	45	18 万
	5000～3万	85	5000～3万	75	5000～3万	65	
	3万以上	95	3万以上	85	3万以上	85	
最低	0	60	0	50	0	40	17 万
	8 个区县	2 个区县	2 个区县	通州	2 个区县	3 个区县	朝阳
最高	1300	95	3000	85	3000	85	25 万
	海淀	延庆	朝阳	2 个区县	朝阳	延庆	房山

注：房山区封顶线16 岁以下25 万元，16 岁以上18 万元。

资料来源：北京市农研中心研究课题"北京城镇居民基本医疗保险与'新农合'制度整合研究"，2011 年2 月。

2007 年 6 月 7 日，北京市政府印发《关于建立北京市城镇无医疗保障老年人和学生儿童大病医疗保险制度实施意见的通知》（京政发〔2007〕11号），在全国率先建立城镇居民"一老一小"大病医疗保险制度。2008 年 6 月 6 日，北京市政府发布《关于建立北京市城镇劳动年龄内无业居民大病医疗保险制度的实施意见》（京政发〔2008〕24 号），正式建立"无业居民"大病医疗保险制度。

2010 年 12 月 3 日，北京市政府发布《关于印发北京市城镇居民基本医疗保险办法的通知》（京政发〔2010〕38 号），将城镇"一老一小"和"无业居民"大病医疗保险进行整合，自 2011 年 1 月 1 日起实行。整合后的城镇居民医疗保险补助由原来的"一老"每人每年补助 1500 元、"一小"每人每年补助 50 元、无业居民每人每年补助 100 元，统一每人每年补助 460 元。

表 8　2011 年北京市城镇居民基本医疗保险主要政策

类别		参保范围	缴费情况（元/每人每年）			保障待遇（住院）			保障待遇（门诊）		
			缴费标准	其中：个人缴纳	其中：财政补助	起付线（元）	报销比例（%）	封顶线（万元）	起付线（元）	报销比例（%）	封顶线（万元）
"一老"		北京市非农户籍、男年满 60 周岁（含）、女年满 50 周岁（含）	760	300	460	首次1300，其余650	60	15	650	50	2000
"一小"		北京市非农户籍的学生、儿童	560	100	460	650	70	17	650	50	2000
城镇无业居民	无业居民	北京市非农户籍、男 16～60 周岁、女 16～50 周岁的城镇无业居民	1060	600	460	首次1300，其余650	60	15	650	50	2000
	其中：残疾人		460	0	460						

资料来源：根据相关政策文件整理。

（二）天津城乡居民医疗保险政策

2003 年天津市开始在东丽区、北辰区、大港区、静海县 4 个区县进行"新农合"试点，2004 年 3 月，天津市政府批转《天津市新型农村合作医疗管理办法》，2007 年在全市 12 个涉农区县全面实施，实行区县统筹。

2007 年 9 月，天津市印发《天津市城镇居民基本医疗保险暂行规定》，自 2008 年 1 月 1 日起在全市推行以大病统筹为主的城镇居民基本医疗保险制度，该制度覆盖全市非农业户籍的学生、儿童和其他不属于城镇职工基本医疗保险制度覆盖范围的非从业成年居民。

2008 年 6 月，天津市政府发布《关于新型农村合作医疗制度管理职能划转有关问题的通知》，将原由市和区、县卫生部门管理的"新农合"工作划转交由市和区、县劳动保障部门管理。2009 年 4 月，天津市政府印发《天津市城乡居民基本医疗保险规定》，自 2010 年 1 月 1 日起，天津率先实现城乡居民基本医疗保险整合，实行全市统筹。

天津城乡居民基本医疗保险整合后的筹资标准分为三档，一档为每人每年 560 元，其中个人缴纳 330 元，政府补助 230 元；二档为每人每年 350 元，其中个人缴纳 160 元，政府补助 190 元；三档为每人每年 220 元，其中个人缴纳 60 元，政府补助 160 元。重度残疾人、享受低保待遇的人员、特殊困难家庭人员和城镇低收入家庭 60 周岁以上的老年人，个人不缴费，由政府按照 220 元缴费档次给予全额补助。学生儿童每人每年 100 元，其中个人缴费 50 元，政府补助 50 元。

表 9　2010 年天津市城乡居民基本医疗保险筹资标准

单位：元

	学生、儿童	一档	二档	三档
筹资标准（每人每年）	100	560	350	220
个人缴费	50	330	160	60
政府补助	50	230	190	160

资料来源：根据相关政策文件整理

在报销待遇上，天津市按筹资标准档次以及医院级别的不同规定不同的标准。在一级医院和社区医疗机构就医发生的门急诊医疗费用，起付标准为

800 元，最高支付限额为 3000 元，按照缴费档次的高低，分别补助 40%、35% 和 30%。在住院医疗保险待遇上，学生儿童最高支付限额为 18 万元，平均报销比例为 60%。成年居民按照 560 元筹资标准缴费的，最高支付限额为 11 万元，平均报销比例为 60%；按照 350 元筹资标准缴费的，最高支付限额为 9 万元，平均报销比例为 55%；按照 220 元筹资标准缴费的，最高支付限额为 7 万元，平均报销比例为 50%。一级医院（含社区医疗机构）不设起付标准，二级医院起付标准为 300 元，三级医院起付标准为 500 元（见表 10）。

表 10　2010 年天津市城乡居民基本医疗保障待遇

档次	医疗机构	门（急）诊保障待遇			住院医疗保障待遇		
		起付线（元）	报销比例（%）	封顶线（元）	起付线（元）	报销比例（%）	封顶线（万元）
学生、儿童	一级		30		0	65	18
	二级				300	60	
	三级				500	55	
560 元档	一级		40		0	65	11
	二级	800		3000	300	60	
	三级				500	55	
350 元档	一级		35		0	60	9
	二级				300	55	
	三级				500	50	
220 元档	一级		30		0	55	7
	二级				300	50	
	三级				500	45	

资料来源：根据相关政策文件整理。

（三）上海城乡居民医疗保险政策

自 1958 年建立合作医疗制度以来，上海农村合作医疗一直没有中断。1997 年，上海市政府批转市农委、市卫生局、市财政局关于改革和完善本市农村合作医疗制度的意见（沪府〔1997〕13 号），进一步改革和完善了农村合作医疗制度；2002 年 9 月 19 日，上海市政府批转市政府体改办等四部门《关于巩固和完善本市农村合作医疗的补充意见》（沪府〔2002〕94

号），强调提高农村合作医疗的参与率，完善管理体制，强化农村合作医疗基金的筹措机制；2006 年 1 月 23 日，上海市政府办公厅转发市卫生局等四部门《关于提高本市农村合作医疗保障水平的意见》（沪府办发〔2006〕4号），把提高合作医疗筹资水平作为一项重要任务；2008 年 11 月，上海市政府办公厅转发市卫生局、市农委等五部门《关于加强和完善本市新型农村合作医疗工作的意见》（沪府办〔2008〕55 号），提出逐年增加财政补助，提高统筹层次和补偿水平，逐步实行区（县）统筹，建立全市统一的补偿标准。2010 年 3 月 8 日，上海市卫生局印发《关于本市新型农村合作医疗参保农民跨区就医的试行意见》，允许本市长期跨区人户分离的参合农民跨区就医。

上海市 10 个涉农区县"新农合"政策并不一致。以上海市崇明县为例，2010 年，崇明县农村合作医疗基金继续实施县级统筹，个人缴费为 140 元，村集体扶持每人 10 元，市财政补贴 100 元，县财政补助每人 200 元，乡镇财政扶持每人 115 元。

表 11   2010 年上海市崇明县"新农合"筹资标准

单位：元

	人均筹资	其　　中				
		市级财政	区县财政	乡镇财政	村集体	个人
崇明县	565	100	200	115	10	140

资料来源：根据相关政策文件整理。

崇明县"新农合"补偿主要有门诊补偿、住院补偿。（1）门诊补偿。在村卫生室就诊，补偿 80%；在乡镇社区卫生服务中心就诊，补偿 70%；在县级医疗机构就诊，补偿 50%；在市级医疗机构就诊，补偿 40%。村卫生室门诊费用每次限额 30 元，每月就诊不超过 5 次，乡镇级及以上医疗机构门急诊费用每次限额 120 元，每月就诊不超过 5 次。全年门急诊补偿累计封顶额为 1200 元。（2）住院补偿。在乡镇社区卫生服务中心就诊，补偿比例为 70%；在县级医疗机构就诊，补偿比例为 50%；在市级医疗机构就诊，补偿比例为 40%。岛外门诊和住院未办理县级医院转诊手续的或非医保格式的发票和无用药明细的，补偿比例相应下浮 10 个百分点。补偿封顶额为50000 元。

表 12 2010 年上海市崇明县 "新农合" 补偿标准

医疗机构	门（急）诊补偿标准			住院补偿标准	
	报销比例（%）	限制条件	封顶线	报销比例（%）	封顶线
村卫生室	80	每次限 30 元，每月就诊不超过 5 次	全年门急诊补偿累计封顶额为 1200 元	—	50000 元
乡镇社区医疗卫生服务中心	70	每次限 120 元，每月就诊不超过 5 次		70	
县级医疗机构	50	—		50	
市级医疗机构	40	—		40	

资料来源：根据相关政策文件整理。

2007 年 12 月 8 日，上海市政府印发《上海市城镇居民基本医疗保险试行办法》（沪府发〔2007〕44 号），正式建立城镇居民医疗保险制度，自 2008 年 1 月 1 日起施行。城镇居民医保基金的筹资标准以及个人缴费标准，按照参保人员的不同年龄分段确定，暂定为：（1）70 周岁以上人员，筹资标准每人每年 1500 元，其中个人缴费 240 元；（2）60 周岁以上、不满 70 周岁人员，筹资标准每人每年 1200 元，其中个人缴费 360 元；（3）超过 18 周岁、不满 60 周岁人员，筹资标准每人每年 700 元，其中个人缴费 480 元；（4）中小学生和婴幼儿，筹资标准每人每年 260 元，其中个人缴费 60 元。参保人员个人缴费以外的资金，由政府通过财政补贴资金等支付。2011 年和 2012 年的缴费标准均有所调整，2012 年城镇居民医保的个人缴费标准与 2011 年相同。

表 13 2008 ~ 2012 年上海市城镇居民基本医疗保险缴费标准

单位：元

年龄分段	2008 ~ 2010 年		2011 年		2012 年	
	筹资标准	个人缴费	筹资标准	个人缴费	筹资标准	个人缴费
70 周岁以上人员	1500	240	2800	310	3000	310
60 周岁以上、不满 70 周岁人员	1200	360	2200	460	3000	460
超过 18 周岁、不满 60 周岁人员	700	480	1200	620	1500	620
中小学生和婴幼儿	260	60	590	80	680	80

资料来源：根据相关政策文件整理。

《上海市城镇居民基本医疗保险试行办法》规定的医保待遇是：（1）70周岁以上的人员，住院支付70%，门诊急诊支付50%；（2）60周岁以上、不满70周岁的人员，住院支付60%，门诊急诊支付50%；（3）超过18周岁、不满60周岁的人员，住院支付50%，门诊急诊医疗费年度累计超过1000元以上的部分支付50%；（4）中小学生和婴幼儿，住院支付50%，门诊急诊支付50%。

表14　2008～2009年上海市城镇居民基本医疗保险待遇

单位：%

年龄分段	住院报销	门急诊报销	社区医疗卫生服务中心或一级医疗机构报销
70周岁以上人员	70	50	60
60周岁以上、不满70周岁人员	60	50	60
超过18周岁、不满60周岁人员	50	50（起付线1000元）	60
中小学生和婴幼儿	50	50	60

资料来源：根据相关政策文件整理。

2011年上海城镇居民医保的门诊急诊待遇有所调整，住院医疗待遇维持2010年的政策不变；2012年上海城镇居民医保的住院医疗待遇有所调整，门诊急诊医疗待遇与2011年政策一致（见表15）。

表15　2011～2012上海市城镇居民基本医疗保险待遇

年龄分段	医疗机构	2011年			2012年		
		门急诊待遇		住院待遇	门急诊待遇	住院医疗待遇	
		起付线(元)	报销比例(%)	报销比例(%)		起付线(元)	报销比例(%)
70周岁以上人员	一级	300	65	70	继续按照2011年标准执行	50	85
	二级		65			100	75
	三级		50			300	65
60周岁以上、不满70周岁人员	一级	300	65	60		50	85
	二级		65			100	75
	三级		50			300	65
超过18周岁、不满60周岁人员	一级	1000	65	50		50	75
	二级		55			100	65
	三级		50			300	55
中小学生和婴幼儿	一级	300	65	50		50	75
	二级		65			100	65
	三级		50			300	55

注：2012年，上海城镇重残无保人员，基金支付比例从70%调整为：在社区医疗卫生服务中心（或者一级医疗机构）就医的，支付85%；在二级医疗机构就医的，支付75%；在三级医疗机构就医的，支付65%。
资料来源：根据相关政策文件整理。

（四）重庆城乡居民医疗保险政策

2003 年 4 月 19 日，重庆市委、市政府印发《关于进一步加强农村卫生工作的决定》（渝委发〔2003〕10 号），提出从 2003 年起，各级财政按照分级负担的原则，每年对参加新型农村合作医疗的农民给予每人不少于 10 元的补助，农民个人缴纳的合作医疗经费每人每年不低于 10 元。2004 年 2 月 17 日，重庆市政府办公厅印发《重庆市新型农村合作医疗暂行管理办法》（渝办发〔2004〕36 号），提出实行以区县为单位进行统筹，到 2010 年，新型农村合作医疗制度基本覆盖全市农村居民。

2007 年 9 月 7 日，重庆市政府印发《关于开展城乡居民合作医疗保险试点的指导意见》（渝府发〔2007〕113 号），开展重庆市城乡居民合作医疗保险试点，2007 年在江北区、九龙坡区、南岸区、永川区和南川区启动试点，2008 年扩大试点范围，2009 年试点区县达到 80% 以上，2010 年在全市建立城乡居民合作医疗保险。参保范围是具有本市城乡户籍的农村居民和不属于城镇职工医疗保险覆盖范围的城镇居民，包括中小学阶段的学生，职业高中、中专、技校学生和少年儿童，以及其他非从业城镇居民。城乡居民合作医疗保险实行区县统筹，全市分两档实行统一的筹资标准，一档筹资水平为每人每年 50 元，二档筹资水平为每人每年 160 元。财政对农村居民的补助按新型农村合作医疗标准执行，对城镇居民的补助标准为每年人均不低于 40 元。2009 年 11 月 20 日，重庆市人力资源和社会保障局等五部门联合印发《关于将大学生纳入城乡居民合作医疗保险的实施意见》，政府补助每人每年 80 元，个人缴费一档每人每年 20 元，二档每人每年 120 元。

2009 年 9 月 27 日，重庆市政府印发《关于调整我市城乡居民合作医疗保险管理体制的意见》（渝府发〔2009〕93 号），将"城乡居民合作医疗保险"和"新型农村合作医疗"统一为"重庆市城乡居民合作医疗保险"。城乡居民合作医疗保险由人力社保（劳动保障）部门统一负责管理，划转合并后的经办管理机构依照《公务员法》管理，逐步实现全市统筹和城乡居民跨区参保就医"一卡通"。

2010 年 9 月 29 日，重庆市政府办公厅印发《关于进一步完善城乡居民合作医疗保险制度的指导意见》（渝办发〔2010〕283 号），决定从 2010 年起，财政对参保居民补助标准由 80 元/人每年提高到 120 元/人每年。其中，中央财政补助 60 元/人每年，市、区县（自治县）两级财政补助 60 元/人每年。市、区县

（自治县）两级财政按实际参保人数承担补助资金，市级财政对主城各区补助50%，国家和市级扶贫开发工作重点区县（自治县）补助90%，其他区县（自治县）补助75%。区县（自治县）财政补助资金须在每年6月30日前拨付到居民医保基金财政专户。参保居民个人缴费标准从2011年起一档由20元/人每年提高到30元/人每年，二档仍按120元/人每年执行（见表16）。

表16　2010年重庆市城乡居民合作医疗保险筹资标准

单位：元

	人均筹资	其　　中		
		中央财政补助	市、区县财政补助	个人缴费
一档	140	60	60	20
二档	240	60	60	120

资料来源：根据相关政策文件整理。

重庆市《关于进一步完善城乡居民合作医疗保险制度的指导意见》对参保居民住院起付线、封顶线和报销比例也做了新的调整。（1）将一级医疗机构（含乡镇级医院、社区医疗卫生服务中心）住院起付线统一调整为100元，二级医疗机构（含区县级医院）住院起付线统一调整为300元，三级医疗机构住院起付线统一调整为800元。（2）将一档参保居民住院报销封顶线提高到6万元/人每年，二档参保居民住院报销封顶线提高到10万元/人每年。（3）将一档参保居民住院报销比例提高为：一级医疗机构75%～80%，二级医疗机构55%～60%，三级医疗机构35%～40%。二档参保居民住院报销比例在一档的基础上提高5%。《指导意见》提出2012年前建立门诊统筹制度。（1）统一报销比例。一级及以下医疗机构门诊报销比例为60%，二级医疗机构门诊报销比例为30%，三级医疗机构门诊报销比例为15%。一、二档参保居民报销比例相同。（2）统一封顶线。一档封顶线为50元/人每年，二档封顶线为80元/人每年（见表17）。

表17　2010年重庆市城乡居民合作医疗保险筹资标准

	住院待遇			门诊待遇	
	起付线（元）	报销比例（%）	封顶线（元）	报销比例（%）	封顶线（元）
一档	100	75～80	60000	60	50
	300	55～60		30	
	800	35～40		15	

续表

	住院待遇			门诊待遇	
	起付线(元)	报销比例(%)	封顶线(元)	报销比例(%)	封顶线(元)
二档	100	(75~80)+5	100000	60	80
	300	(55~60)+5		30	
	800	(35~40)+5		15	

资料来源：根据相关政策文件整理。

（五）小结

近年来，四个直辖市在推进城乡居民基本医疗保险制度建设上取得了明显进展，实现了城乡居民基本医疗保险制度的全覆盖，有效保障了城乡居民的健康权益。

北京新农合实行区县统筹，朝阳和海淀两个区存在乡镇统筹。北京城镇居民基本医疗保险已于 2011 年实现制度整合，这为城镇居民基本医疗保险与新农合的制度整合奠定了基础。

天津市已于 2010 年率先实现城乡居民基本医疗保险的制度整合，整合后实行市级统筹。

上海市新农合人均筹资水平为全国最高，2010 年人均筹资达 757.7 元，比北京市高出 202.3 元。上海市尚未实行城乡居民基本医疗保险制度整合，上海市城镇居民基本医疗保险门诊和住院待遇均未设封顶线。

表18　2009~2010 年全国及四个直辖市新农合、
城镇居民基本医疗保险情况

	年度	县(市、区)数(个)	开展新农合县(市、区)数(个)	参加新农合人数(万人)	人均筹资(元)	本年度筹资总额(万元)	补偿受益人次(万人次)	城镇居民医保参保人数(万人)
北京	2009	18	13	274.98	433.37	119167.68	456.23	146
	2010	16	13	278.5	555.4	154696.58	694.5	146
天津	2009	16	12	367.90	172.28	63382.64	390.49	85
	2010	16	—	—	—	—	—	161
上海	2009	18	10	166.55	563.82	93904.90	1594.30	184
	2010	18	10	149.0	757.7	112853.29	2035.2	254

	年度	县(市、区)数(个)	开展新农合县(市、区)数(个)	参加新农合人数(万人)	人均筹资(元)	本年度筹资总额(万元)	补偿受益人次(万人次)	城镇居民医保参保人数(万人)
重庆	2009	40	39	2179.20	104.42	227561.16	2919.41	224
	2010	40	39	2200.4	141.5	311284.26	2461.0	407
全国总计	2009	2858	2716	83308.66	113.36	9443470.79	75896.25	18100
	2010	2856	2678	83560.0	156.6	13083346.40	108666.0	19472

资料来源：《2010 中国卫生统计年鉴》。

重庆已于 2009 年将"城乡居民合作医疗保险"和"新型农村合作医疗"合并为"重庆市城乡居民合作医疗保险"，实现管理体制的统一。2011 年 10 月 24 日，重庆市政府办公厅印发《重庆市城镇职工医疗保险市级统筹办法》和《重庆市城乡居民合作医疗保险市级统筹办法》（渝办发〔2011〕293 号），提出 2012 年底前，实行城乡居民合作医疗保险市级统筹，实现待遇水平、就医管理、基金管理、信息系统和管理体制的统一。

建议北京市进一步加快新农合市级统筹步伐，完成城镇居民基本医疗保险与新农合的制度整合，实现城乡居民基本医疗保险一体化和均等化。

执笔：张英洪 樊汝明

2011 年 11 月 12 日

三 京津沪渝城乡居民养老保险政策比较

实现城乡居民老有所养，是保障和改善民生的重要任务，也是推进新型城市化和城乡一体化的必然要求。2009 年 9 月 1 日，国务院发布《关于开展新型农村社会养老保险试点的指导意见》（国发〔2009〕32 号），决定从 2009 年起开展新型农村社会养老保险（新农保）试点。2011 年 6 月 7 日，国务院印发《关于开展城镇居民社会养老保险试点的指导意见》（国发〔2011〕18 号），决定从 2011 年起开展城镇居民社会养老保险（以下简称城镇居民养老保险）试点。至此，我国开始建立覆盖城乡居民的养老保险制度。近年来，全国各地区在建立城乡居民养老保险制度上做了许多新探索，积累了一些新经验。我们拟对四个直辖市的城乡居民养老保险政策（不涉及城镇职工养老保险）做些比较分析，供参考。

（一）北京城乡居民养老保险政策

2007 年 12 月 29 日，北京市政府印发《北京市新型农村社会养老保险试行办法》（京政发〔2007〕34 号），自 2008 年 1 月 1 日起施行"新农保"。新型农村社会养老保险基金实行区（县）级统筹。新型农村社会养老保险费采取按年缴费的方式缴纳，最低缴费标准为本区（县）上一年度农村居民人均纯收入的 10%。新型农村社会养老保险待遇由个人账户养老金和基础养老金两部分组成。基础养老金标准全市统一为每人每月 280 元。

2007 年 12 月 29 日，北京市政府印发《北京市城乡无社会保障老年居民养老保障办法》（京政发〔2007〕35 号），自 2008 年 1 月 1 日起，凡具有本市户籍、年满 60 周岁，且不享受社会养老保障待遇的人员，每人每月享受 200 元的老年保障待遇（福利养老金）。

2008 年 12 月 20 日，北京市政府印发《北京市城乡居民养老保险办法》（京政发〔2008〕49 号），自 2009 年 1 月 1 日起施行。北京在全国率先建立城乡一体的居民养老保险制度，实现了城乡居民养老保障制度一体化。城乡居民养老保险实行个人账户与基础养老金相结合，个人缴费、集体补助与政府补贴相结合的制度模式。城乡居民养老保险基金实行区（县）级统筹。城乡居民养老保险最低缴费标准为上一年度农村居民人均纯收入的 9%，最高缴费标准为上一年度城镇居民人均可支配收入的 30%。城乡居民养老保险待遇由个人账户养老金和基础养老金两部分组成，全市基础养老金标准统一为每人每月 280 元。享受其他社会养老保障待遇的人员不得享受基础养老金。

表 19 北京市基本养老保险参加情况

单位：万人，%

年份	参加基本养老保险人数	农村居民参加城乡居民养老保险人数	农民养老保险参保率
2006	604.1	44.8	29.3
2007	671.7	49.1	36.6
2008	758.1	127.5	85.0
2009	827.7	153.9	90.0
2010	982.5	159.3	92.0

注：农村居民参加城乡居民养老保险人数在 2007 年及以前为参加老农保人数，2008 年为参加新农保人数，2009 年及以后为参加城乡居民养老保险人数。

资料来源：《北京统计年鉴 2011》。

2009 年 12 月 8 日，北京市人力资源和社会保障局、北京市财政局发布《关于对参加城乡居民养老保险的人员给予缴费补贴的通知》（京人社居发〔2009〕191 号），从 2009 年起，对符合参加城乡居民养老保险条件且缴纳了城乡居民养老保险费的人员，给予每人每年 30 元的缴费补贴。2009～2011年，北京市城乡居民养老保险缴费标准不变，即最低缴费标准为 960 元，最高缴费标准为 7420 元。

从 2011 年 1 月 1 日起，北京市将城乡居民基础养老金从每人每月 280 元提高到 310 元，福利养老金从每人每月 200 元提高到 230 元。

表 20　2009～2011 年北京市城乡居民养老保险缴费标准和基础养老金标准

年份	最低缴费标准(元/年)	最高缴费标准(元/年)	基础养老金标准(元/月)
2009	960	7420	280
2010	960	7420	280
2011	960	7420	310

资料来源：根据相关政策文件整理。

（二）天津城乡居民养老保险政策

2007 年 9 月 17 日，天津市政府印发《天津市农村社会基本养老保障暂行办法》（津政发〔2007〕65 号），自 2008 年 1 月 1 日起建立农村社会基本养老保障制度。农村社会基本养老保障制度主要包括农籍职工基本养老保险制度、农村居民基本养老保险制度、农村老年人基本生活费补助制度三部分内容。农籍职工基本养老保险和农村居民基本养老保险实行全市统筹。

农籍职工基本养老保险费以本市上年职工月平均工资为缴费基数，按照8% 的比例筹集（其中用人单位缴纳 6%，职工本人缴纳 2%）。

农村居民基本养老保险实施初期，按每人每月 125 元的待遇水平确定不同年龄参保人员基本养老保险缴费标准。市和区县政府对参保人员逐年给予补贴，具体补贴标准如下。（1）年满 18 周岁不满 40 周岁的，政府补贴缴费额的10%；年满 40 周岁不满 50 周岁的，政府补贴缴费额的 15%；年满 50 周岁不满 60 周岁的，政府补贴缴费额的 20%。（2）年满 45 周岁无子女的人员、完全丧失劳动能力的病残人员和领取最低生活保障金的人员，政府补贴缴费额的30%。政府补贴资金由市和区县财政各承担 50%，对财政困难的区县，市财政承担 70%，区县财政承担 30%。

农村老年人基本生活补助费补助标准为：（1）年满 60 周岁不满 70 周岁的，每人每月补助 30 元；（2）年满 70 周岁不满 80 周岁的，每人每月补助 40元；（3）年满 80 周岁的，每人每月补助 50 元。农村老年人基本生活费补助资金，由市和区县财政各承担 50%。对财政困难的区县，市财政承担 70%，区县财政承担 30%。

2009 年 4 月 17 日，天津市政府印发《天津市城乡居民基本养老保障规定》（津政发〔2009〕22 号），自 2009 年 1 月 1 日起建立城乡统一的居民基本养老保险制度。城乡居民基本养老保障制度由基本养老保险和老年人生活补助制度构成。参加城乡居民基本养老保险并按规定缴费的，可领取基本养老金；未参加城乡居民基本养老保险和未享受社会养老保障待遇的老年人，可领取老年人生活补助费。城乡居民基本养老保险实行全市统筹。

城乡居民基本养老保险费的缴费基数为上年度本市农村居民人均纯收入，缴费比例为 10% 至 30%。城乡居民基本养老金由个人账户养老金和基础养老金两部分组成，全市统一基础养老金月标准为 150 元。

未参加城乡居民基本养老保险和无社会养老保障待遇的人员，可享受老年人生活补助待遇，补助标准为：（1）年满 60 周岁不满 70 周岁的，每人每月60 元；（2）年满 70 周岁不满 80 周岁的，每人每月 70 元；（3）80 周岁以上的，每人每月 80 元。城乡老年人生活补助费实行全市统筹。

表 21　天津市城乡老年人生活补助标准

单位：元

年份	年满 60 周岁不满 70 周岁	年满 70 周岁不满 80 周岁	80 周岁以上
2008	30	40	50
2009	60	70	80
2010	60	70	80
2011	70	80	90

注：天津市享受生活补助待遇的城乡老年人是指未参加城乡居民基本养老保险和无社会养老保障待遇的人员。

2009 年 10 月 22 日，天津市政府印发《关于调整完善社会保险制度的意见》（津政发〔2009〕46 号），自 2010 年 1 月 1 日起施行。对参加城乡居民基本养老保险人员，市财政给予每人每年 30 元缴费补贴；增设城乡居民基本养老保险 5% 的缴费档次，参保人员可以按照上年农民人均纯收入的 5%、10%、20%、30% 共四档选择缴纳养老保险费。2009 年，天津市基础养老金为每人每月 150 元，2011 年调整到每人每月 180 元。2009～2011 年天津市城乡居民养老保险缴费标准及基础养老金标准，见表 22。

表 22　2009～2011 年天津市城乡居民养老保险缴费标准及基础养老金标准

年份	按 5% 比例缴费标准(元)	按 10% 比例缴费标准(元)	按 20% 比例缴费标准(元)	按 30% 比例缴费标准(元)	基础养老金标准(元/月)
2009	—	970	1940	2910	150
2010	530	1060	2120	3180	150
2011	583	1166	2332	3498	180

注：2009～2011 年，天津市城镇居民缴费基数分别为 9700 元、10600 元、11660 元。
资料来源：根据相关政策文件整理。

（三）上海城乡居民养老保险政策

1996 年 1 月 15 日，上海市政府第 22 号令发布《上海市农村社会养老保险办法》，自 1996 年 2 月 1 日起实行农村社会养老保险制度（老农保）。

2004 年 9 月 29 日，上海市农委等部门发布《关于提高本市老年农民养老水平的实施意见》（沪农委〔2004〕182 号），自 2004 年 1 月 1 日起实施老年农民养老金补贴制度，对年满 65 周岁（含 65 周岁）的农业人员，每人每月实际领取养老金低于 75 元的提高到 75 元。

2010 年 11 月 10 日，上海市政府印发《上海市人民政府贯彻国务院关于开展新型农村社会养老保险试点指导意见的实施意见》（沪府发〔2010〕39 号），提出开展新型农村社会养老保险（新农保）试点，2010 年试点范围为浦东新区、松江区和奉贤区。到 2011 年 10 月，上海市实现新农保全覆盖。

新农保个人缴费标准为每年 500 元、700 元、900 元、1100 元、1300 元 5 档。各级政府按照 5 档缴费标准，对应补贴标准分别为每年 200 元、250 元、300 元、350 元、400 元。对农村重度残疾人，由区县财政和残疾人就业保障金按照每年 900 元为其代缴部分或全部养老保险费。

表23　2011年上海市新农保个人缴费及政府补贴标准

单位：元/年

缴费档次	个人缴费标准	政府补贴标准
一档	500	200
二档	700	250
三档	900	300
四档	1100	350
五档	1300	400

上海新农保基础养老金分两类三个档次。一类是缴费不满15年人员，分两个档次，一是年满60周岁未满65周岁的，基础养老金标准为每人每月135元；二是年满65周岁及以上的，基础养老金标准为每人每月155元。另一类是缴费满15年人员，基础养老金标准为每人每月300元。区县政府可适当提高基础养老金标准。目前上海各区县确定的新农保基础养老金标准集中在320元、330元、370元三个档次。

以上海浦东新区为例。2011年4月15日，浦东区政府印发《浦东新区新型农村社会养老保险试点办法》（浦府〔2011〕85号），浦东新区新农保个人缴费与政府补贴标准与全市一致，基础养老金标准分为二档，即累计缴费不满15年的，基础养老金标准为每人每月155元；累计缴费满15年的，基础养老金标准为每人每月370元（见表24）。

表24　2011年上海市及浦东新区新农保养老金待遇标准

单位：元/月

类型	档次	上海市养老金标准	浦东新区养老金标准
缴费不满15年	年满60周岁未满65周岁	135	155
	年满65周岁及以上	155	
缴费满15年		300	370

目前上海尚未建立统一的城镇居民养老保险以及城乡居民养老保险制度。有关城镇居民的养老保险政策主要涵盖在"镇保"和城镇高龄无保障老人养老保险政策之中。

2003年10月10日，上海市第十二届人大常委会第七次会议通过《〈上海市小城镇社会保险制度的实施方案〉的决定》，同意在本市郊区实施小城镇社会保险制度。2003 年 10 月 18 日，上海市政府印发《上海市小城镇社会保险暂行办法》（沪府发〔2003〕65 号），正式建立小城镇社会保障制度（"镇保"）。

"镇保"适用对象是：郊区范围内用人单位及其具有上海市户籍的从业人员；经市政府批准的其他人员；被征地人员；原已参加农村社会养老保险的用人单位及其从业人员；个体工商户及其帮工、自由职业者、非正规劳动组织从业人员。被征地人员是参加"镇保"的主体（见表 25）。

表 25　上海小城镇养老保险参保人数

单位：万人

年　份	2003	2004	2005	2006	2007	2008	2009	2010
参加"镇保"人数	2.07	59.21	110.16	139.8	138.64	148.02	155.39	114.44
其中：被征地人员	1.05	14.07	74.38	94.71	92.72	92.95	97.77	96.72
其　他	1.02	45.14	35.78	45.09	45.92	55.07	57.62	17.72

资料来源：历年《上海统计年鉴》。

参加"镇保"的基本养老保险待遇是：缴费年限满 15 年的，养老金按其办理手续时上年度全市职工月平均工资的 20% 计发，缴费年限每增加 1 年，相应增加上年度全市职工月平均工资的 0.5% 的养老金，但最高不超过上年度全市职工月平均工资的 30%。

2011 年 6 月 15 日，上海市政府印发《关于本市郊区用人单位及其从业人员参加城镇职工社会保险若干问题的通知》（沪府发〔2011〕29 号），自 2011 年 7 月起，原参加小城镇社会保险的用人单位及人员停止在小城镇社会保险参保缴费，转为参加城镇职工社会保险。

2006 年 8 月 2 日，上海市政府印发《上海市人民政府关于将本市城镇高龄无保障老人纳入社会保障的通知》（沪府〔2006〕81 号），决定从当年 9 月 1 日起，将城镇高龄无保障老人（年满 70 周岁，在上海居住、生活满 30 年，从户籍制度建立起就是本市城镇户籍，且未享受基本养老、医疗以及征地养老待遇的老人）纳入社会保障范围，养老待遇为每人每月 460 元。2008 年 11 月 17 日，上海市人力资源和社会保障局等部门发布《关于完善本市城镇老年居民养老保障若干问题处理意见的通知》（沪人社养发〔2008〕3 号），将城镇高龄无保障老人年龄范围调整为年满 65 周岁，居住生活期限调整为满 15 年。自 2008 年 12 月 1 日起，城镇高龄无保障老人养老待遇调整为：年满 70 周岁的城镇老年居民养老待遇为每人每月 500 元；年满 65 周岁不满 70 周岁的城镇

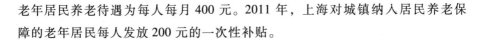

老年居民养老待遇为每人每月 400 元。2011 年，上海对城镇纳入居民养老保障的老年居民每人发放 200 元的一次性补贴。

（四）重庆城乡居民养老保险政策

2009 年 6 月 6 日，重庆市人民政府印发《重庆市城乡居民社会养老保险试点工作指导意见》（渝府发〔2009〕64 号），开展城乡居民社会养老保险试点工作。

2009 年 9 月 1 日，重庆市人民政府根据国务院《关于开展新型农村社会养老保险试点的指导意见》精神，印发《关于开展城乡居民社会养老保险试点工作的通知》（渝府发〔2009〕85 号），决定从 2009 年 7 月 1 日起开展城乡居民社会养老保险试点工作，渝府发〔2009〕64 号文件停止执行。《通知》提出，2009 年选择 15 个区县开展试点，到 2012 年覆盖全部区县。城乡居民社会养老保险参保范围为本市户籍的三类人员：年满 16 周岁以上的农村居民、年满 16 周岁以上的城镇灵活就业人员、年满 60 周岁以上的城镇没有享受基本养老保险（退休）待遇的人员。

城镇居民养老保险基金由个人缴费、集体补助、政府补贴构成。年满 16 周岁、不满 60 周岁的人员，年缴费标准分别为 100 元、200 元、400 元、600 元、900 元 5 个档次。年满 60 周岁的人员不用缴费。但鼓励有条件的年满 60 周岁的人员选择一次性趸缴养老保险费，以提高其养老待遇水平。

政府在参保人缴费的基础上，每人每年补贴 30 元。对重度残疾人，政府对其缴纳最低标准的保险费再补贴 40 元。政府对缴费补贴的资金，由市和区县财政按比例分担，主城区由市级承担 20%、区级承担 80%；贫困区县由市级承担 70%、区县级承担 30%；其他区县由市级和区县级各承担 50%。基础养老金标准为每人每月 80 元（见表 26）。

表 26　重庆市城乡居民养老保险缴费标准及基础养老金标准

单位：元/年

档次	个人缴费标准	政府补贴标准	基础养老金标准
一档	100	30	80
二档	200	30	80
三档	400	30	80
四档	600	30	80
五档	900	30	80

2010 年 10 月，重庆市将三峡库区和主城区 15 个区县纳入试点范围，2011年 4 月，将其余 10 区县全部纳入城乡居民保险范围，提前实现全市城乡居民养老保险制度的全覆盖。

（五）小结

建立覆盖城乡居民的养老保险制度，是保障和改善民生的重大举措。北京市在全国率先建立"新农保"和城镇居民养老保险制度，并率先实现了城乡居民养老保险制度的一体化，基础养老金处于较高水平。北京市城乡居民养老保险基金实行区（县）级统筹。

天津市几乎与北京市同时实现城乡居民养老保险制度的一体化。与北京市不同的是，天津市在建立城乡一体化的城乡居民养老保险制度之前，没有建立城镇居民养老保险制度。天津市城乡居民养老保险的基础养老金标准远低于北京市。但天津市城乡居民基本养老保险基金实行全市统筹。

目前，上海市是四个直辖市中唯一尚未建立城乡统一的居民养老保险制度的城市。上海市的新农保养老金也未实行全市统一标准，《上海市新型农村社会养老保险办法》正在制定之中。上海也没有明确建立统一的城镇居民养老保险制度。在建立城乡一体化的居民养老保险制度方面，上海市似乎显得滞后。但上海市较早实施了城乡老年人的生活补贴政策。

重庆市在没有分别建立"新农保"和城镇居民养老保险制度的情况下，于 2009 年 7 月一步到位地建立城乡统筹的居民养老保险制度，实行居民养老保险基金的全市统筹，并于 2011 年上半年实现了全市 40 个区县的城乡居民养老保险制度的全覆盖，这体现了重庆市作为全国统筹城乡发展综合改革试验区所具有的制度创新优势。

执笔：张英洪

2011 年 11 月 14 日

四　京津沪渝城乡居民低保政策比较

社会救助是最基础最低层次的社会保障。我国社会救助体系主要包括五保供养、最低生活保障、医疗救助、灾害救助、教育救助、住房救助、流浪乞讨人员救助、临时救助等内容。城乡低保是社会救助体系的重要组成部分。1997 年 9 月 2 日，国务院发布《关于在全国建立城市居民最低生活保障制度的通知》，决定在全国城镇建立最低生活保障制度，提出在 1998 年底以前，地级以上城市要建立这项制度；1999 年底以前，县级市和县政府所在地的镇要建立这项制度。1999 年 9 月 28 日，国务院颁布《城市居民最低生活保障条例》（国务院令第 271 号），标志着城市低保走向规范化、法制化。2007 年 7 月 11 日，国务院发布《关于在全国建立农村最低生活保障制度的通知》（国发〔2007〕19 号），在全国建立农村低保制度。至此，我国最低生活保障制度已经覆盖城乡居民。现对北京、天津、上海、重庆四个直辖市的城乡低保政策做一简要比较分析。

（一）北京城乡居民低保政策

1996 年 6 月 20 日，北京市政府转发市民政局、劳动局、人事局、财政局《关于实施城镇居民最低生活保障制度的意见》（京政发〔1996〕15 号），决定从 1996 年 7 月 1 日起建立并实施城镇居民最低生活保障制度，确定 1996 年城镇居民最低生活保障线标准为家庭月人均收入 170 元。凡具有本市城镇居民正式户口（不含外地来京就读的在校学生），家庭月人均收入低于当年北京市城镇居民最低生活保障线标准的人员，均属保障范围。最低生活保障金按城镇居民的家庭月人均收入与当年公布的城镇居民最低生活保障线之间的差额确定，差多少补多少。

2000 年 6 月 27 日，北京市政府颁布《北京市实施〈城市居民最低生活保障条例〉办法》（市人民政府令 2000 年第 58 号），明确和规范城镇居民最低生活保障制度。2002 年 6 月 26 日，北京市政府印发市民政局《关于完善城市居民最低生活保障制度若干意见的通知》（京政发〔2002〕19 号），进一步完善城市居民最低生活保障制度。

2005 年 7 月 13 日，北京市政府批转市民政局《关于建立本市城市居民最低生活保障标准调整机制的意见》（京政发〔2005〕13 号），建立城市居民最低生活保障标准调整机制。2010 年 12 月 24 日，北京市民政局、北京市财政局印发《关于调整 2011 年本市城乡低保标准的通知》（京民社救发〔2010〕592 号），2011 年 1 月 1 日起，城市低保标准由家庭月人均 430 元上调为 480 元。2011 年 6 月 23 日，北京市民政局、北京市财政局印发《关于调整本市社会救助相关标准的通知》（京民社救发〔2011〕242 号），提出从 2011 年 7 月 1 日起，城市低保标准从家庭月人均 480 元上调为 500 元。北京市城镇居民最低生活保障标准，见表 27。

表 27　北京市城镇居民最低生活保障标准

单位：元/月

年份	1996	1997	1998	1999	2000	2001	2002	2003
标准	170	190	200	210/273	280	285	290	290
年份	2004	2005	2006	2007	2008	2009	2010	2011
标准	290	300	310	330	390	410	430	480/500

资料来源：北京市民政局。

2002 年 4 月 27 日，北京市政府批转市民政局《关于建立和实施农村居民最低生活保障制度意见》（京政发〔2002〕15 号），决定从 2002 年度起建立并实施农村居民最低生活保障制度。凡具有北京市农业户口、上年家庭年人均收入低于户籍所在区县当年农村居民最低生活保障标准的农村居民，均纳入当地农村居民最低生活保障范围。农村居民最低生活保障标准由各区县政府确定。

2005 年 4 月 14 日，北京市政府发布《关于推进城乡社会救助体系建设的意见》（京政发〔2005〕8 号），提出完善最低生活保障制度，建立规范的低保标准调整机制。2006 年 4 月 25 日，北京市政府批转市民政局《关于建立本市农村居民最低生活保障标准调整机制的意见》（京政发〔2006〕15 号），建立农村低保标准动态调整机制。

2010 年 12 月 24 日，北京市民政局、北京市财政局印发《关于调整 2011 年本市城乡低保标准的通知》（京民社救发〔2010〕592 号），2011 年 1 月 1 日起，农村低保标准由家庭月人均 210 元上调为 300 元。2011 年 6 月 23 日，北京市民政局、北京市财政局印发《关于调整本市社会救助相关标准的通知》（京民社救发〔2011〕242 号），从 2011 年 7 月 1 日起，农村低保标准从家庭月人均 300 元上调为 340 元。北京市农村居民最低生活保障标准，见表 28。

表 28　北京市农村居民最低生活保障标准

年份	年标准（元）	月标准（元）	年份	年标准（元）	月标准（元）
2005	1510	125.83	2009	2040	170
2006	1580	131.67	2010	2520	210
2007	1630	135.83	2011	3600/4080	300/340
2008	1780	148.33			

资料来源：北京市民政局。

北京市公布全市农村居民低保的最低标准，各区县自行制定本地农村低保标准，但不得低于全市公布的农村低保标准。在北京 13 个涉农区县中，近郊的朝阳、海淀、丰台三个区已经实现了城乡低保待遇的统一，10 个远郊区县的农村低保标准有所不同（见表 29）。

表 29　北京市及 13 个涉农区县农村居民最低生活保障标准及人数

单位：元/月，人

项　　目	2007 年		2008 年		2009 年		2010 年		2011 年
	标准	人数	标准	人数	标准	人数	标准	人数	标准
朝　　阳	330	1627	390	1563	410	1635	430	1471	480
丰　　台	330	1406	390	1377	410	1348	430	1299	480
海　　淀	330	1451	390	1338	410	1371	430	1005	480
房　　山	140	15891	160	16137	170	16782	210	15840	300
通　　州	120	7522	160	7127	170	7201	220	6903	300
顺　　义	150	7743	180	7695	210.83	7443	280	7359	384
昌　　平	140	3874	160	3886	210	3220	230	3029	300
大　　兴	120	4226	160	4376	200	4420	240	4085	300
门 头 沟	130	2306	170	2306	200	2493	240	2686	300
怀　　柔	112.5	7667	148.33	8085	170	8083	210	8145	300
平　　谷	100	9594	150	9242	170	9516	210	8809	300
密　　云	100	6933	150	7305	170	8191	210	8892	300
延　　庆	91.67	7578	150	8352	170	8118	210	7432	300
全　　市	135.83	77818	148.33	78789	170	79821	210	76955	300/340

注：2007 年、2008 年北京市农村居民最低生活保障标准分别为 1630 元/年、1780 元/年。2011年 7 月 1 日起，北京市农村低保标准从家庭月人均 300 元上调为 340 元，2011 年各区县农村低保标准为 2011 年上半年数据。

资料来源：北京市民政局。

（二）天津城乡居民低保政策

1997 年 12 月 16 日，天津市政府发布《天津市城乡居民最低生活保障办法》（津政发〔1997〕92 号），自 1998 年 1 月 1 日起施行城镇居民和农村居民最低生活保障制度。

2001 年 3 月 14 日，天津市政府发布施行《天津市最低生活保障办法》（市政府令第 38 号）。享受最低生活保障待遇的对象是：（1）无劳动能力、无生活来源又无法定赡养、扶养或抚养义务人的；（2）无劳动能力、无生活来源，虽有法定赡养、扶养或抚养义务人，但义务人无赡养、扶养或抚养能力的；（3）各级民政部门管理的原特殊救济对象。居民最低生活保障所需资金，由市和区、县政府各按50%的比例承担；村民最低生活保障资金由区、县政府以及乡、镇政府和村委会共同承担，分担比例由区、县政府确定。

天津市居民最低生活保障标准的确定和调整，由天津市民政部门会同有关部门研究制定，报市政府批准后执行。天津市村民最低生活保障标准由区、县民政部门会同有关部门研究制定，报本区、县政府批准并由区、县政府报市政府备案后公布执行。居民、村民最低生活保障标准，根据经济发展水平适时调整。居民、村民享受的最低生活保障金，由街道办事处或乡、镇政府根据居民、村民最低生活保障标准与申请人家庭人均收入差额核算后，报区、县民政部门核准。

天津市按照城乡困难人员致贫原因、身体状况、劳动能力、困难程度和自救能力的具体情况，实施分类救助，先后出台有关城乡低保分类救助的政策，如《关于对享受最低生活保障待遇人员实行分类救助的通知》（津民发〔2005〕33号）、《关于建立和完善城乡最低生活保障分类救助政策的通知》（津民发〔2007〕78号、津财社联〔2007〕102号）、《关于调整城乡困难群众生活救助政策有关问题的通知》（津民发〔2008〕85号）、《关于完善城乡分类救助政策的通知》（津民发〔2010〕102号）。

天津市城市居民低保标准实行全市统一，并根据经济社会发展情况进行调整。1998～2011年，天津先后9次提高城市居民最低生活保障标准。天津市历年城市居民最低生活保障标准，见表30。

表30　天津市历年城市居民最低生活保障标准

时间	标准	政策依据
1998年1月1日—1999年6月30日	185元	津民社字〔1997〕156号
1999年7月1日—2004年6月30日	241元	津民社字〔1999〕73号
2004年7月1日—2006年6月30日	265元	津民发〔2004〕143号
2006年7月1日—2007年5月30日	300元	津民发〔2006〕56号
2007年6月1日—2007年12月31日	330元	津民发〔2007〕40号
2008年1月1日—2008年6月30日	345元	津民发〔2008〕21号 津财社联〔2008〕32号

续表

时间	标准	政策依据
2008年7月1日—2009年3月31日	400元	津民发〔2008〕85号
2009年4月1日—2010年3月31日	430元	津民发〔2009〕39号 津财社联〔2009〕69号
2010年4月1日—2011年3月31日	450元	津民发〔2010〕55号
2011年4月1日—	480元	津民发〔2011〕23号

资料来源：天津市民政局。

1997年天津市政府发布的《天津市城乡居民最低生活保障办法》（津政发〔1997〕92号），同步建立农村居民最低生活保障制度，天津现行农村居民最低生活保障的主要政策依据是2001年发布的《天津市最低生活保障办法》（市政府令第38号）。

天津市各区县农村居民低保标准各异。2007年3月6日，天津市民政局、市财政局发布《关于进一步完善我市农村最低生活保障制度有关问题的通知》（津民发〔2007〕14号、津财社联〔2007〕18号），决定建立农村最低生活保障标准指导线制度。从2007年1月1日起，天津市农村最低生活保障标准指导线为年人均1500元。各区县根据本地区农民人均纯收入、消费水平、经济发展水平等因素，在指导线的基础上上浮，制定本区县农村最低生活保障标准。从2007年1月起，天津市参照城镇最低生活保障资金补助办法，开始对农村最低生活保障资金按比例进行财政补助，同时取消农村最低生活保障资金村级负担部分，区县、乡镇负担比例由各区县政府制定。

2007年以来，天津市农村最低生活保障标准指导线每年都做调整。2011年3月17日，天津市民政局、天津市财政局发布《关于调整社会救助标准的通知》（津民发〔2011〕23号），从2011年4月1日起，农村居民最低生活保障标准由每人每月250元调整为280元。天津市历年农村最低生活保障标准指导线，见表31。

表31 天津市历年农村最低生活保障标准指导线

单位：元/月·人

年份	2007	2008	2009	2010	2011
农村最低生活保障标准指导线	125	135/200	230	250	280

资料来源：天津市民政局。

（三）上海城乡居民低保政策

1993年5月7日，上海市民政局、财政局、劳动局、人事局、社会保险局、总工会联合发布《关于本市城镇居民最低生活保障线的通知》（沪民救〔1993〕17号），决定从1993年6月1日起实施城镇居民最低生活保障制度，低保标准为月人均120元。政府负责的城镇居民最低生活保障的对象，其低保资金列入区（县）财政预算；单位负责的职工家庭最低生活保障，其资金列入企业的福利费开支项目。

1996年11月4日，上海市政府发布《上海市社会救助办法》（沪府发〔1996〕60号），自1997年1月1日起施行。凡具有本市户籍的城乡居民，在其个人或者家庭生活水平低于最低生活保障标准时，有依照本办法申请社会救助和获得物质帮助的权利。最低生活保障标准按照城乡有别、地区有别的原则，由市民政局会同有关部门拟订，报市政府批准后公布执行。

1999年9月15日，上海市民政局等五部门发布《关于完善本市城镇居民最低生活保障制度的通知》（沪民救发〔1999〕第32号、沪财社〔1999〕第42号），决定从1999年10月1日起，原由单位负担的保障金调整为由市、区（县）财政负担。职工家属最低生活保障所需经费，由市、区（县）两级政府按各50%的比例负担。最低生活保障对象实行全员覆盖，只要是城镇居民家庭人均收入低于本市低保标准的，都可以获得政府的救助。

1999年10月26日，上海市民政局发布《关于做好本市社会救助政策衔接工作应注意的若干问题的通知》（沪民救发〔1999〕37号），对相关政策衔接做了具体规定。

1993年以来上海市城镇居民最低生活保障标准，见表32。

表32　上海市历年城镇居民最低生活保障标准

单位：元/月

时间	标准	时间	标准
1993年6月1日起	120	2002年8月1日起	290
1994年7月1日起	135	2005年8月1日起	300
1995年4月1日起	165	2006年8月1日起	320
1996年4月1日起	185	2007年8月1日起	350

时间	标准	时间	标准
1997 年 4 月 1 日起	195	2008 年 4 月 1 日起	400
1998 年 4 月 1 日起	205	2009 年 4 月 1 日起	425
1999 年 4 月 1 日起	215	2010 年 4 月 1 日起	450
1999 年 7 月 1 日起	280	2011 年 4 月 1 日起	505

注：1999 年城镇居民低保标准调整 2 次，2000 年、2001 年、2003 年、2004 年未做调整。

资料来源：上海市民政局救济救灾处。

　　1994 年，上海市政府办公厅转发市农委等三部门《关于做好本市农村扶贫工作的意见》（沪府办发〔1994〕年 15 号），开始建立农村居民最低生活保障制度。农村居民最低生活保障标准分为近郊（浦东新区、闵行区、嘉定区、宝山区）、远郊（南汇区、奉贤区、金山区、青浦区、松江区）、海岛（崇明岛、横沙岛、长兴岛）三种。农村低保金由县（区）、乡（镇）、村三级按 4∶4∶2 的比例落实，所需经费分别列入县（区）、乡（镇）财政预算。1999 年农村低保资金由县（区）、乡（镇）各承担 50%。1996 年 11 月 4 日，上海市政府发布的《上海市社会救助办法》（沪府发〔1996〕60 号），将农村居民与城镇居民共同纳入社会救助制度体系。

　　2002 年 6 月 11 日，上海市政府办公厅转发市民政局等三部门《关于确保本市郊区农村居民最低生活保障意见的通知》（沪府办〔2002〕40 号），决定从 2002 年起，上海市郊区农村居民最低生活保障标准由原近郊、远郊、海岛三条标准线归并为郊区、海岛两条最低生活保障标准线。城镇居民最低生活保障标准与郊区农村居民最低生活保障标准的比例确定为 1.5∶1 左右；城镇居民最低生活保障标准与海岛农村居民最低生活保障标准的比例确定为 1.7∶1 左右。

　　2005 年 7 月，上海市民政局、市财政局联合下发《关于调整本市农村居民最低生活保障标准的通知》（沪民救发〔2005〕40 号），提出从 2005 年 8 月 1 日起，统一农村居民最低生活保障标准，农村低保标准与城镇低保标准按 1∶1.5 的比例确定。

　　2009 年 6 月 24 日，上海市民政局发布《关于进一步做好本市农村最低生活保障工作有关事项的通知》（沪民救发〔2009〕40 号），自 2009 年 7 月起，农村最低生活保障金发放方式由以前的按年发放改为统一实行按月发放。1994 年以来上海市农村居民最低生活保障标准，见表 33。

表 33　上海市历年农村居民最低生活保障标准

单位：元/年

时间	标准	时间	标准
1993 年 1 月 1 日起	近郊　850 远郊　750 海岛　700	2002 年 1 月 1 日起	郊区　2240 海岛　1980
1996 年 4 月 1 日起	近郊　1700 远郊　1500 海岛　1300	2005 年 8 月 1 日起 2006 年 7 月 1 日起 2007 年 7 月 1 日起	2340 2560 2800
1999 年 4 月 1 日起	近郊　1800 远郊　1600 海岛　1400	2008 年 4 月 1 日起 2009 年 4 月 1 日起 2010 年 4 月 1 日起	2800 3400 3600
1999 年 7 月 1 日起	近郊　2200 远郊　2000 海岛　1800	2011 年 4 月 1 日起	4320

注：1999 年农村居民低保标准调整 2 次，2000 年、2001 年、2003 年、2004 年未做调整。从 1993 年起，农村低保标准分近郊、远郊、海岛三类，从 2002 年起农村低保标准分郊区、海岛二类，从 2005 年起，农村低保标准实行统一。

资料来源：上海市民政局救济救灾处。

（四）重庆城乡居民低保政策

1996 年 6 月 28 日，重庆市政府颁布《重庆市城市居民最低生活保障暂行办法》（渝府发〔1996〕100 号），决定从 1996 年 7 月 1 日开始，对渝中区、沙坪坝、江北、大渡口、九龙坡、南岸、北碚、万盛、双桥、渝北、巴南区城区常住非农户口、家庭月人均收入低于保障标准的城市居民实施城市居民最低生活保障。最低生活保障线标准每人每月 120 元，保障资金实行分级负担，由市、区财政各负担 50%。

1998 年 2 月 13 日，重庆市政府印发《关于建立健全城市居民最低生活保障制度的通知》（渝府发〔1998〕10 号），决定在 1999 年 6 月前，全市各区县普遍建立健全城市居民最低生活保障制度。

2002 年 3 月 28 日，重庆市政府发布《重庆市实施〈城市居民最低生活保障条例〉办法》（渝府令第 129 号），凡具有重庆市非农业户口、共同生活的家庭成员月人均收入低于当地城市居民最低生活保障标准的，均可申请享受最低生活保障待遇。

2005 年 1 月 19 日，重庆市政府印发《关于加快建立新型社会救助体系的意见》（渝府发〔2005〕21 号），提出进一步完善城市最低生活保障制度，到 2010 年在全市基本建立新型社会救助体系。

2008 年 7 月 25 日，重庆市人大常委会公布《重庆市城乡居民最低生活保障条例》，在地方立法上实现了城乡居民最低生活保障制度的城乡统筹。

2011 年 10 月 14 日，重庆市政府发布《关于进一步做好城乡居民最低生活保障工作的通知》（渝府发〔2011〕81 号）、《关于规范社会救助标准制定和调整工作的意见》（渝府发〔2011〕82 号）、《关于提高城乡低保城市"三无"人员和农村五保供养对象保障标准的通知》（渝府发〔2011〕83 号）三个文件，决定从 2011 年 10 月 1 日起，调整城乡低保、城市"三无"、农村五保人员的保障标准，到 2015 年，力争将城乡低保标准的差距缩小到 1.5 倍之内。

2011 年调整后的重庆城市低保标准是：（1）渝中区、大渡口区、江北区、沙坪坝区、九龙坡区、南岸区、北碚区、万盛区、双桥区、渝北区、巴南区等 11 个区及北部新区城市居民最低生活保障线标准提高到每人每月 320 元；（2）万州区、南川区、涪陵区、江津区、合川区、永川区、长寿区、綦江县、潼南县、铜梁县、大足县、荣昌县、璧山县等 13 个区县城市居民最低生活保障线标准提高到每人每月 305 元；（3）黔江区、梁平县、城口县、丰都县、垫江县、武隆县、忠县、开县、云阳县、奉节县、巫山县、巫溪县、石柱县、秀山县、酉阳县、彭水县等 16 个区县城市居民最低生活保障线标准提高到每人每月 290 元。1996 年以来重庆城镇居民最低生活保障标准，见表 34。

表 34 重庆市历年城镇居民最低生活保障标准

单位：元/月

时 间		1996 年 7 月	1998 年 3 月	1999 年 7 月	2002 年 1 月	2004 年 10 月	2006 年 7 月	2008 年 4 月	2010 年 10 月	2011 年 10 月
一小时经济圈	渝 中 区	120	130	169	185	195	210	260	290	320
	大渡口区	120	130	169	185	195	210	260	290	320
	江 北 区	120	130	169	185	195	210	260	290	320
	沙坪坝区	120	130	169	185	195	210	260	290	320
	九龙坡区	120	130	169	185	195	210	260	290	320
	南 岸 区	120	130	169	185	195	210	260	290	320
	北 碚 区	120	130	169	185	195	210	260	290	320
	渝 北 区	120	130	169	185	195	210	260	290	320

续表

时间		1996 年7 月	1998 年3 月	1999 年7 月	2002 年1 月	2004 年10 月	2006 年7 月	2008 年4 月	2010 年10 月	2011 年10 月
一小时经济圈	巴 南 区	120	130	169	185	195	210	260	290	320
	万 盛 区	120	130	169	185	195	210	260	290	320
	双 桥 区	120	130	169	185	195	210	260	290	320
	涪 陵 区		80	130	145	160	175	230	260	305
	长 寿 区			130	145	160	175	230	260	305
	江 津 区			130	145	160	175	230	260	305
	合 川 区			130	145	160	175	230	260	305
	永 川 区			130	145	160	175	230	260	305
	南 川 区			104	115	140	155	210	240	305
	綦 江 县			130	145	160	175	230	260	305
	潼 南 县			130	145	160	175	230	260	305
	铜 梁 县			130	145	160	175	230	260	305
	大 足 县			130	145	160	175	230	260	305
	荣 昌 县			130	145	160	175	230	260	305
	璧 山 县			130	145	160	175	230	260	305
	北 部 新 区			169	185	195	210	260	290	320
渝东北翼	万 州 区		80	104	115	140	175	230	260	305
	梁 平 县			104	115	140	155	210	240	290
	城 口 县			104	115	140	155	210	240	290
	丰 都 县			104	115	140	155	210	240	290
	垫 江 县			104	115	140	155	210	240	290
	忠 县			104	115	140	155	210	240	290
	开 县			104	115	140	155	210	240	290
	云 阳 县			104	115	140	155	210	240	290
	奉 节 县			104	115	140	155	210	240	290
	巫 山 县			104	115	140	155	210	240	290
	巫 溪 县			104	115	140	155	210	240	290
渝东南翼	黔 江 区		80	104	115	140	175	230	260	290
	武 隆 县			104	115	140	155	210	240	290
	石 柱 县			104	115	140	155	210	240	290
	秀 山 县			104	115	140	155	210	240	290
	酉 阳 县			104	115	140	155	210	240	290
	彭 水 县			104	115	140	155	210	240	290
全市平均		120	119	129	143	161	178	230	260	303

资料来源：重庆市民政局最低生活保障事务中心。

2003 年 7 月，重庆市在南岸区、双桥区开始试点建立农村低保制度。南岸区政府出台了《重庆市南岸区人民政府关于建立农村最低生活保障制度的通知》，双桥区政府出台了《重庆市双桥区人民政府关于建立农村最低生活保障制度的通知》，对农村低保制度试点做出了具体部署。

2005 年 1 月 19 日，重庆市政府印发《关于加快建立新型社会救助体系的意见》（渝府发〔2005〕21 号），提出逐步建立农村最低生活保障制度，已建立农村最低生活保障制度的地方，要总结经验，完善政策，规范管理；主城区和有条件的区县（自治县、市）要积极探索建立与当地经济发展水平相适应的农村最低生活保障制度；尚不具备条件的地方，要进一步巩固完善农村特困户救助制度。

2006 年 7 月 27 日，重庆市政府办公厅发布《关于加快建立农村居民最低生活保障制度的通知》（渝办发〔2006〕179 号），提出尚未建立农村居民最低生活保障制度的区县要尽快建立农村居民最低生活保障制度。2006 年 11 月 28 日，重庆市政府发布《关于全面建立农村居民最低生活保障制度的意见》（渝府发〔2006〕149 号），要求从 2007 年 1 月起，全面建立和实施农村居民最低生活保障制度。2007 年全市农村居民最低生活保障标准不低于 700 元/年人。到 2007 年底，重庆市 39 个涉农区县已全面建立了农村低保制度。

2008 年，重庆市民政局、市财政局印发《关于做好城乡居民最低生活保障调标工作的通知》（渝民发〔2009〕92 号），规定农村低保按照统筹城乡发展要求，将保障标准由原一个标准调整为按城市标准 50% 确定的三个标准。2009 年 9 月，重庆市民政局、市财政局印发《关于进一步做好城乡居民最低生活保障分类重点救助工作的通知》（渝民发〔2009〕92 号），将全市城乡低保分类救助对象扩大到城市"三无"人员、城乡低保中 70 岁以上老年人、重病人员、残疾人员、学龄前儿童。

2011 年 10 月，重庆市对城乡低保标准做了新的调整，调整后的农村低保标准是：（1）渝中区、大渡口区、江北区、沙坪坝区、九龙坡区、南岸区、北碚区、万盛区、双桥、渝北区、巴南区等 11 个区及北部新区农村居民最低生活保障线标准提高到每人每月 170 元；（2）万州区、黔江区、涪陵区、江津区、合川区、永川区、长寿区、綦江县、潼南县、铜梁县、大足县、荣昌县、璧山县等 13 个区县农村居民最低生活保障线标准提高到每人每月 160 元；（3）南川区、梁平县、城口县、丰都县、垫江县、武隆县、忠县、开县、云阳县、奉节县、巫山县、巫溪县、石柱县、秀山县、酉阳县、彭水县等 16 个区县农村居民最低生活保障线标准提高到每人每月 150 元。2003 年以来重庆市农村低保标准，见表 35。

表 35 重庆市历年农村居民最低生活保障标准

单位：元/年

	年份	2003	2004	2005	2006	2007	2008	2010	2011
一小时经济圈	大渡口区		800	1000	1000	1260	1600	1800	2040
	江 北 区		800	800	1000	1400	1600	1800	2040
	沙坪坝区				1000	1200	1600	1800	2040
	九龙坡区			1000	1000	1200	1600	1800	2040
	南 岸 区	800	800	1000	1200	1200	1600	1800	2040
	北 碚 区				1000	1000	1600	1800	2040
	渝 北 区			1000	1000	1000	1600	1800	2040
	巴 南 区				800	800	1600	1800	2040
	万 盛 区					700	1600	1800	2040
	双 桥 区	625	625	825	825	825	1600	1800	2040
	涪 陵 区					800	1400	1600	1920
	长 寿 区					800	1400	1600	1920
	江 津 区					800	1400	1600	1920
	合 川 区					800	1400	1600	1920
	永 川 区				800	800	1400	1600	1920
	南 川 区					700	1200	1400	1800
	綦 江 县					700	1400	1600	1920
	潼 南 县					700	1400	1600	1920
	铜 梁 县					700	1400	1600	1920
	大 足 县					700	1400	1600	1920
	荣 昌 县					700	1400	1600	1920
	璧 山 县					800	1400	1600	1920
	北部新区				1200	2520	1600		
渝东北翼	万 州 区					700	1400	1600	1920
	梁 平 县					700	1200	1400	1800
	城 口 县					700	1200	1400	1800
	丰 都 县					700	1200	1400	1800
	垫 江 县					720	1200	1400	1800
	忠 县					700	1200	1400	1800
	开 县					700	1200	1400	1800

续表

年份		2003	2004	2005	2006	2007	2008	2010	2011
渝东北翼	云阳县					700	1200	1400	1800
	奉节县					700	1200	1400	1800
	巫山县					700	1200	1400	1800
	巫溪县					700	1200	1400	1800
渝东南翼	黔江区					700	1400	1600	1800
	武隆县					700	1200	1400	1800
	石柱县					700	1200	1400	1800
	秀山县					700	1200	1400	1800
	酉阳县					700	1200	1400	1800
	彭水县					700	1200	1400	1800
全市平均		713	756	938	984	791	1369	1612	1896

资料来源：重庆市民政局最低生活保障事务中心。

（五）小结

1. 低保建立时间

20 世纪 90 年代我国建立城市低保制度。上海于 1993 年 6 月在全国最早建立城市低保制度。北京和重庆均于 1996 年 7 月建立城市低保制度，天津于 1998 年建立城市低保制度。上海、天津、北京和重庆分别于 1994 年、1997 年、2002 年和 2003 年建立农村低保制度。

表 36　直辖市和省会城市最低生活保障制度创建时间比较

城　市	创建时间	城　市	创建时间	城　市	创建时间	城　市	创建时间
北　京	1996.7	上　海	1993.6	武　汉	1996.3	昆　明	1996.7
天　津	1998.1	南　京	1996.8	长　沙	1997.7	拉　萨	1997.1
石家庄	1996.1	杭　州	1997.1	广　州	1995.7	西　安	1998.1
太　原	1997.7	合　肥	1996.7	南　宁	1995.9	兰　州	1998.1
呼和浩特	1997.1	福　州	1995.1	海　口	1995.1	西　宁	1997.8
沈　阳	1995.3	南　昌	1997.1	成　都	1997.7	银　川	1998.1
长　春	1996.7	济　南	1996.7	重　庆	1996.7	乌鲁木齐	1998.1
哈尔滨	1997.4	郑　州	1996.8	贵　阳	1998.1		

资料来源：民政部救灾救济司。

2. 城乡低保标准

截至 2011 年 10 月，在四大直辖市中，上海的城乡居民低保标准最高，分别为每人每月 505 元、360 元，北京城乡居民低保标准次之，分别为每人每月 500 元、340 元，比上海城乡居民低保标准分别低每人每月 5 元和 20 元。天津的城乡居民标准低于上海和北京水平，重庆城乡居民低保标准在四个直辖市中处于最低水平。

北京、天津、上海的城市居民低保全市实行统一标准。北京农村居民低保标准尚未统一，目前存在三个标准。天津农村居民低保标准也未统一，2007 年以来天津每年出台农村最低生活保障标准指导线，各区县农村低保标准不低于全市指导线，天津已建立城乡居民统一的低保制度框架。上海自 2005 年起，农村居民最低生活保障标准实行了统一。重庆的城市居民低保标准和农村居民低保标准均未实现全市统一。

表 37　四大直辖市城乡低保标准比较（2011 年 10 月）

单位：元/月

城市	城市居民最低生活保障标准	农村居民最低生活保障标准
北京	500	340
天津	480	280
上海	505	360
重庆	303	158

注：重庆市城乡居民标准为全市平均数。资料来源：根据相关资料整理。

表 38　36 个中心城市低保标准（2011 年 9 月）

单位：元/月

城　市	低保标准	城　市	低保标准
北　京	500	广　州	480
天　津	480	南　宁	300
石家庄	340	海　口	352
太　原	330	重　庆	290
呼和浩特	380	成　都	330
沈　阳	380	贵　阳	300
长　春	350	昆　明	310
哈尔滨	360	拉　萨	360
上　海	505	西　安	360
南　京	500	兰　州	306

续表

城　　市	低保标准	城　　市	低保标准
杭　　州	525	西　　宁	238
合　　肥	320	银　　川	265
福　　州	多人户:290,单人户:320	乌鲁木齐	256
南　　昌	350	大　　连	420
济　　南	400	青　　岛	350
郑　　州	340	宁　　波	440
武　　汉	360	深　　圳	450
长　　沙	350	厦　　门	一人户:350,两人户:325,多人户:300

资料来源：中国社会救助网，http://www.dibao.org/item/77789b26 - 7141 - 4ba2 - 8dbb - 21b45cc37846.aspx。

3. 城乡低保覆盖面

在四个直辖市中，城市居民低保覆盖率最高的是重庆，其次是天津，北京的城市居民低保覆盖率最低，只有1.38%，分别比上海、天津和重庆低1.43、1.89和4.11个百分点。农村居民低保覆盖率最高的也是重庆，其次是上海，北京比天津略高，但比上海和重庆分别低2.29和2.45个百分点（见表39）。

表39　2010年城乡居民低保人数及低保覆盖率

单位：人，%

城市	城市居民低保人数	城市非农户籍人数	城市居民低保覆盖率	农村居民低保人数	城市农业户籍人数	农村居民低保覆盖率
北京	137024	989.5 万	1.38	76955	268.3 万	2.87
天津	197908	604.42 万	3.27	86140	380.43 万	2.26
上海	353246	1254.95 万	2.81	81297	157.37 万	5.16
重庆	607672	1107.00 万	5.49	1168799	2196.45 万	5.32

资料来源：根据相关统计年鉴等资料整理。

执笔： 张英洪

2011 年 11 月 18 日

附录一
解决"三农"问题的根本：破除二元社会结构

周作翰　张英洪

"三农"问题已经成为我国现代化建设中的突出问题。我国"三农"问题的产生有其深刻的社会历史根源，但根本原因在于新中国成立后人为形成的二元社会结构。统筹城乡发展，彻底破除二元社会结构，是解决"三农"问题的根本途径。

一　"三农"问题的根源在于二元社会结构

著名的发展经济学家、诺贝尔经济学奖获得者刘易斯通过对印度、埃及等许多发展中国家的研究后，于1954年提出了著名的二元经济理论。1954年、1955年刘易斯先后发表《劳动力无限供给下的经济发展》和《经济增长理论》，确立了发展经济学的第一个模型。刘易斯认为，发展中国家经济发展的典型特征是二元经济结构。

二元经济结构是经济发展过程中源于城乡不同的资源特征而自然形成的。从世界经济的发展历程来看，在工业化和城市化过程中，大量的农村人口向城市迁移和集中，城乡之间不同的发展水平导致普遍的城乡差距。这种城乡差距的自然性特性，有其不可避免性，这是一种发展中的正常差别。随着经济社会的发展，这种城乡差距会不断缩小。虽然发展中国家普遍存在城乡经济发展差距，但与中国人为的二元制度安排所造成的城乡差距有着明显的不同。

我国是一个农业人口占绝大多数的农民大国，城乡之间的差别历来存在。问题是，我国城乡之间的差距不只是体现了发展中国家普遍存在的二元经济结构，更关键的在于，新中国成立后通过一系列城乡分割的制度安排而形成的人为的二元社会结构。二元社会结构是当代中国不同于任何发展中国家的显著特征，是中国特色"三农"问题的要害和根源。

　　所谓二元社会结构，是指新中国成立后通过一系列分割城乡、歧视农民的制度安排而人为构建的城乡隔离的社会结构。在一个主权统一的国家内，人为地把全体公民区分为农业户口和非农业户口，形成农民和市民社会地位完全不同的制度体系，这在当今世界上是绝无仅有的。二元社会结构的概念是农业部原政策研究中心农村工业化城市化课题组于 1988 年最早提出并详细论述的。① 人为制造的二元社会结构是中国"三农"问题的主要症结所在。

　　二元社会结构人为地控制了农村人口向城市的自由流动。流水不腐，户枢不蠹。一个国家和地区要想经济繁荣和社会发展，就必须使人口在城乡之间自由流动起来。在今天，放眼世界各国，人口在城乡之间的流动莫不是自由进行的。但新中国成立以后，由于严重的思维局限和特殊的社会环境，我国出台了以限制农村人口向城市流动为主要目标的户籍制度，人为隔离城乡，使市民和农民身份凝固化。这种举世罕见的城乡隔离制度，形成了城市和农村两个各自封闭循环的体系、市民和农民两种身份迥异的不同公民。改革开放以来进城务工的农民也无法获得名正言顺的市民身份和工人地位，他们只能被称为不伦不类的"农民工"。

　　二元社会结构人为地遏制了城市化进程。城市化本来是伴随着工业化的发展而同步发展的。20 世纪中期以来，发达国家和发展中国家的城市化水平都有了明显的提高，而同期的中国却通过限制农村人口向城市流动，导致城市化几乎踏步不前。根据一些学者的研究，发达国家和发展中国家在工业化和城市化过程中，一般城市化率均高于工业化率，其中低收入国家高出 2 个百分点，中等收入国家高出 21 个百分点，高收入国家如美国 1970 年高出 50 个百分点，而中国 1978 年的城市化水平却低于工业化水平 31.5 个百分点。② 人为的二元社会结构使我国城市化水平既明显滞后于国内工业化水平，又大大落后于发达国家、发展中国家和世界平均水平。

　　二元社会结构人为地剥夺了农民创造的巨额财富。农业是弱质产业，综观世界，各国政府大多对农业实行特殊的保护和支持政策。我国在新中国成立后

① 农业部政策研究中心农村工业化城市化课题组：《二元社会结构：城乡关系：工业化·城市化》），载《经济研究参考资料》1988 年第 90 期；农村工业化城市化与农业现代化课题组：《二元社会结构：分析中国农村工业化的一条思路》，载《经济研究参考资料》1989 年第 171/172 期（总第 2171/2172 期）。

② 转引自何家栋、喻希来《城乡二元社会是怎样形成的?》,《书屋》2003 年第 5 期。

却实行"挖农补工"政策，通过工农产品价格剪刀差形式，从农村大量吸取农民创造的巨额财富来满足工业化优先发展所需的原始积累资金。从1953年实行农产品统购统销，到1985年取消粮食统购，农民对工业化的贡献是6000亿~8000亿元。农民千辛万苦创造的财富就这样几十年如一日地被国家以剪刀差形式不断挖走以支持工业和城市。同时，国家又通过农业税收和其他税费从农村吸取超过农民承受能力的巨额资金。1995~2000年，农民年均缴纳农业税金254亿元，1999年农民缴纳农业特产税88.9亿元，缴纳屠宰税、耕地占有税、农村个体承担工商税1449.8亿元；1998年农民缴纳提留统筹费729.7亿元。① 加上其他乱收费和摊派，农民苦不堪言。农民财富的被超额剥夺和税费负担的居高不下，既造成了20世纪50年代末至60年代初使几千万农民饿死的大饥荒，又引发了20世纪90年代以来以农民负担日益沉重为主要特征的"三农"问题。

二元社会结构人为地限制了宪法赋予农民的基本权利。农民问题的本质在于农民在二元社会结构中基本权利的缺失。这种权利的缺失使农民这一弱势群体的社会地位更加弱势化。比如，现行的户籍制度限制和剥夺了农民的居住和迁徙自由权；收容遣送制度剥夺了农民的人身自由权；就业制度使农民既不能在党政机关求职，也不能在国有企业工作，大量在非国有企业谋职的进城农民却连工人的身份都没有得到，更不用说基本的劳动保障权利；社会保障制度则明显属于少数城市市民的特权制度。这一系列二元性的城乡有别的政策制度安排，限制了农民作为共和国公民的宪法权利，这种人为造成的城乡不平等现象在当今世界是十分罕见的。

二元社会结构人为地拉大了城乡之间的差距。在经济社会发展进程中，城乡之间会自然形成一定的差别，这种差别在世界各国概莫能外。但在中国，由于歧视性制度安排，几十年来人为地拉大了城乡差距。1980年，中国大陆包括农村居民在内的基尼系数为0.3左右，到1988年已上升到0.382，1994年为0.434，超过了0.4的国际警戒线，1998年又上升到0.45。现在，还看不到基尼系数下降的趋势。从城乡居民收入差距来看，有专家指出，2001年中国城市居民收入为6860元，农民收入2366元，表面差距是3:1。但实际上农民收入中实物性占40%，每个农民每月真正能用做商品性消费的货币收入只有120元，城市居民的货币收入平均每月600元，城乡差距为5:1。而城市居民中各种各样

---

① 方言：《我国农村税费现状及成因分析》，《经济研究参考》2001年第24期。

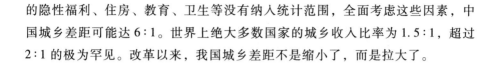

的隐性福利、住房、教育、卫生等没有纳入统计范围，全面考虑这些因素，中国城乡差距可能达 6∶1。世界上绝大多数国家的城乡收入比率为 1.5∶1，超过 2∶1 的极为罕见。改革以来，我国城乡差距不是缩小了，而是拉大了。

二　二元社会结构的形成和演变

城市是人类社会在漫长的发展过程中逐步形成和发展起来的。英国工业革命以后，随着工业化的发展，整个社会就不断地由乡村型向城市型转变。农村人口向城市迁移和集中就成为世界各国的普遍现象。在城市化进程中，由于城乡之间的资源落差，农村人口向城市流动是一种不可避免的历史现象，农村与城市、农民与市民的差别也是一种自然差别。但在我国，新中国成立以来，由于当时特殊的社会环境，更主要是由于决策者观念的局限，相继制定和出台了一系列限制农民进城的政策制度，在神州大地上构筑了影响极其深远的二元社会结构。

1949 年 9 月通过的起临时宪法作用的《中国人民政治协商会议共同纲领》，规定了公民的居住和迁徙自由权。新中国成立初期，国家对户口迁移的控制比较宽松，新出台的有关户口管理政策都明确规定"保障人民居住、迁移自由"。1951 年 7 月 16 日，经政务院批准，公安部颁布实施了《城市户口管理暂行条例》，首次规定在城市中一律实行户口登记。该条例第一条就指明制定户口管理暂行条例的目的是保障人民的"居住、迁徙自由"。同年 11 月第一次全国治安行政工作会议也强调户口工作的任务是"保证人民居住迁移之自由"。[①] 1953 年，政务院发布《为准备普选进行全国人口调查登记的指示》，制定了《全国人口调查登记办法》，通过这次人口普查在农村建立了简易的户口登记制度。1954 年 9 月新中国第一部《宪法》颁布实施，该《宪法》明确规定中华人民共和国公民"有居住和迁徙的自由"。1954 年 12 月内务部、公安部、国家统计局联合发出通知，要求普遍建立农村的户口登记制度，并规定农村户口登记由内务部主管，城镇、水上、工矿区、边防要塞区等户口登记由公安部主管，人口统计资料的汇总业务由国家统计局负责。1955 年 6 月国务院发出建立经常户口登记制度的指示，对人口的出生、迁出、迁入等变动做了明确规定。1956 年 2 月国务院指示把全国户口登记管理工作及人口资源的

① 万川：《户口迁移手册》，华中师范大学出版社，1989，第 13 页。

统计汇总业务统一交公安机关负责。3月，全国第一次户口工作会议规定了户口管理工作的三项任务，但还没有限制人口迁徙自由的规定。1954～1956年是户口迁移比较频繁的时期，全国迁移人口数达7700万，其中包括大量自发进入城镇居住并被企业招工的农民。①

　　1956年大规模的急风暴雨式的农村合作化运动以后，全国出现了比较严重的农村人口流入城市的问题，特别是安徽、河南、河北、江苏等省的农民、复员军人和乡、社干部流入城市的现象相当严重。1953～1957年，我国照搬苏联模式实行第一个五年计划，重点建设苏联援建的156项工程。在计划经济条件下，城市企业劳动用工都由国家计划统一安排，未按国家计划而擅自进城的农民，从1956年开始就被称为"盲流"。这个"盲流"实质上是现在盛行的"农民工"称呼的历史先声。1956年12月30日国务院发布《关于防止农村人口盲目外流的指示》，劝阻"盲流"到城市的农民回农村去，并指示工厂、矿山、铁路、交通、建筑等部门不应当私自招用农村剩余劳动力。可见，农村剩余劳动力在这时就已存在。② 1957年3月2日国务院又发布《关于防止农村人口盲目外流的补充指示》，1957年9月14日国务院再次发出《关于防止农民盲目流入城市的通知》，要求各地加强对农民的社会主义教育，将农民稳定在农村。1957年12月18日中共中央、国务院联合发出《关于制止农村人口盲目外流的指示》，特别强调公安机关要严格户口管理，同时严禁粮食部门供应没有城市户口的人员粮食，这意味着流入城市的农民遇到的首要问题就是没有饭可吃。盲目流入城市和工矿企业的农民必须"遣返原籍"，并且"严禁他们乞讨"，各地要"防止农民弃农经商"等。由此可见，在计划经济思维的禁锢下，当时的发展观念明显表现出对农民追求生存和幸福权利的漠视和限制。中央接二连三发文件要"防止农民盲目进城"，一方面说明农民具有自发进城的强大动力，另一方面说明当时决策者由于计划经济思维的严重局限。

　　在党中央、国务院连续四次下发文件制止农民进城却成效不大的情况下，决策层不得不借助强制性的法律手段来达到目的。1958年1月9日第一届全国人大常委会第九十一次会议不顾四年前颁布的《宪法》对公民居住和迁徙自由权的规定，通过了影响至今的《中华人民共和国户口登记条例》。该《条

----

① 转引自何家栋、喻希来《城乡二元社会是怎样形成的？》，《书屋》2003年第5期。
② 参见农村工业化城市化与农业现代化课题组《二元社会结构：分析中国农村工业化城市化的一条思路》，《经济研究参考资料》1989年第171/172期。

例》第 10 条规定："公民由农村迁往城市，必须持有城市劳动部门的录用证明，学校的录取证明，或者城市户口登记机关的准予迁入证明，向常驻地户口登记机关申请办理迁出手续。"这样，中国就从法律上正式确立了二元户籍制度。从此，农民迁入城市就从法律上和事实上被堵死了。1958 年的人民公社化和"大跃进"运动导致了 1959 年开始的三年大饥荒。限制农民进城谋生的户籍制度和由此而产生的官僚主义，致使几千万农民因饥饿而丧生，成为世界历史上令人十分震惊的人间悲剧。

围绕城乡分割的二元户籍制度，中央各职能部门配套出台了一系列限制农民的政策制度。这些制度主要有粮食供应制度、副食品与燃料供应制度、住宅制度、生产资源供应制度、教育制度、就业制度、医疗制度、养老保险制度、劳动保护制度、人才制度、婚姻制度、生育制度等十多项，形成了当今世上绝无仅有的二元社会结构。[①] 这些制度从根本上限制了农民作为共和国公民应当享有的基本权利，使农民居于被歧视的二等公民地位。当前农民、农村和农业问题的种种表现，都可以归结到二元社会结构上来。户籍制度是二元社会结构的核心制度，其他一切政策都是以此为依据而建立起来的。没有户籍制度为基础，其他歧视农民的政策制度就会成为缺乏基础的空中楼阁。

1978 年 12 月开始的改革，翻开了中国历史崭新的一页。在改革进程中，二元社会结构不断受到冲击，严格的户籍制度也有所松动，有的制度比如粮油制度等被逐步取消。但构成二元社会结构核心制度的户籍制度、就业制度、教育制度和社会保障制度等长期未有根本性的改变。

1980 年以来，国家出台了几十项"农转非"政策，使部分符合条件的城乡两地分居几十年的夫妻、家属得以通过中国特有的"农转非"管道从农村进入城市居住和生活。1982～1988 年，"农转非"人口累计达 4679 万人。但真正意义上的户籍制度改革的最初突破，或许应归功于 1984 年 1 月 1 日的中共中央一号文件，即《关于一九八四年农村工作的通知》。该通知"允许务工、经商、办服务业的农民自理口粮到集镇落户"。10 月，国务院发出《关于农民进集镇落户问题的通知》，规定对申请到集镇的农民和家属，发给《自理口粮户口簿》，统计为"非农业人口"。这两个通知揭开了中国户籍改革的最

---

① 有关二元社会结构的详细讨论，参见郭书田、刘纯彬等著《失衡的中国——农村城市化的过去、现在与未来》，河北人民出版社，1990。

初序幕，尽管这时国家还不准农民在县城和县城以上城市落户，但被限制居住和迁徙自由几十年的中国农民，毕竟第一次获得了离开土地到县城以下集镇落户的权利，这就敲开了铁板一块的户籍制度的裂缝。据统计，从 1984 年到 1986 年底，在近三年的时间里，全国共办理自理粮户口 1633828 户，计 4542988 人。

1992 年是中国改革历史上具有标志性意义的一年。年初邓小平南方谈话发表，加快改革的春风吹遍大江南北。这一年，户籍制度的变化主要表现在两个方面，一是随着各地开发区的纷纷建立，全国出现了"卖户口"热潮，范围主要集中在小城镇和县城的开发区内。这次"卖户口"使农民第一次可以跨越集镇进入县城落户。但这种公开出卖非农业户口的做法立即遭到了公安部的紧急叫停。据估算，1992 年各地卖户口所得金额可能达 200 亿元之巨。这充分说明被画地为牢数十年的中国农民对城市生活的强烈渴望。二是蓝印户口的应运而生。为适应改革开放的新形势，公安部发布了《关于实行当地有效城镇居民户口制度的通知》，征求各部门和地方政府意见，并开始实行"当地有效城镇居民户口制度"。因这种户口簿印鉴为蓝色，故称"蓝印户口"。这是一种适应人们对户籍制度改革的强烈要求而变通实行的一种过渡性措施。

1997 年以后，小城镇户籍制度改革明显加快，2000 年 6 月 13 日，中共中央、国务院下发了《关于促进小城镇健康发展的若干意见》，规定从 2000 年起，在小城镇（含县城）有合法固定住所、固定职业和生活来源的农民，均可根据本人意愿转为城镇户口。至此，小城镇包括县城户籍制度改革取得了历史性突破。

与此同时，北京、上海、江苏、浙江、河北、湖南、山东、安徽等省市也纷纷出台触动大中城市户籍制度的改革措施。2001 年 8 月 1 日石家庄市就在全国省会城市中率先实行户籍制度改革。但总的来说，因为户籍制度改革涉及就业、教育、医疗和社会保障诸方面，大中城市的户籍改革举步维艰，突破性的改革措施还十分有限，已经出台的户籍改革措施主要面向所谓的人才和富人，普通农民仍然难以圆大中城市之梦。这就是当前 1 亿多进城务工的"农民工"之所以为"农民工"的原因所在。

大中城市各自为政的户籍改革还只是停留在有利于引进人才和引进资金的"实用主义"阶段，远远没有上升到公民居住和迁徙自由的宪政层面上来。这与整个社会对宪法的认识有很大关系。1975 年、1978 年和 1982 年宪法都取消了 1954 年《宪法》对公民居住和迁徙自由权的规定，此后的历次修宪也没有涉及这项内容。以确保公民居住和迁徙自由为终极目标的户籍制度改革仍需时日。

三　统筹城乡发展，尽快改变二元社会结构

二元社会结构的形成有其特殊的社会历史背景，但主要是由计划经济体制、错误的发展战略和僵化的思想观念造成和维持的。二元社会结构一经形成，就具有强大的体制惯性，至今仍然严重制约着社会主义市场经济体制的完善。可以说，二元社会结构是中国最大的"人造国情"。要解决"三农"问题，就必须统筹城乡发展，坚决改变二元社会结构。

在过去的几十年中，从总体上说，主流政策理论界和执政者一个共同的发展思路就是在既定的二元社会结构中谋划"发展"。他们既看不到二元社会结构的严重危害，又缺乏革除这个最大的体制性弊端的智慧和勇气。不过，令笔者十分欣慰的是，早在 1988 年，以郭书田为代表的农业部原政策研究中心的一批政策研究专家，就开创性地提出了二元社会结构理论，并且相当富有远见地提出了一系列破除二元社会结构的政策主张。[1]

2002 年 11 月召开的中共十六大，明确提出我国现在达到的小康还是"低水平的、不全面的、发展很不平衡的小康"，并指出改革开放和现代化建设中存在的一个突出问题是"城乡二元经济结构还没有改变"。[2] 这是中国共产党第一次在最高文件中正式使用"二元经济结构"这个概念，表明决策层已经一致认识到改变二元结构的紧迫性和重要性。2003 年 10 月，中共十六届三中全会通过《中共中央关于完善社会主义市场经济体制若干重大问题的决定》，明确提出要"统筹城乡发展、统筹区域发展、统筹经济社会发展、统筹人与自然和谐发展、统筹国内发展和对外开放"，并且把统筹城乡发展置于"五个统筹"的第一位，提出把"建立有利于逐步改变城乡二元经济结构的体制"作为完善社会主义市场经济体制"七大主要任务"的第二位提了出来，同时还历史性地强调要"坚持以人为本，树立全面、协调、可持续的发展观，促

---

[1]　农业部政策研究中心农村工业化城市化课题组：《二元社会结构：城乡关系：工业化·城市化》，《经济研究参考资料》1988 年第 90 期。

[2]　江泽民：《全面建设小康社会，开创中国特色社会主义事业新局面》，人民出版社，2002，第 18 页。

进经济社会和人的全面发展"。① 这充分说明中国的改革开放已进入了一个新的全面发展的历史时期，彻底改变城乡分割的二元结构的历史契机已经到来。2008 年 10 月，在中国农村改革 30 周年之际，中共十七届三中全会通过《中共中央关于推进农村改革发展若干重大问题的决定》，明确提出要着力破除城乡二元结构，加快形成城乡经社会一体化新格局。② 这表明中国农村改革走向更加成熟的新阶段。

解决日益严重的"三农"问题，必须与改变城乡二元结构结合起来。在统筹城乡发展中，首先，要捍卫宪法的神圣权威。宪法是治国安邦的总章程，是党的意志和人民意志高度统一的结晶，是人民权利的保障书。中共十五大历史性地提出要"依法治国，建设社会主义法治国家"，并强调要"尊重和保障人权"。2003 年 12 月中国共产党提出第四次修宪建议，明确把"政治文明""公民的合法的私有财产不受侵犯""尊重和保障人权""建立健全与国家经济发展水平相适应的社会保障制度"等作为新增的重要内容。这无疑大大有利于二元经济社会结构的破除，有利于"三农"问题的解决，有利于弱势群体生存环境的改善。改革开放以来，我国取得的重大变化和显著成就，用温家宝总理 2003 年在哈佛大学演讲中所总结的话说，是中国人民"基于自由的创造"。在今天，彻底改变束缚农民自由与全面发展的二元社会结构，必将进一步促进经济的迅速发展和社会的全面进步。

其次，要有革除体制性弊端的政策理论勇气和实践勇气。新中国成立以来，在苏联模式的影响下，我国搞计划经济，建立了一系列配合计划经济运行的政策制度。这些政策制度的一个共同点就是服从计划经济这个总纲，人为地限制了人的自由而全面发展。中共十一届三中全会以来，以市场为取向的改革不断深入，最终实现了由计划经济体制向市场经济体制的历史性跨越，打开了我国经济、政治、社会和文化发展的崭新局面。但在计划经济条件下形成的思想观念、习惯做法和体制性弊端还没有得到彻底的扭转和根本性废除。以限制农民为主要特征的城乡二元结构是旧体制弊端最集中的反映，它不仅生成和激化了"三农"问题，也极大地制约着中国现代化建设与和平崛起。在改变城乡二元结构上，要有开拓创新的勇气，要坚决冲破一切妨碍发展的思想观念，坚决改变一切束缚发展的做

---

① 参见《中共中央关于完善社会主义市场经济体制若干重大问题的决定》，人民出版社，2003，第 12、13 页。

② 参见《中共中央关于推进农村改革发展若干重大问题的决定》，人民出版社，2008。

法和规定，坚决革除一切影响发展的体制性弊端。只有这样，维持半个世纪之久的城乡二元结构才能尽快得到改变乃至最终消除，城乡一体化的新格局才能尽快形成，有中国特色的"三农"问题也将不复存在。

（本文原载《当代世界与社会主义》2004 年第 3 期）

附录二
城乡一体化的根本：破除双重二元结构

张英洪

　　城乡二元结构具有鲜明的中国特色，它是造成中国"三农"问题的重要体制根源。20 世纪 80 年代，以郭书田、刘纯彬为代表的农村政策研究者对中国二元社会结构作了开创性的重要研究。[①] 在此基础上，我们曾提出解决"三农"问题的根本在于破除二元社会结构。[②] 2008 年 10 月，中共十七届三中全会明确提出要着力破除城乡二元结构，加快形成城乡经济社会发展一体化新格局，到 2020 年，城乡经济社会发展一体化体制机制基本建立。[③] 近些年来，加快推进城乡一体化、破除城乡二元结构，已成为主流政策选择，各地在推进城乡一体化中出台了不少新措施，取得了许多新进展。但是，笔者在调研中发现，当前各地正在推进的城乡一体化，还主要侧重于破除静态的二元结构，而忽视破除动态的二元结构。为此，我们提出要真正构建城乡一体化新格局，就必须全面破除双重城乡二元结构。[④]

一　高度关注双重二元结构

　　我国二元社会结构有静态与动态两种形态。静态的二元结构就是在计划经济体制下基于农民与市民两种不同的户籍身份，以此建立城市与农村、市民与农民两种权利不平等的制度体系，实行"城乡分治、一国两策"，[⑤] 使农民处于"二等公民"的不平等地位。动态的二元结构是基于本地居民与外来人口

---

① 农业部政策研究中心农村工业化城市化课题组：《二元社会结构：城乡关系·工业化·城市化》，载《经济研究参考资料》1988 年第 90 期。另参见郭书田、刘纯彬等著《失衡的中国——农村城市化的过去、现在与未来》，河北人民出版社，1990。
② 周作翰、张英洪：《解决"三农"问题的根本：破除二元社会结构》，《当代世界与社会主义》2004 年第 3 期。
③ 《中共中央关于推进农村改革发展若干重大问题的决定》，人民出版社，2008，第 7～8 页。
④ 周作翰、张英洪：《城乡一体化要破除双重二元结构》，《光明日报》2010 年 7 月 14 日。
⑤ 陆学艺：《走出"城乡分治、一国两策"的困境》，《读书》2000 年第 5 期。

（主要是农民工，但不只是农民工）两种不同的身份，以此建立城市本地居民与外来人口两种权利不平等的制度体系，实行"城市分治、一市两策"，使外来人口处于"二等公民"的不平等地位。动态的二元结构是市场化改革以来原静态二元结构在城市中的新形态。

　　静态二元结构与动态二元结构共同构成了当代中国的双重二元结构。在沿海发达地区和各大中城市，双重二元结构交织在一起，共同构成了城市化和城乡一体化面临的重大体制障碍。

　　我国静态二元社会结构形成于 20 世纪 50 年代，它是计划经济体制的产物，是政府主导的制度安排的结果，其基本特征是城乡分治，农民与市民身份不平等，享受的权利不平等，所尽的义务也不平等。这种以歧视农民为核心的城乡二元结构，将农民限制在农村，不准农民向城市流动，形成了一种静止状态的二元社会结构，我们称之为静态二元结构，静态二元结构从制度上歧视的对象是农民群体，他们被深深打上了农业户籍的身份印记。长期以来，我国在既定的城乡二元结构中谋发展。中共十六大以来，特别是党的十七届三中全会明确将破除城乡二元结构上升为国家的基本公共政策。静态二元结构已持续50 多年，现在正处于破除之中。

　　我国动态二元社会结构形成于 20 世纪 80 年代，它是市场化改革的产物，是市场力量和政府行为双重作用的结果。其基本特征是城市内部分治，外来人口与本市人口身份不平等，享受的权利不平等，所尽的义务也不平等。这种以歧视外来人口为核心的二元结构，将外来人口排除在政府提供的公共服务之外，形成了一种因人口流动而产生的动态的二元社会结构，我们称之为动态二元结构，动态二元结构从制度上歧视的对象是外来人口。进入城市的外来人口很多是农民工，但也有其他非农业户籍的外地人员，他们被统一打上了外来人口或流动人口的身份印记。改革以来，我国各类城市在既定的动态二元结构中谋发展。中共十六大以来，农民工问题引起了国家的高度重视，但包括农民工在内的外来人口始终未能真正融入城市成为平等的新市民，他们是城市严加管理的对象。动态二元结构已持续 30 多年。

　　改革以来，随着工业化、城市化的发展，人口不断向城市集中，全国各类城市的外来人口不断增长，一些城市的外来人口大大超过了本地人口。在传统的城乡二元社会结构的基础上，市场化改革的力量又在城市催生了新的动态二元结构。全国各类城市特别是大中城市和经济发达地区的城镇，同时形成了传统的静态城乡二元结构与改革以来出现的动态二元结构叠加在一起的双重二结构。凡是有外来人口的城市和城镇都存在着双重二元结构，在外来人口大量集聚的大中城市，双重二元结构表现得尤为突出。

如果说传统计划经济体制下的静态城乡二元结构主要是行政力量主导的结果的话，那么改革以来随着工业化、城市化进程的加快，包括农村剩余劳动力在内的大量外来人口向城市流动迁移所形成的动态二元结构则是市场力量和政府行为共同作用的产物，但这种动态二元结构却是在传统静态城乡二元结构的基础上形成的，换言之，城市中的动态二元结构是对静态城乡二元结构的复制与异地再生。二者之间的共同本质在于不平等地对待某一群体。双重二元结构是我国城市化、城乡一体化发展面临的主要社会结构性障碍。

我们提出的双重二元结构与有的学者所说的"新二元结构"不同。孙立平教授曾提出"新二元结构"概念，他将改革前形成的城乡二元结构视为一种行政主导型二元结构，20世纪90年代以来，一种他称之为市场主导型二元结构开始出现，这是一种新的二元结构，导致"新二元结构"出现的是我国经济生活从生活必需品阶段向耐用消费品阶段的转型，就是说，到了耐用消费品时代，城里人的消费项目与农村或农民几乎没有什么关系，城里人的耐用消费支出很难流向农村，城乡之间形成了一种消费断裂，这种因市场因素造成的城乡二元结构是一种市场主导的"新二元结构"。[①] 显然，"新二元结构"概念丰富了传统城乡二元结构的内涵，但"新二元结构"仍然属于传统城乡二元结构或我们称之为的静态二元结构的范畴，它没有涉及城市中的动态二元结构。

20世纪90年代，也有学者提出和讨论"三元社会结构"问题。[②] 我们发现不同的学者对"三元结构"的内涵有不同的理解，与我们提出的动态二元结构最接近的一种"三元结构"概念是将农民工或流动人口作为社会的一元，在此种意义上使用"三元结构"概念主要着眼于农民工问题和流动人口问题。我们使用的动态二元结构的外延比"三元结构"更广，在各类城市中，作为本地户籍人口的一元，与所有外来人口的一元，构成了身份和权利不平等的动态二元结构。城市中的外来人口主体是农民工，但不仅仅是农民工，还有其他城镇非农业户籍人口；外来人口也不只是流动人口，那些在某城市定居一二十

---

① 孙立平：《城乡之间的"新二元结构"与农民工流动》，载李培林主编《农民工——中国进城农民工的经济社会分析》，社会科学文献出版社，2003，第149~160页。

② 孙立平：《城乡"三元结构"的挑战》，载《21世纪商业评论》2005年第6期；王春光：《要警惕城乡三元结构化》，《镇江日报》2009年12月1日。

年的外来人口，虽然不再"流动"，但仍视为"流动人口"。

提出和使用双重二元结构的概念具有重要的理论意义和现实意义。从理论上说，改革以来形成的农民工问题、蚁族问题、流动人口问题等城市外来人口问题，都可以纳入动态二元结构的框架中加以解释。从实践上说，破除城乡二元结构已成为当前的主流公共政策，但各地在破除城乡二元结构上，比较普遍的现象是侧重于破除传统静态的城乡二元结构，而相对忽视动态的二元结构。对于外来人口，各地虽然出台了改善农民工等外来人口待遇的政策，但各个城市政府在对待外来人口上的传统思维和政策仍然严重存在。各类城市在对待外来人口问题上还主要局限在加强对外来人口的治安管理上，而不是将其作为新移居城市的新市民加以平等对待。就是说，各地在城乡一体化进程中，在对待外来人口问题上还没有上升到破除动态二元结构上来。动态二元结构概念的提出，为各类城市推进城市一体化实践提供了重要的理论支持。

二　动态二元结构问题正日益凸显

我们看到，各地为破除传统静态城乡二元结构，出台了一系列公共政策，取得了明显进展，如加快推进社会主义新农村建设，对种粮农民进行直接补贴，加大农村基础设施建设力度，建立覆盖农村居民的新型农村合作医疗、新型农民养老保险、农村居民最低生活保障等社会保障制度，推进基本公共服务均等化，加快中心城市和小城镇户籍制度改革等。

但在破除动态二元结构上，则存在许多认识误区和思维惯性，相应的公共政策供给明显滞后，由此造成的一种新现象是，在城乡一体化进程中，传统静态的城乡二元结构正在破除，而动态二元结构却在日益强化。我国各个城市在空间结构上包括城区与郊区农村，在人口构成上包括非农业户籍的市民与农业户籍的农民以及外来人口。20世纪50年代以来，我国各城市内部就开始存在静态的城乡二元结构。20世纪80年代以来，随着外来人口向城市流动迁居，受传统城乡二元结构的影响，一种区分于城市本地人口与外来人口的新的动态二元结构逐渐形成，并日益成为影响城市发展的重要因素。

发达地区各大中城市中的动态二元结构相当突出。以北京为例，据统计，2009年末，全市常住人口1755万人，其中本市户籍人口1245.8万人，居住半年以上的外来人口509.2万人，占常住人口的比重为29%。在北京市户籍人口中农业户籍人口 273.9 万人。另据北京市政协 2010 年 7 月公布的最新调查，2009 年底北京市实际常住人口已达 1972 万人，其中居住半年以上的流动人口 726 万人。[①] 在北京人口构成中，受传统静态城乡二元结构直接影响的是 273.9 万的本市农业户籍人口，受动态二元结构直接影响的是 509.2 万或 726 万的外来人口。外来人口远多于北京市农业户籍人口。从某种意义上说，动态二元结构的消极影响甚至超过静态二元结构。全国其他各大城市与北京一样，都存在双重二元结构的复杂问题。

近年来，北京在统筹城乡发展、推进城乡一体、破除传统静态城乡二元结构上力度较大，成效显著。为推进城乡基本公共服务均等化，从 2006 年开始推进新农村建设到 2008 年，北京共投入 26 亿元，对 79 个试点村和 320 个整体推进村实施"五项基础设施"工程建设，平均每个村投入 651 万元。2008 年北京农村安全饮水目标全面实现。2009 年和 2010 年两年全面实施新农村建设"五项基础设施"和"三起来工程"，2009 年"五加三"工程建设共投入 83 亿元，2010 年预计投入 70 亿元。到 2010 年底，全市农村"五项基础设施"建设任务将全面完成。北京还大力实施农村医疗、养老、低保、就业、教育、文化、邮政等民生工程，使轨道交通、水、电、气、网络通信等基础设施建设不断向农村延伸，首都农民享受到了越来越多的改革发展成果。北京现已全面实现区区通高速、村村通油路、村村通公交、村村通网络、村村通自来水、村村通邮，公共交通、信息网络也已基本实现村村通，义务教育、医疗卫生、社会保障等基本公共服务已全面覆盖农村人口，北京农村社会保障制度建设走在全国前列。

但与上海、天津、广州、深圳等全国各大中城市一样，北京在破除动态二元结构上面临巨大的压力和观念体制障碍。随着城市化的快速推进，外来人口不断增多，全国各大城市中的动态二元结构所引发的经济社会问题明显加剧。例如在城乡结合部改造中，当地户籍居民的安置问题容易受到地方政府的重视，而大量外来人口的居住权益等问题却常常受到忽视。在拆迁安置中呈现出城乡结合部改造截然不同的安置失衡现象。一方面，当地居民得到了安置房，获得了拆迁补偿款；另一方面，外来租户则基本没有得到安置，更谈不上拆迁补偿。

以北京大望京村拆迁安置为例，该村户籍人口 1692 户、2998 人，其中城

[①] 傅沙沙：《2020 年京常住人口预计达 2500 万》，《新京报》2010 年 7 月 17 日 A07 版。

镇居民人口 2100 人，农民 898 人，流动登记人口 3 万多人，未登记的估算有近 2 万人，流动人口总数是户籍人口的 10 多倍。2009 年开始的大望京村城乡一体化试点形成了颇受人们称赞的"大望京模式"，其拆迁安置补偿明显保障了当地村民的居住权益，当地村民因拆迁补偿而"一夜暴富"，该村改造一年来，当地居民利用拆迁补偿款新购置小汽车就达 600 多辆。① 而原本同样生活在该村的数万"蚁族""蜗居"者等外来人口，他们虽然是当地常住人口，但没有分享该村城乡一体化改造发展的"一杯羹"，他们必须自谋出路，卷起铺盖到附近或更远的村庄安营扎寨。作为当地居住人口的绝大多数，外来租住户在城乡结合部改造中，未能相应地改善居住条件，相反他们的居住权益受到了很大的损害，这不仅增加了他们工作生活的物质成本，而且加大了他们的精神压力，其消极后果影响深远。

外来租住户缺乏对当地公共事务的知情权和参与权，必然导致其利益难以保障。权益权益，有权利才有利益。城乡结合部的外来租住户与当地居民生活在同一村庄之中，构成了村庄生活共同体，并且是所在村庄共同体的重要组成部分。但在传统的思想观念和体制束缚中，他们被当作"外来人口"对待，缺乏参与当地公共生活的话语权、参与权与表达权。在城乡结合部拆迁改造中，他们对拆迁改造方案无权知晓，对由此造成的自身利益损失无从表达，对拆迁所产生的利弊得失无权置喙，其结果是他们被摒弃在城市化和城乡一体化进程之外，从而使原本属于低收入人群的外来租住户的生存境遇更加恶化，社会地位更加弱势化。

近些年来城市社会中日益凸显的农民工问题、② "蚁族"问题、③ "蜗居"问题、④ 暴力犯罪问题以及富士康员工连续跳楼等城市社会问题，正是动态二元结构所积累的深层次矛盾的典型反映。不破除动态二元结构，就不可能解决上述社会问题。

以农民工为主体的城市外来人口是我国改革开放的直接产物，他们实质上是城市的新移民。⑤ 外来人口工作在城市，生活在城市，奉献在城市，与城市原住民共同构成了现代城市生活的有机整体。只是因为传统城乡二元户籍制度

① 《大望京村民的百万富翁生活》，《新京报》2010 年 5 月 19 日 A13 版。
② 国务院研究室课题组：《中国农民工调研报告》，中国言实出版社，2006。
③ 廉思主编《蚁族：大学毕业生聚居村实录》，广西师范大学出版社，2009。
④ 六六：《蜗居》，长江文艺出版社，2007。
⑤ 俞可平：《"新移民运动"：牵动中国社会的大变迁》，《北京日报》2010 年 5 月 31 日。

的影响,他们没有获得城市户籍身份,被视为城市的外来人口,享受不到城市的基本公共服务,也难以参与城市的公共事务。这是我国改革实践快速发展与相应的制度变革明显滞后所造成的消极后果。

在城市的动态二元结构中,外来人口面临的主要问题是户籍身份、上学就医、房屋居住、社会保障、公共参与等公民身份问题和基本公共服务问题。长期的不平等境遇,使城市外来人口的不公正感不断积累,由此造成日益严重的自卑感和对社会的强烈不满,其社会后果堪忧。

改革以来,各大城市在对待动态二元结构问题上,形成的传统思维方法和应对措施主要局限在从社会治安的角度加强对外来人口或流动人口的严格管理和严密控制。这种治标不治本的思想观念和管理模式,基本特征是以城乡二元思维去解决二元结构问题,其严重局限性和滞后性是不言而喻的。当前,因动态二元结构所引发的各种经济社会问题正在加速集聚裂变,造成了日益严重的社会"断裂",[①] 其对城市和谐发展与持续繁荣构成了巨大的挑战。因外来人口引发的各种经济社会问题,必须从破除动态二元结构这个根本上去认识和解决,任何不触及动态二元结构的思维和政策,都不可能真正解决外来人口问题,因而也就不可能塑造现代城市文明。

三 全面推进城乡一体化

改革以来中国城市的人口来源和构成发生了巨大的变化,城市居民主要由本市户籍市民、本市户籍农民和外来人口三大部分组成,他们共同构成了城市的常住人口,他们都是城市的市民,共同为城市的发展贡献力量和智慧,共同分享城市的文明与荣耀,共同创造城市的品格与未来。要真正解决城市中的户籍农民问题与外来人口问题,建设具有开放包容和平等关怀的现代城市,必须全面推进城乡一体化进程,破除双重二元结构。

第一,要确立全面的而不是片面的城乡一体化思维。所谓全面的城乡一体化思维,就是要破除静态与动态两种二元结构,既统筹兼顾当地城乡居民权益,又统筹兼顾本地户籍居民与外来流动人口的权益,实现市民与农民、本地居民与外来人口的身份平等、机会平等和权利平等的思维。既要使本市户籍农民享受城市发展成果,也要使外来人口享受城市发展的成果。忽视外来人口基

---

① 孙立平:《断裂:20世纪90年代以来的中国社会》,社会科学文献出版社,2003。

本权益的城乡一体化，只是片面的城乡一体化，实质上并没有完全跳出城乡二元结构的传统窠臼。

第二，要继续破除静态的城乡二元结构。要按照党的十七届三中全会精神，坚持统筹城乡发展，把加快形成城乡经济社会发展一体化新格局作为根本要求，坚持工业反哺农业、城市支持农村和"多予、少取、放活"的方针，推进城乡基本公共服务均等化，消除对农民的制度性歧视，使广大农民平等参与现代化进程、共享改革发展成果。静态的城乡二元结构有比较明显的城乡和户籍界限，这是当前破除城乡二元结构的工作重点和落脚点。动态的二元结构存在于城市之中，它没有明显的地理界限，但有显著的身份界限。

第三，要重新认识城市的外来人口，着力破除动态二元结构。对于现代城市来说，其居民只应有职业的差别，而不应有身份的歧视；其居民也只应有先后之分，不应有内外之别。北京市委书记刘淇曾提出重新认识首都"三农"的重要命题，他提出："首都的农民是北京的市民，是推动郊区发展的动力，是拥有集体资产的市民。"据此，在重新认识北京的外来人口上，我们也完全可以说："外来人口是移居城市的新市民，是城市发展的重要力量，是拥有人力资本的新市民。"各个城市的外来人口实质上都是所在城市的新移民，是所在城市的新市民，他们事实上是城市发展不可分割的重要组成部分。在城乡一体化进程中，各地要以破除静态二元结构的精神来破除动态二元结构，要让普照农村的公共财政阳光同样普照城市中的外来人口，要将覆盖城乡的基本公共服务同样覆盖城市中的外来人口，消除对外来人口的制度性歧视，使广大外来人口平等参与现代化进程、共享改革发展成果。要通过体制机制创新，重点实现和保障外来人口平等的就业权、受教育权、健康权、居住权和社会保障权，实现和保障外来人口对城市公共事务的选举权、知情权、参与权、表达权和监督权。切实破除城市中的动态二元结构，应当成为各类城市加快城市化和城乡一体化的重中之重。

第四，以公民权为基础深化体制改革。双重二元结构的实质在于没有赋予农民及外来人口平等的公民身份，没有保障和实现其平等的公民权利。这是造成中国改革前及改革后众多社会问题的根本。我们一向主张从宪法的高度正视农民及外来人口的公民身份与公民地位，保障和实现其公民权。[①] 离开宪法和公民权，其他任何解决农民问题或外来人口问题的政策举措均非正道。我们说过，

---

① 张英洪：《给农民以宪法关怀》，中央编译出版社，2010。

"对现代国家治理来说，没有什么比尊重和保障人权和公民权更重要了"。① 首先，要创新户籍制度改革思路，消除户籍差别与歧视，无条件赋予农民及外来人口与市民平等的户籍身份。其次，要废除外来人口或流动人口管理体制，将所有外来人口或流动人口视为城市的新移民，将其纳入社区化管理和服务。再次，平等地向农民以及城市中的外来人口提供均等的基本公共服务，确保农民与外来人口有序参与事关其正当利益的公共事务。

统筹破除双重二元结构，全面推进城乡一体化，体现了以人为本的科学发展观的本质要求。对任何城市发展来说，只有全面破除静态二元结构和动态二元结构，才能真正形成城乡经济社会发展一体化新格局。只有统筹破除双重二元结构，全面推进城乡一体化，才能使城市郊区农民、外来人口与城市户籍市民一样融为一体、休戚与共，才能从根本上解决农民问题、农民工问题和城市其他外来人口等问题，才能有效应对城市快速发展所面临的各种危机与挑战。破除双重二元结构既是工业反哺农民、城市支持农村的基本要求与具体体现，也是城市获得新的人力资本的公正选择。只有统筹破除双重二元结构，全面推进城乡一体化，才能使城市中的全体常住人口都生活得更加幸福、更有尊严，使城乡社会更加公正、更加和谐。对于现代城市来说，没有包容和平等关怀的品格，就没有城市的文明和未来。

（本文原载《调研世界》2010 年第 12 期）

---

① 周作翰、张英洪：《新农村建设和公民权建设》，《深圳大学学报》（人文社会科学版）2009年第 5 期。

图书在版编目（CIP）数据

北京市城乡基本公共服务问题研究/张英洪等著. —北京：
社会科学文献出版社，2014.7
（新型城市化和城乡一体化丛书）
ISBN 978 - 7 - 5097 - 6161 - 8

Ⅰ.①北⋯　Ⅱ.①张⋯　Ⅲ.①社会服务 - 城乡一体化 -
研究 - 北京市　Ⅳ.①D669.3

中国版本图书馆 CIP 数据核字（2014）第 126452 号

新型城市化和城乡一体化丛书
北京市城乡基本公共服务问题研究

著　　者／张英洪 等

出 版 人／谢寿光
出 版 者／社会科学文献出版社
地　　址／北京市西城区北三环中路甲 29 号院 3 号楼华龙大厦
邮政编码／100029

责任部门／社会政法分社　（010）59367156　　　　责任编辑／张建中　周　琼
电子信箱／shekebu@ ssap. cn　　　　　　　　　责任校对／张俊杰
项目统筹／周　琼　　　　　　　　　　　　　　责任印制／岳　阳
经　　销／社会科学文献出版社市场营销中心　（010）59367081　59367089
读者服务／读者服务中心（010）59367028

印　　装／三河市东方印刷有限公司
开　　本／787mm×1092mm　1/16　　　　　　印　　张／20.25
版　　次／2014 年 7 月第 1 版　　　　　　　　字　　数／352 千字
印　　次／2014 年 7 月第 1 次印刷
书　　号／ISBN 978 - 7 - 5097 - 6161 - 8
定　　价／78.00 元